Band 116

OutdoorHandbuch

Raimund Joos & Michael Kasper

Spanien: Jakobsweg - Vía de la Plata, Mozarabischer Jakobsweg

DER WEG IST DAS ZIEL

Spanien: Vía de la Plata

Alle Informationen, schriftlich und zeichnerisch, wurden nach bestem Wissen zusammengestellt und überprüft. Sie waren korrekt zum Zeitpunkt der Recherche. Eine Garantie für den Inhalt, z.B. die immerwährende Richtigkeit von Preisen, Adressen, Telefon- und Faxnummern sowie Internet-Adressen, Zeit- und sonstigen Angaben, kann naturgemäß von Verlag und Autor - auch im Sinne der Produkthaftung - nicht übernommen werden.

Der Autor und der Verlag sind für Lesertipps und Verbesserungen (besonders als E-Mail) unter Angabe der Auflagen- und Seitennummer dankbar.

Titelfoto: Pilger nach Calzada de Béja (rj)

Mozarabischer Jakobsweg 5

OutdoorHandbuch aus der Reihe "Der Weg ist das Ziel", Band 116

ISBN 978-3-86686-116-9 3. aktualisierte Auflage 2007

Dieses OutdoorHandbuch wurde konzipiert und redaktionell erstellt vom Conrad Stein Verlag GmbH, Postfach 1233, 59512 Welver, Dorfstr. 3a, 59514 Welver, ☎ 02384/963912, FAX 02384/963913, info@conrad-stein-verlag.de, www.conrad-stein-verlag.de.

Unsere Bücher sind überall im wohl sortierten Buchhandel und in cleveren Outdoorshops in Deutschland, Österreich und der Schweiz erhältlich.
Auslieferung für den Buchhandel:

D Prolit, Fernwald und alle Barsortimente
A freytag & berndt, Wien
CH AVA-buch 2000, Affoltern und Schweizer Buchzentrum
I Mappa Mondo, Brendola

Text: Michael Kasper & Raimund Joos
Fotos: Michael Kasper (mk), Raimund Joos (rj) & Rainer Köfferlein (rk)
Karten und Höhenprofile: Heide Schwinn
Lektorat: Kerstin Becker
Layout: Manuela Dastig
Gesamtherstellung: AZ Druck & Datentechnik GmbH, Kempten

Dieses OutdoorHandbuch hat 279 Seiten mit 74 farbigen Abbildungen, 5 farbigen Höhenprofilen sowie 19 farbigen Kartenskizzen und 1 farbigen Übersichtskarte. Es wurde auf chlorfrei gebleichtem Papier gedruckt und der größeren Strapazierfähigkeit wegen mit PUR-Kleber gebunden.

00149000

Inhalt

Über die Autoren

Dr. Raimund Joos lebt seit 1988 am Ostbayerischen Jakobsweg in Eichstätt. Er studierte dort Pädagogik, Spanisch und Theologie und war später u.a. in den Bereichen Praktikumsbetreuung, Erwachsenenbildung und Hochschulorganisation tätig.

Seit 1992 ist er auf verschiedenen Jakobswegen in Spanien, Frankreich, Portugal und Deutschland unterwegs und arbeitete 2004 einen Sommer lang ehrenamtlich als Herbergsvater in der Pilgerherberge in Salamanca. Seit 2005 ist er als Autor, Reiseleiter und Coach auf den Jakobswegen tätig (siehe auch Anzeige auf Seite 279). Neben anderen Veröffentlichungen in den verschiedensten Medien sind im Conrad Stein Verlag von ihm außerdem noch folgende Bücher erschienen: "Pilgern auf den Jakobswegen" und "Portugal Spanien: Jakobsweg Caminho Português".

Michael Kasper ✝ lebte seit 1991 in Nordspanien, wo er 2004 nach schwerer Krankheit verstarb. Der studierte Philologe und Historiker war u.a. als Journalist und Autor historischer und touristischer Artikel und Bücher tätig.

Während jahrelanger Tätigkeit als Reiseleiter sowie als Hobby-Reisender, Rad- und Bergwanderer hat er den größten Teil Spaniens intensiv bereist. Die Vía de la Plata und den Mozarabischen Jakobsweg hat er mehrfach zu Fuß und mit dem Mountainbike "erfahren" und erlebt.

Im Conrad Stein Verlag sind außerdem von ihm erschienen: "Spanien: Jakobsweg Camino Francés"; "Nordspanien: Jakobsweg - Küstenweg"; "Nordspanien: Jakobsweg Alternativroute" und "Nordspanien: Jakobsweg - Durch den Tunnel von San Adrián. Der Weg der Transhumanz".

Ein paar Worte vorweg

Die Vía de la Plata - der Jakobsweg des Südens - zieht immer mehr Jakobspilger in seinen Bann und dies nicht ohne Grund. Der alte Römerweg, auf dem seit dem

Mittelalter die Pilger nach Santiago ziehen, bezaubert den vom Zivilisationsstress geplagten Menschen durch eine hinreißende weite und nahezu unberührte abwechslungsreiche Naturlandschaft, aber ebenso durch historische Städte, in denen man zwischen alten Mauern den Klang der vergangenen Jahrhunderte noch widerhallen zu hören glaubt.

Die Vía de la Plata, die durch die Schritte der Pilgerbrüder von heute aus einem langen Dornröschenschlaf erweckt wird, bietet mit Sicherheit nicht die nahezu perfekt organisierte Infrastruktur des bekannten Camino Francés, auf dem das Pilgern in den Augen mancher Pilgerbrüder fast schon zu einem verdächtigen Massentrend geworden ist. Die Vía de la Plata ist vielmehr auch heute noch ein Abenteuer geblieben, das täglich eine ehrliche Begegnung mit ihren Herausforderern sucht, und in der auch noch von Zeit zu Zeit die Einsamkeit des Weges den inneren Weg des Pilgers fordert. Bei all ihrer Härte und Einfachheit kann sie aber ihren Liebhabern, die sie über 1.000 km nach Santiago trägt, doch täglich das geben, was ein bescheidenes, aber glückliches Pilgerleben ausmacht.

Das vorliegende Buch versteht sich nicht als Wanderführer im herkömmlichen Sinne, es ist vielmehr in gewisser Weise ein Vermächtnis von Pilgern an Pilger und somit selbst ein kleines Stück Weggeschichte und lebendige Pilgertradition. Unser "Vor-Gänger" Michael Kasper ✞ vollbrachte von 2003 bis 2004 die schier unvorstellbare Leistung, den Weg erstmals lückenlos wörtlich zu beschreiben. Seit Anfang 2005 bin ich mit der abenteuerlichen Aufgabe betreut, einen sich ständig wandelnden, über 1.000 km langen Weg in seinen vielseitigen Facetten so gut wie möglich in Worte und Bilder zu fassen. Ich blieb mit diesem Anliegen aber nicht lange allein, sondern erhielt bis November 2006, als die Aktualisierung dieser Auflage abgeschlossen wurde, eine unglaubliche Zahl an Zuschriften von Pilgerfreunden, die mir als wache Beobachter des Weges ihre Erfahrungen mitteilten.

Neben vielen anderen bin ich hier besonders folgenden Pilgerbrüdern zu Dank verpflichtet: Ingrid Rieß, Sidonia und Helmut Haas, Martin Stephan, Otto Bell, Dani Weiss, Harald Krup, Felix Trutschler, Don Blas, Peter Westrup, Volker Schmidt, Claudia Carmona-Tribiana, Hanspeter und Gertrud Schwarz, Detlef Gehring, Angelika Mende, Ralf Schulz-Pedersen, Christiane Schumann, Kerstin Schade, Karin Sommer, Christian Hopf, Hanns Höfer, Helmut Holzhammer, Hans Schürings, Andreas Stambach, Maries Heissenbüttel, Günter Schrenick, Horst Schloendorff und Werner Kehl.

Besonders zu erwähnen ist Herr Rainer Köfferlein, der freundlicherweise einige seiner Fotos zur Veröffentlichung in diesem Buch zur Verfügung gestellt hat.

Ich freue mich, dass nun auch Sie dieses unser Büchlein in Ihren Händen halten und hoffe, dass die hier geschriebenen Zeilen Ihnen dabei helfen, den Weg für Sie zu einem unvergesslichen Erlebnis werden zu lassen. Die Pilgerfreunde, die Ihnen vorangegangen sind und ihre Erfahrungen in diesem Buch verewigt haben, heißen Sie "willkommen im Club" der Liebhaber und Herausforderer dieses wieder erwachten Pilgerweges und freuen sich auf ein persönliches Lebenszeichen von Ihnen. Vergessen Sie bitte nicht die Updates im Internet zu diesem Buch (☞ Seite 37) zu lesen, denn der Weg befindet sich in einem raschen Wandel. Und lassen Sie doch bitte mal etwas von sich hören! Sei es durch einen Beitrag im Pilgerforum unter www.via-de-la-plata.de. Sei es durch ein Schreiben mit Verbesserungsvorschlägen an den Verlag oder einfach durch eine Postkarte vom Weg.

Buen camino!

Ihr Raimund Joos

Eichstätt am Ostbayerischen Jakobsweg,
November 2006

Symbole

- Abstecher
- Achtung!
- Apotheke
- Aussichtspunkt
- Bahn
- Bank/Bankomat
- Bar/Weinstube
- Buchtipp der Redaktion
- Bus
- E-Mail-Adresse
- Einkaufen
- Etappenplanung
- Fahrradwerkstatt
- Fax
- Flug
- geöffnet...
- Höhe über NN
- Homepage
- Hotel, Pension
- Information
- Kirche
- Krankenhaus/med. Versorgung
- Laden
- Naturpark
- Notunterkunft
- Pilgerherberge
- Post
- Hinweise für Radfahrer
- Restaurant
- Sehenswürdigkeit
- Tipp
- Verweis
- Wegbeschreibung

Einleitung

Bei der Vía de la Plata (auch Ruta de la Plata genannt) handelt es sich um eine bedeutende, mehr als 700 km lange Römerstraße, die die andalusische Hauptstadt Sevilla mit der nordspanischen Stadt Astorga verbindet und dabei die Regionen Andalusien, Extremadura und Kastilien und León durchzieht. Gleichzeitig ist es ein bedeutender Jakobsweg, der bei Astorga auf den Hauptweg nach Santiago, den Camino Francés, trifft; man kann aber auch auf dem sogenannten Mozarabischen Weg nördlich von Zamora ab Granja de Moreruela direkt über Ourense nach Galicien und nach Santiago de Compostela ziehen. Von Sevilla nach Santiago sind es ziemlich genau 1.000 km.

Geschichte der Vía de la Plata

Vía de la Plata würde wörtlich übersetzt Silberstraße heißen und man könnte glauben, der Name stamme daher, dass die Römer im Norden der Iberischen Halbinsel wertvolle Metalle abbauten und über diese wichtige Nord-Süd-Verbindung nach Sevilla brachten, wo sie verschifft wurden. Tatsächlich wurden im Norden Metalle abgebaut, u.a. Gold, aber eben kein Silber. Außerdem hatten die Straßen in der Römerzeit keine einheitlichen Namen, sondern die einzelnen Abschnitte trugen verschiedene Nummern.

Obwohl die Vía de la Plata aus der Römerzeit stammt, ist die Herkunft dieses Namens offensichtlich nicht römischen Ursprungs, denn die Mauren, die ab 711 von Afrika kommend die Iberische Halbinsel unterwarfen, bedienten sich natürlich der alten Römerstraßen und nannten die, die uns hier beschäftigt, Bal'latta, was breiter gepflasterter Weg bedeutet. Plata ist also eine Vulgarisierung des arabischen Namens, der die Bezeichnung Vía vorangestellt ist, was auf den römischen Ursprung hinweist.

Allerdings ist diese Nord-Süd-Verbindung noch viel älter, und die Römer bauten nur Wege aus, die schon vor ihnen benutzt wurden. In vorrömischer Zeit waren es zunächst die steinzeitlichen Jäger, die auf diesen Wegen dem jahreszeitlichen Wildwechsel folgten, und später die ersten Hirten, die ihre Herden von den

Sommerweiden der nordkastilischen Hochebene ins Winterquartier der tiefer gelegenen Extremadura führten und umgekehrt, eine Tradition, die noch heute fortlebt.

Als die Phönizier im ersten vorchristlichen Jahrtausend die Ost- und Südküste der Iberischen Halbinsel kolonisierten und u.a. Cádiz (phönizisch Gadir) gründeten, wurde der alte Weg der Jäger und Hirten außerdem zum Handelsweg, besonders für den Transport der Gold- und Zinnfunde aus dem Gebiet der heutigen Provinz León nach Süden.

Als die Römer im 2. Jh. v.Chr. begannen, die Iberische Halbinsel zu erobern, bauten sie die alte Nord-Süd-Verbindung aus, indem sie den Weg verbreiterten, pflasterten und Städte anlegten wie - von Süden nach Norden - Hispalis (heute Sevilla), Italica (Santiponce), Emerita Augusta (Mérida), Helmantica (Salamanca), Asturica Augusta (Astorga) u.v.m. Das römische Straßennetz hatte militärische Bedeutung - über die Vía de la Plata marschierten die römischen Soldaten in den Kriegen gegen Asturier und Kantabrier - und diente als Vermittler für Handel und Kultur, war also mit entscheidend für die frühe und ziemlich umfassende Romanisierung der Iberischen Halbinsel. Im 1. nachchristlichen Jahrhundert war der Weg von Sevilla nach Astorga vollständig gepflastert, trug aber, wie oben bereits erwähnt, keinen einheitlichen Namen.

Geschichte und Gegenwart der Pilgerreise nach Santiago

Der frommen Überlieferung zufolge missionierte der Apostel Jakobus der Ältere Teile der Iberischen Halbinsel. Nach seinem Märtyrertod wurde sein Leichnam der Legende nach mit einem Schiff zum heutigen Padrón überführt und trat von dort die Reise ins Landesinnere an. Dort wo sich heute Santiago de Compostela befindet, fand er schließlich seine letzte Ruhe.

Auf der zu Anfang des 8. Jh.s zu weiten Teilen von Arabern (Mauren) besetzten Iberischen Halbinsel entstand das Königreich Asturien, das sich allmählich nach Süden ausdehnte. Hier wurde im Jahr 811 das Grab des Apostels Jakobus wieder entdeckt, der in Spanien den Namen Santiago erhielt. Die Präsenz des Apostelgrabes unterstrich den Machtanspruch der katholischen Kirche auf das Einflussgebiet der Iberischen Halbinsel. Im Jahre 844 erhob der Legende nach der Jesusjünger Jakobus bei einer Schlacht in der Nähe von Logroño selbst das Schwert gegen die Mauren und führte so die christlichen Truppen zum blutigen

Sieg. Hierauf begann angeblich eine Pilgerbewegung zum Jakobsgrab, welche über die Jahre hinweg verschiedenste Form und Umfang annahm, aber nie ganz versiegte. Zu Land und Wasser entstand über die Jahre ein Wegenetz zum Grab des Apostels, das die unterschiedlichsten Teile des christlichen Europa miteinander verband.

Seit ca. 20 Jahren erlebt die Pilgerreise nach Santiago eine erstaunliche Renaissance. Ausgehend von dem auch heute noch mit Abstand bekanntesten, im Norden Spaniens verlaufenden Camino Francés wurden mit zunehmender Pilgerzahl und Kommerzialisierung verschiedene weitere historisch überlieferte Jakobswege in Spanien, aber auch in Frankreich, Portugal und Deutschland, Österreich und der Schweiz wiederbelebt.

Der Zuspruch, den der Jakobsweg heute über alle politischen und weltanschaulichen Grenzen hinweg findet, steht sinnbildlich für das Wiedererwachen eines breiten spirituellen Interesses und den Wunsch nach einem friedlichen Miteinander der Kulturen. Wenngleich heute nicht mehr selbstverständlich davon ausgegangen werden kann, dass bei allen Jakobspilgern christliche Motive eine dominierende Rolle spielen, so nimmt die Tradition und der Glaube der inzwischen in verschiedener Hinsicht durch die Geschichte geläuterten katholischen Kirche eine zentrale Rolle in der Gegenwart des Pilgeralltages ein.

Die "wahre" Geschichte des Jakobsweges kann wahrscheinlich in keinem Buch und schon gar nicht in einem praktischen Wegführer erschöpfend beschrieben werden. Festzuhalten bleibt aber an dieser Stelle, dass auch die Geschichte des Weges genauso wie dessen Gegenwart immer auch von den Licht- und gleichsam den Schattenseiten des menschlichen Handelns geprägt wurde. In der Geschichte des Weges führen daher, genauso wie heute, nicht allein gute Motive, sondern in gleicher Weise unselige Verquickungen von Gewalt, Zwang, Kommerz und Religion die Feder bzw. den Fuß (☞ Motive der Pilgerreise). Es besteht demnach weder Grund zu einer sentimentalen Verherrlichung der Vergangenheit oder der Gegenwart des Weges, noch wird es anderseits gelingen, seinen (heiligen) manchmal fast süchtig machenden Zauber zu ergründen, zu erklären oder zu leugnen.

☺ Heute sind Sie nun selbst auf dem Jakobsweg unterwegs. Werden Sie zu einem kleinen Teil seiner Geschichte und Zukunft und machen Sie ihn zu einem Teil der Ihrigen.

Der Mozarabische Jakobsweg

Als Anfang des 9. Jh.s das Grab des Apostels Santiago entdeckt wurde und seit dem 10. Jh. die Pilgerfahrten nach Compostela einsetzten, machten sich natürlich auch die Christen, die in den vom Islam beherrschten Gebieten des Südens der Iberischen Halbinsel lebten, die so genannten Mozaraber, auf den Weg und bedienten sich u.a. der Vía de la Plata, die damit zu einem bedeutenden Jakobsweg wurde. Somit wurde die Vía de la Plata auch als Mozarabischer Jakobsweg bekannt.

Als Mozarabischer Jakobsweg gilt aber eigentlich die im vorliegenden Führer nicht beschriebene Jakobsweg-Variante, die von Granada über Córdoba nach Mérida führt, dort auf die Vía de la Plata stößt und auf ihr weiter nach Santiago führt. Nördlich von Zamora bei Granja de Moreruela teilt sich dann der Jakobsweg, und die Pilger haben die Alternative, entweder von der Vía de la Plata abzuzweigen und nordwestlich über Ourense nach Santiago zu ziehen oder weiter nördlich nach Astorga zu gehen, wo der Hauptweg nach Santiago, der sogenannte Camino Francés, erreicht wird, auf dem es westlich nach Compostela geht.

Bei der Vía de la Plata handelt es sich im engeren Sinne um die alte Römerstraße von Sevilla über Mérida nach Astorga. Da der Name Vía de la Plata jedoch äußerst werbewirksam ist, wird heute auch der Weg so bezeichnet, der bei Granja de Moreruela von der eigentlichen Vía de la Plata abzweigt und über Ourense nach Santiago de Compostela führt. Um keine Verwirrung aufkommen zu lassen wird in diesem Buch nur der Weg von Sevilla nach Astorga mit Vía de la Plata bezeichnet und der Weg von Granja de Moreruela über Ourense nach Santiago als Mozarabischer Weg.

Häufig wird die Bezeichnung Ruta de la Plata verwendet, wogegen grundsätzlich nichts einzuwenden ist, aber es handelt sich dabei um eine modernere Bezeichnung, die aus dem Französischen stammt. Den Namen Vía de la Plata ziehe ich vor, weil damit der Bezug zum römischen Ursprung deutlicher wird, ein Ursprung, der trotz aller anderen Einflüsse doch prägend ist, nicht zuletzt wegen der Vielzahl römischer Ruinen.

Die Vía de la Plata heute

Bis ins 18. Jh. blieb die Vía de la Plata eine wichtige Nord-Süd-Verbindung, aber mit der Neuordnung der spanischen Landstraßen unter König Philipp V., die dem zentralistischen System der von Madrid ausgehenden Sternstraßen den Vorzug gab, wurde die Vía de la Plata zweitrangig. Sicher ist dieser Tatsache zu verdanken, dass viele Abschnitte der alten Römerstraße erhalten werden konnten.

Heutzutage sind jedoch auch die peripheren Verkehrswege wieder bedeutsam, und da es sich um die natürliche Nord-Süd-Verbindung im Westen Spaniens handelt, ist nur zu verständlich, dass zuerst die Nationalstraße N-630 und heute auch die Autobahn, die den Beinamen Vía de la Plata erhält, dem gleichen Streckenverlauf folgen wie einst die Römerstraße. So ist es unvermeidlich, dass die Präsenz dieser viel befahrenen Straßen gelegentlich die Ruhe der Wanderer bzw. Pilger unterbricht. Die gemeinsame Aktion der Regionalregierungen und der Jakobusvereine, die den Weg seit 1991 mit gelben Pfeilen versehen haben, ist jedoch darauf ausgerichtet, die Pilger möglichst von den großen Straßen fernzuhalten.

Schließlich ist die Vía de la Plata nicht nur eine archäologische Fundgrube, sondern auch ein Naturparadies. Obwohl die Vegetation heutzutage nicht mehr der entspricht, die die Römer einst vorfanden, handelt es sich dennoch um eine hier entstandene ursprüngliche Flora, die in einer sehr dünn besiedelten Landschaft den verschiedensten Tierarten Unterschlupf bietet.

Die Pilgerschaft auf der Vía de la Plata ist also einerseits ein einzigartiges Naturerlebnis und andererseits eine Reise zurück zu den Ursprüngen der europäischen Zivilisation, besonders in den Regionen Extremadura und Kastilien, wobei neben vielen archäologischen Resten am Weg insbesondere die Städte Mérida, Cáceres, Salamanca und Zamora sehenswert sind, sowie natürlich die Ausgangs- und Endpunkte Sevilla und Santiago, wohl die faszinierendsten Städte Spaniens überhaupt.

Der Pilgerweg ist zwar mit gelben Pfeilen markiert, in Andalusien, der Extremadura sowie Kastilien auch mit Meilensteinen und in Galicien mit den typischen Kilometersteinen der Jakobswege, aber die Infrastruktur für Jakobspilger in Bezug auf Unterkünfte lässt stark zu wünschen übrig. In Galicien, um mit dem Ende zu beginnen, finden sich, wie auf allen Jakobswegen, in regelmäßigen Abständen gute und kostenlose Pilgerherbergen, die aber teils erst Ende 2003, pünktlich zum Heiligen Jahr, fertig gestellt worden sind. In der Extremadura führte das Projekt der touristischen Erschließung der Vía de la Plata zu einer unregelmäßigen Anlage von touristischen Herbergen, deren Preise stark variieren und trotz der Ermäßigungen für Jakobspilger ziemlich teuer sein können. In Andalusien und Kastilien ist die Anlage von Herbergen dagegen ganz die Folge privater Initiativen von Ortschaften, Kirche oder von Privatpersonen.

Angesichts dieser teils ungünstigen Unterkunftssituation variiert die Etappenlänge teilweise sehr, und es gibt sogar den einen oder anderen Fall, wo eine sinnvolle Tagesetappe unmöglich wird und auf öffentliche Verkehrsmittel zurückgegriffen werden oder draußen geschlafen werden muss.

Gründe für die Pilgerschaft

Im Mittelalter, also zur Zeit der Entstehung des Jakobuskultes, pilgerte man der schriftlichen Überlieferung zufolge vorrangig aus im engsten Sinne religiösen Gründen. Pilger nahmen den oft Monate dauernden, beschwerlichen und nicht selten lebensgefährlichen Weg nach Santiago als sichtbares Zeichen der Verehrung des heiligen Apostels Jakobus und der Treue zum christlichen Glauben auf sich. Sie erhofften sich dadurch im Gegenzug die Vergebung von Sünden oder die Heilung einer Krankheit. Auch die Beschreibung von Pilgerreisen zum Zwecke einer Dank- oder Bittwallfahrt sind überliefert. Nicht alle Pilger waren aber freiwillig unterwegs. In der Literatur finden sich Hinweise, wonach Sündern und Straffälligen die Reise nach Santiago zur Sühne ihrer Schuld auferlegt wurde.

Ob neben diesen offiziellen, im engsten Sinne frommen Motiven auch Abenteuerlust sowie kulturelle oder touristische Interessen eine Rolle spielten, lässt sich heute sicher nicht mit Gewissheit feststellen. Beim Lesen mancher Pilgerberichte kommt jedoch die Vermutung auf, dass neben frommen Motiven auch damals schon ähnliche Gründe eine Rolle gespielt haben könnten, wie sie dies heute auch noch tun.

Gemäß der Pilgerstatistik des unter der Leitung der katholischen Kirche stehenden Pilgerbüros in Santiago gibt die deutliche Mehrheit der Pilger auch heute noch an, zumindest zum Teil aus religiösen Gründen auf dem Jakobsweg unterwegs zu sein. Eine nicht geringe Anzahl von Pilgern beschreibt ihre Motivation sogar als ausschließlich religiös. Wenngleich von dieser Statistik vermutlich nicht alle und insbesondere nicht alle säkular geprägten Pilger erfasst werden, entsteht bei näherer Kenntnis der Pilgerszene doch zumindest auf den zweiten Blick der Eindruck, dass in der Motivation der meisten Pilger tatsächlich auch heute noch im weitesten Sinne religiöse oder spirituelle Gründe eine bedeutende Rolle spielen. Die Form der religiösen Motivation hat sich über die Jahre hinweg gleichwohl gewandelt.

Religiöser Zwang und Höllenangst spielen heute hier wohl nur noch in bedauerlichen Einzelfällen eine Rolle. Auch steht für viele Pilger (zumindest zu Anfang des Weges) nicht mehr die Verehrung des Apostels Jakobus oder eine traditionelle Wundergläubigkeit im Vordergrund.

Insgesamt ist bei jüngeren Pilgern und solchen Pilgern, die aus eher säkular geprägten Ländern stammen, insbesondere festzustellen, dass hier eher eine allgemein von dem Bedürfnis nach Selbstfindung geprägte Suche nach Sinn und Orientierung zunimmt. Diese richtet sich an Glaubensinhalten aus, welche sich vorwiegend aber im zunehmenden Maße nicht mehr ausschließlich an der katholischen oder christlichen Glaubenslehre orientiert.

Über die im engeren und weiteren Sinne religiösen Motive hinaus spielen meist noch zahlreiche weitere Gründe eine Rolle bei der Entscheidung für eine Pilgerreise. Bei den meisten Pilgern findet sich wohl eine sehr vielseitige Mischung aus Motiven wie z.B. dem Interesse am Kennenlernen der spanischen Kultur und Küche, dem Wunsch nach sportlicher Betätigung sowie der Freude an intensiven und offenen Kontakt mit Gleichgesinnten aus den verschiedensten Kulturen, Altersgruppen und sozialen Schichten. Nicht unwesentlich ist oft auch der Wunsch nach einer kostengünstigen Gestaltung der Urlaubszeit oder aber nach einem bewusst gewählten, einfachen Lebensstil, der im Kontrast zu dem vom Konsum übersättigten Alltagsleben steht.

Für einige Pilger (und übrigens auch für mich) bedeutet Pilgern eine einzigartige, ganzheitliche Lebensweise, die sich auf einzigartige Weise zu so etwas wie einer Komposition oder einem Gesamtkunstwerk aus all den oben genannten

Motiven zusammenfügt. Pilger begreifen Pilgern oft als eine Lebensphilosophie oder Weltanschauung, die ihr Erleben, Denken und Handeln bestimmt und sie ähnlich einem Süchtigen immer wieder zurück nach Hause auf den Weg ruft.

Es überrascht nicht, dass es auf dem Weg aufgrund verschiedenster Motivationen auch zu Konflikten kommt. Wie Ihnen dies bei näherem Hinschauen sicher auffallen wird, ist dies z.B. gelegentlich zwischen Rad- und Fußpilgern sowie zwischen "Buspilgern" und (selbst ernannten) "echten Pilgern" zu beobachten.

☺ **Begegnen Sie dem Weg so offen wie möglich**, so verpassen Sie nicht die Chance, alle seine "verborgenen Schätze zu heben"! Öffnen Sie dazu alle fünf Sinne und auch das, was in der dichterischen und religiösen Sprache so schön mit "Herz" und "Seele" umschrieben wird. Ärgern Sie sich nicht darüber, wenn Sie Mitpilgern begegnen, die nicht (vordergründig) aus dem gleichen Grund wie Sie dem dennoch gleichen Weg folgen, sondern versuchen Sie deren Andersartigkeit als eine persönliche Chance für sich zu begreifen und ihr mit echtem Interesse zu begegnen. So können Sie lernen, diese zu verstehen und letztlich werden dann auch Sie und Ihre Anliegen echtes Verständnis und Interesse bei Ihren Pilgerbrüdern finden.

Die Jakobusmuschel

Seit dem Mittelalter gilt die Jakobsmuschel gleichsam als das Symbol für die Pilger und für den Jakobusweg selbst. Die Entstehung dieser Tradition ist nicht klar. Die Legende berichtet jedoch, dass einst ein junger Adliger, der von dem Heiligen Jakobus vor dem Ertrinken gerettet wurde, völlig mit Muscheln bedeckt aus dem Wasser stieg. Seither gilt die Muschel als Schutzzeichen des Heiligen Jakobus und somit als Erkennungszeichen für Pilger, das früher auf dem Pilgerhut und heute häufig am Rucksack getragen wird.

Andere Deutungen gehen schlichtweg davon aus, dass die beeindruckten Pilger die Muschel von ihrem abschließenden Besuch des Meeres als Souvenir und Beweis für ihre Reise ans Ende der Welt zurück nach Hause mitgebracht haben.

Eine schöne und einleuchtende Symbolik stellen die Linien der Muschel dar, die gleich der verschiedenen Jakobswege auf einen Punkt - Santiago - zulaufen.

☺ Da es besonders auf der Vía de la Plata noch nicht sehr viele Pilger gibt und diese nicht einfach von Touristen zu unterscheiden sind, empfehle ich Ihnen hier zur besseren Erkennung das Tragen einer Jakobsmuschel. Man wird Sie dann vielerorts noch herzlicher und zuvorkommender aufnehmen.

Der Pilgerausweis

Der Pilgerpass (spanisch credencial de peregrino) blickt auf eine ähnlich lange Tradition wie die Jakobsmuschel zurück. Er gilt von jeher als offizieller Ausweis des Pilgers und wurde früher meist von der heimatlichen Kirchenobrigkeit ausgestellt.

Wer für seine (manchmal unter Zwang) abgeleistete Reise eine offizielle Bestätigung benötigte, ließ sich in diesem Dokument an verschiedenen Orten seine Ankunft schriftlich bestätigen und erhielt in Santiago nach Vorlage des Dokuments schließlich sein offizielles Zeugnis für die Pilgerschaft, die Compostela.

Auch heute nimmt der Pilgerausweis in groben Zügen die oben genannte Funktion ein. Wer in staatlichen und kirchlichen Herbergen übernachten will oder evtl. eine Vergünstigung in privaten Herbergen oder Jugendherbergen aushandeln möchte, wird auch heute noch um Vorlage des Pilgerausweises gebeten. Auch wird ihnen mittels eines Stempels im Credencial ihre Ankunft an den verschiedenen Orten bestätigt.

Dies erledigt man normalerweise in den Herbergen, es kann aber auch in Kirchen und allen offiziellen Ämtern geschehen.

Manche Pilger gehen einer regelrechten Sammelleidenschaft bezüglich der verschiedenen Stempel (spanisch sello) nach, die in der spanischen Sprache bezeichnenderweise den gleichen Namen wie "Briefmarke" führen.

Wer nach alter Tradition eine Compostela erwerben will, erhält diese, wenn er mittels seines Credencials im Pilgerbüro Santiagos nachweisen kann, dass er mindestens 100 km zu Fuß oder 200 km mit dem Rad auf dem Weg unterwegs war.

☺ Wenngleich Sie den Credencial auch direkt auf dem Weg z.B. in Sevilla erhalten können, ist es sicherheitshalber zu empfehlen, diesen bereits vor Abreise bei den später aufgeführten Jakobusgemeinschaften in Ihrer Heimat zu besorgen. Er wird Ihnen meist gegen eine kleine Spende zusammen mit weiteren nützlichen Informationsunterlagen zugesandt.

Sollten Sie aus widrigen Gründen an keinen offiziellen Pilgerausweis herankommen oder diesen verloren haben, so ist es notfalls immer noch besser, ein

Blatt Papier, auf dem die Kopie ihres Ausweises sichtbar ist und (so) Ihre persönlichen Daten vermerkt sind, als provisorischen Credencial zu verwenden. Wohl gemerkt - dies gilt nur als Notlösung!

Der Pilgerstab

Ähnlich wie die Jakobsmuschel gilt auch der Pilgerstab als ein Erkennungszeichen der Pilger. Seine Herkunft ist rein pragmatischer Art. Er diente den Pilgern als Hilfe bei der Überquerung von Bächen und anderen schwierigen Wegpassagen und bewies seinen Nutzen darüber hinaus bei der tatkräftigen Verteidigung gegen Hunde und wilde Tiere. Auch heute kann er durchaus noch von Nutzen sein (☞ Reise-Infos von A bis Z/Ausrüstung/Packliste).

Das Heilige Jahr

Wenn der Jakobustag, der am 25. Juli gefeiert wird, auf einen Sonntag fällt, ruft die katholische Kirche seit jeher das Heilige Jahr in Compostela aus. Wer in diesem Jahr das Apostelgrab durch die dann geöffnete heilige Pforte der Kathedrale kommend besucht und an verschiedenen weiteren religiösen Akten teilnimmt, erhält einen vollständigen Ablass von den Sündenstrafen. Das nächste Heilige Jahr wird 2010 stattfinden und es ist zu erwarten, dass dann wieder ein Mehrfaches an Pilgern nach Santiago strömen wird. Der Massenansturm von Pilgern führt dann auf dem Hauptweg (Camino Francés) regelmäßig zu eher unheiligen Verteilungskämpfen bei der Bettenvergabe in den Pilgerherbergen. Für viele Pilger stellt dies dann einen guten Grund dar, auf die weniger bekannten Strecken wie z.B. die Vía de la Plata auszuweichen.

Ob der ständig wiederkehrende Massenansturm von Pilgern im Heiligen Jahr allein auf den Wunsch nach Ablass oder daneben auch auf die anlässlich dieses Datums gestarteten gigantischen Werbeaktionen der galicischen Landesregierung und/oder auch auf eine gewöhnliche massenpsychologische Dynamik zurückzuführen ist, mag dahingestellt bleiben.

Reise-Infos von A bis Z

Glockenturm in Almadén de la Plata (rj)

An- und Abreise

Sicher gibt es eine Vielzahl von Möglichkeiten der Anreise mit Bus, Zug oder Flugzeug, aber die empfehlenswerteste Form scheint mir, nach Madrid zu fliegen und von dort mit dem Bus oder mit dem Zug nach Sevilla zu fahren. Sollten Sie nicht in Sevilla, sondern von einer anderen Stadt auf der Vía de la Plata losgehen - Salamanca ist beispielsweise ein beliebter Ausgangspunkt, weil es etwa auf halbem Weg liegt - dann müssten Sie mit dem Bus dorthin fahren.

Wer mit dem Zug von Deutschland nach Spanien reisen will, wird sich auf eine lange und auch sehr teure Reise einstellen müssen. Im Allgemeinen ist diese Methode eher für Kurzentschlossene attraktiv, auch ist in der Regel das spanische Busnetz besser als das Eisenbahnnetz.

Wer nicht so viel Geld in die Zugfahrt investieren möchte, kann mit dem Bus der Deutschen Touring GmbH und deren internationalen Kooperationspartnern aus verschiedenen Städten Deutschlands nach Sevilla oder Salamanca fahren und von Santiago zurück nach Deutschland. Die Fahrt kostet regulär ca. € 160 für die einfache und € 260 für die doppelte Strecke. Die Reise dauert allerdings um die 36 Stunden und ist deshalb für Erholungssuchende nicht gerade zu empfehlen. Verschiedene Vergünstigungen sind möglich.

♦ 💻 www.deutsche-touring.de, ☎ 01805/790303

Die Reise mit Bussen innerhalb von Spanien hat den Vorteil, dass sie verhältnismäßig billig ist und es zahlreiche Direktverbindungen gibt. Vom Madrider Südbahnhof (Estación de Autobuses del Sur, Calle Conde Casal, ☎ 914684200) kann so z.B. in sechs Stunden Sevilla erreicht werden. Die Busse der Gesellschaft Socibus (☎ 902229292 und 915304417) fahren von frühmorgens bis spätabends im Stundenrhythmus zur vollen Stunde, die Fahrt kostet nur € 17,50 (2006).

Etwas von Nachteil ist jedoch, dass nicht so einfach festgestellt werden kann, welche Busgesellschaft von welcher Busstation zu welchem Ziel fährt. Man sollte deshalb etwas mehr Zeit für die An- und Abreise einplanen. Am besten fragen Sie hier bei der Information des jeweiligen Busbahnhofes nach. Diese kennen zumindest die Telefonnummern der zuständigen Linie und auch die Nummern der Informationen weiterer wichtiger Busbahnhöfe in Spanien. Ein großer Bußbahnhof ist z.B. der oben erwähnte Südbahnhof von Madrid.

Die wohl beste Wahl ist eine kombinierte Anreise mit Flug und Bus. Zum Glück fliegen inzwischen auch einige Billigfluglinien zu Städten an und in der Nähe der Vía de la Plata. Ryanair z.B. fliegt von einigen deutschen Städten über London nach Sevilla und Jerez, das 100 km südlich von Sevilla liegt, sowie von Frankfurt direkt nach Jerez. Auch Valladolid, das 120 km nördlich von Salamanca liegt, wird angeflogen. Die Heimreise kann direkt von Santiago erfolgen.

Auch Easy Jet und Airberlin bieten einige etwas teurere Direktflüge von Deutschland nach Sevilla, Madrid, Malaga, Asturien und Faro (in Südportugal) an.

Aber auch klassische Linienflüge zu den gewohnten Preisen sind natürlich möglich. Die günstigsten Flüge sind hier sicher noch Sondertarife zu einem Zielort, von dem man auch wieder zurückfliegt - daher meine Empfehlung, nach Madrid zu fliegen. Am besten erkundigen Sie sich in Ihrem Reisebüro, denn möglicherweise kann auch ein Gabelflug nach Sevilla und zurück von Santiago recht günstig sein. Diese beiden Städte sind die einzigen auf der Vía de la Plata, die über Flughäfen für Linienflüge verfügen, beide werden von internationalen Fluglinien angeflogen.

Ausrüstung

Da es auf der Vía de la Plata große Klimaunterschiede gibt (☞ Reise-Infos von A bis Z, Klima und Reisezeit) variiert auch die Kleidung je nach Region und Jahreszeit.

Einen erfahrenen Pilger erkennt man an seinem leichten Rucksack. Täglich einen schweren Rucksack über den Weg zu schleppen ist weder notwendig noch eine sportliche Heldentat und macht auf keinen Fall Spaß. Allgemein geht man davon aus, dass ein Wanderrucksack nicht mehr als 10 % des eigenen Körpergewichtes wiegen darf. Bei Strecken, die über eine Woche in Anspruch nehmen, kann man noch 1 bis 2 kg dazuzählen. Für eine 80 kg schwere Person sind also allerhöchstens 10 kg angemessen, wobei normal auch schon 8 bis 9 kg voll ausreichen. Darum ist es ratsam - und dies ist wörtlich gemeint - beim Packen des

Rucksacks die Waage zu Rate zu ziehen, mit der Sie jedes einzelne Teil, das Sie mitnehmen wollen, auf sein Gewicht hin prüfen.

📖 **Trekking ultraleicht** von *Stefan Dapprich*, Conrad Stein Verlag Basiswissen für draußen, Band 184, ISBN 978-3-86686-184-8, € 9,90

Wenn Sie nicht mehr mitnehmen, als in der nachfolgenden Packliste aufgeführt ist, können Sie das oben genannte Gewicht sicher einhalten.

Transport und Schlafen

- Bequemer verstellbarer Rucksack mit Hüftgurt
- Regenschutz für Rucksack oder ca. 4 knisterarme, möglichst durchsichtige Tüten
- Schlafsack je nach Jahreszeit möglichst leicht
- Kleines Handtuch am besten ultraleicht
- Diebstahlsichere Geldtasche
- Evtl. kleiner Kopfkissenbezug oder Schlafsackhülle (mit Kleidern füllen)
- Evtl. Isomatte, zum Schlafen in Notunterkünften

Bekleidung

- Leichte eingelaufene Wanderschuhe am besten mit Sporteinlagen
- Leichte (Lauf-) Sandalen oder Laufschuhe
- 2 Paar eingelaufene Wandersocken
- 1 Paar leichte Freizeitsocken
- 3 bequeme Unterhosen
- 2 bis 3 T-Shirts (nicht weiß)
- Lange leichte Wanderhose evtl. mit Innenfutter
- Kurze bequeme Hose am besten mit Gummizug
- Leichter, aber warmer Pulli oder Jacke aus Fleece
- Leichte Windjacke
- Einfache leichte Regenjacke oder Regenponcho
- Hut z.B. Strohhut
- Evtl. sehr leichter Baumwollpulli (Rolli) oder langes Unterhemd
- Evtl. lange Unterhose aus Mikrofaser
- Evtl. abgeschnittene Damenstrumpfhose gegen Wundlaufen

Körperpflege

- ▷ Sonnenschutzcreme mit hohem Lichtschutzfaktor
- ▷ Zahnbürste und Zahnpastakonzentrat oder ½ Zahnpastatube
- ▷ ½ Seife für Körper-, Haar- und Kleiderwäsche (später nachkaufen)
- ▷ 1 bis 2 Einwegrasierer aus Plastik bzw. Damenbinden für Frauen
- ▷ ½ Rolle WC-Papier oder besser 1 Päckchen Papiertaschentücher

Medikamente

- ▷ ½ oder 1 breite Rolle Leukoplast
- ▷ ½ oder 1 Packung Compeed
- ▷ 2 bis 3 Wundpflaster
- ▷ ½ Tube Hautcreme gegen Entzündung (z.B. bei Wundreiben)
- ▷ ½ Tube Hirschtalgkreme (Prophylaxe gegen Wundreiben)
- ▷ Wenige Milliliter Desinfektionsmittel
- ▷ Eine sehr kleine Schere (Nagelschere)
- ▷ Akutpillenset (je 2 bis 3 Tabletten bzw. Dosen gegen Durchfall, Elektrolyteverlust, Schmerzen, Erkältung, Fieber)
- ▷ Persönliches Pillenset (Medikamente z.B. gegen Magensäure, Allergieschock oder Bluthochdruck, evtl. Kondome oder die Pille usw.)
- ▷ Evtl. eine kleine (½) Tube Voltaren

Sonstiges

- ▷ Ultraleichte Taschenlampe mit "Kaltlicht" oder eine kleine Stirnleuchte
- ▷ Eine Nähnadel mit je einem Meter Näh- und Bindfaden, Sicherheitsnadeln
- ▷ Kugelschreiber
- ▷ Jakobsmuschel
- ▷ Evtl. Brille oder Kontaktlinsen, deren Pflegemittel sowie Ersatz
- ▷ Evtl. Ohropax
- ▷ Evtl. 2 m Wäscheleine
- ▷ Evtl. kleines Tagebuch (Din A5 Heft oder kleiner)
- ▷ Evtl. Wanderstab, Pilgerstab oder Teleskopstöcke
- ▷ Evtl. Sonnenbrille oder staubdichte Gletscherbrille
- ▷ Evtl. Digital- oder Kleinbildkamera und höchstens 3 Filme
- ▷ Evtl. Handy und Ladegerät (Kann hilfreich sein! - nervt aber!!!)

Papiere

- ▷ Flugtickets
- ▷ Personalausweis
- ▷ Pilgerausweis
- ▷ Diesen Pilgerführer (mit Updates ☞ Seite 37)
- ▷ Adressenliste von Freunden, Hausarzt und Hausbank
- ▷ Papiere bzw. Karte für Auslandskrankenversicherung
- ▷ EC- Karte oder Schecks
- ▷ Evtl. aktuelle Liste der Herbergen
- ▷ Evtl. weitere wichtige persönliche Daten (Impfungen) und Adressen
- ▷ Evtl. einige doppelseitig kopierte Seiten mit Literatur

Ernährung

- ▷ Leichte Trinkflasche für 0,75 bis 1 l
- ▷ Etwas leicht verdauliche kalorienreiche Nahrung (z.B. 3 bis 4 Bananen)
- ▷ Messer und Gabel aus Aluminium oder mit Plastikgriff
- ▷ Evtl. einige Mineral- und Vitamintabletten
- ▷ Evtl. ein mittelgroßes Tuppergefäß
- ☺ Evtl. gegen Ende der Tagestour eine Flasche guten Wein kaufen

Grundsätzlich gilt:

Nur so viel kaufen, wie man unmittelbar aufbraucht. Größere Packungen vermeiden, mit den Pilgerfreunden teilen oder anstelle einer Spende in der Pilgerherberge lassen. Keinen falschen Stolz zeigen und sich in Engpässen helfen lassen und helfen. Andenken erst in Santiago kaufen. Leichten Schlafsack mitnehmen und notfalls in Kleidern schlafen. Unnötige Dinge heimschicken oder verschenken.

Wanderstock

Im Allgemeinen sind Wanderstöcke zu empfehlen, da sie zusätzlichen Halt bieten und auch die Hände zur Unterstützung verwendet werden können. Sollten Sie sehr viel und oft zu Fuß unterwegs sein, sollten Sie evtl. auf diese verzichten, da Ihr eingeübter Laufstil irritiert oder verlangsamt werden könnte. Probieren Sie es am besten vorher 2 bis 3 Tage aus und entscheiden Sie selbst.

Als Pilger können Sie einen Pilgerstab von einem Baum im Wald abbrechen. Ist der zu schwer oder laufen Sie große Strecken, kann es schon mal zu Blasen an den Händen oder einer Sehnenentzündung kommen. Ein guter Pilgerstab sollte 20 cm größer als sein Benutzer, leicht und aus elastischem Holz sein. Sie können auch Teleskopstöcke benutzen. Zu empfehlen sind auch herkömmliche Wanderstäbe mit oben abgerundeten Griff. Dieser sollte bis zur Gürtellinie reichen.

Diplomatische Vertretungen

... in Spanien: Botschaften und Konsulate

Ⓓ Botschaft, Calle Fortuny 8, 28010 Madrid, ☏ 915579000, www.embajada-alemania.es

♦ Konsulat, Paseo la Palmera 19 C-2°, Winterthur-Haus, 41013 Sevilla, ☏ 954230204

Ⓐ Botschaft, Paseo de la Castellana 91, 28046 Madrid, ☏ 915565315, madrid-ob@bmaa.gv.at

(CH) Botschaft, Calle Núñez Balboa 35-7°, Edificio Goya, 28001 Madrid, ☏ 914363960, www.eda.admin.ch/madrid

Spanische Botschaft in ...

Ⓓ Lichtensteinallee 1, 10787 Berlin, ☏ 030/2540070, www.spanischebotschaft.de

Ⓐ Argentinierstraße 34, 1040 Wien, ☏ 01/5055788, www.embesp-at.org

(CH) Kalcheggweg 24, 3006 Bern, ☏ 031/3505252, ambespch@mail.mae.es

Einkaufen

Spanien ist ein modernes Land, in dem es alles zu kaufen gibt. Es ist nicht nötig, Vorräte mitzunehmen, weder Lebensmittel noch Filme für den Fotoapparat. Da ein Grundsatz einer guten Reisevorbereitung ist, so wenig Gepäck wie möglich mitzunehmen, lassen Sie bitte alles zu Hause, was Sie nicht sofort brauchen und später hinzukaufen können.

Lebensmittelgeschäfte gibt es in fast jedem Ort. Es ist nicht nötig, für mehrere Tage im Voraus einzukaufen. Je größer ein Ort ist, desto größer sind auch die

Lebensmittelgeschäfte, vom kleinen Tante-Emma-Laden, womöglich mit der Dorfpinte zusammen, über kleine Selbstbedienungsgeschäfte bis hin zu großen Supermärkten in den Städten. Da die Übergänge fließend sind, gebe ich lediglich an, ob es in dem betreffenden Ort eine Einkaufsmöglichkeit gibt.

Erste Hilfe

Jeder Pilger sollte in der Lage sein, die einfachsten Probleme selbst zu lösen. Zur eigenen Reiseapotheke sollte normales Pflaster, spezielles Blasenpflaster, eine Nagelschere, Desinfektionsmittel, eine infektionshemmende Salbe und eine Binde gehören. Das größte Problem ist, wie man der Entstehung von Blasen vorbeugt und sie behandelt. Die wichtigsten Tipps zur Vorbeugung sind:

▷ nur gut eingelaufene Schuhe tragen
▷ Socken und Strümpfe möglichst ohne Nähte tragen oder mit der Innenseite nach außen, um den Druck der Nähte zu verringern
▷ dünne Nylonsöckchen unter die normalen Socken oder Strümpfe ziehen

☺ Wenn Sie eine Druckstelle im Schuh spüren, sollten Sie sofort anhalten und diese mit Leukoplast abkleben. Zur Behandlung von Blasen gibt es unterschiedliche Tipps: Wenn sie schmerzen oder zu groß werden sollte man sie aufstechen, desinfizieren und gut trocknen lassen, so dass sich so schnell wie möglich neue Haut bilden kann. Heutzutage gibt es neue und sehr wirkungsvolle Blasenpflaster (z.B. Compeed).

Bedenken Sie, der häufigste Grund für den Abbruch einer Tour sind kaputte Füße. Gönnen Sie sich im Zweifelsfall lieber einen Tag Pause, bevor Sie später ganz abbrechen müssen. Apotheken gibt es in zahlreichen Orten. Auch Sonntagsdienste sind eingerichtet. Gerne hilft auch das Rote Kreuz.

Essen und Trinken

Überall in Spanien kann man in zahlreichen Restaurants Mittags- und Abendmenüs (menú del día) bekommen, seltener auch am Wochenende. Ein solches Menü kostet zwischen € 7 und 9 und bietet verschiedene Vor-, Haupt- und Nachspeisen zur Auswahl und meist auch ein Getränk. Auch einige Pilgerherbergen bieten bereits Menüs für Pilger an.

In den Herbergen gibt es meist keine ausreichende Kochgelegenheit und bei den relativ günstigen Preisen sollte man überlegen, ob es sich überhaupt lohnt, selbst zu kochen. Außerdem hat man so häufig Gelegenheit, regionale Spezialitäten zu probieren.

Was die Qualität des Essens angeht, so kann hier wenig Allgemeines ausgesagt werden, da die Geschmäcker und Angebote doch sehr verschieden sind. Es entsteht aber manchmal der Eindruck, dass man sich auf der Vía de la Plata noch nicht überall auf die Wünsche der Pilger eingestellt hatte. Ein Pilgermenü gibt es nur selten und oft wird eher Hausmannskost angeboten. Nicht alle guten Herbergen haben auch gutes Essen, was aber kein Pauschalurteil sein soll.

Die Essenszeiten sind anders als in Deutschland: Zu Mittag isst man zwischen 13:00 und 15:00 und zu Abend erst ab etwa 21:00, in Galicien auch schon ab 20:00.

Auch Brunnen mit Trinkwasser findet man entlang des Weges - hier in Cañaveral (rk)

Etappen

Eigentlich halte ich es nicht für sinnvoll, Etappenempfehlungen zu geben, weil jeder Wanderer ganz unterschiedliche Entfernungen zurücklegt und diese Empfehlungen letztlich nur selten berücksichtigt werden. Darum werden nur die Distanzen von einer Pilgerunterkunft zur nächsten angegeben, so dass sich jeder sein individuelles Programm zusammenstellen kann.

von - bis (mit Infrastruktur)	km	gesamt
Die Vía de la Plata		
Sevilla	-	-
Guillena	22,8	22,8
Castilblanco de los Arroyos	18,0	40,8
Almadén de la Plata	30,0	70,8
El Real de la Jara	16,1	86,9
Monesterio	20,0	106,9
Fuente de Cantos	21,7	128,6
Puebla de Sancho Pérez	21,1	149,7
Zafra	4,3	154,0
Los Santos de Maimona	4,1	158,1
Almazara/Villafranca de los Barros	9,0	167,1
Villafranca de los Barros	6,8	173,9
Torremegía	28,5	202,4
Mérida	15,2	217,6
Aljucén	17,3	234,9
Alcuéscar	20,4	255,3
Aldea del Cano	15,0	270,3
Valdesalor	11,4	281,7
Cáceres	11,8	293,5
Casar de Cáceres	11,2	304,7

von - bis (mit Infrastruktur)	km	gesamt
Tajo-Stausee	22,4	327,1
Cañaveral	11,8	338,9
Grimaldo	8,0	346,9
Galisteo	21,1	368,0
Carcaboso	10,8	378,8
Aldeanueva del Camino	38,8	417,6
Baños de Montemayor	9,9	427,5
Calzada de Béjar	12,5	440,0
Fuenterroble de Salvatierra	20,7	460,7
San Pedro de Rozadas	28,7	489,4
Morille	4,3	493,7
Salamanca	19,8	513,5
Calzada de Valdunciel	15,8	529,3
El Cubo de la Tierre del Vino	19,8	549,1
Villanueva de Campeán	13,3	562,4
Zamora	19,5	581,9
Montamarta	17,6	599,5
Riego del Camino	16,6	616,1
Granja de Moreruela	7,1	623,2
Der Mozarabische Jakobsweg		
Faramontanos de Tábara	19,3	642,5
Tábara	7,4	649,9
Santa Croya (Marta) de Tera	23,5/24,2	674,1
Calzadilla de Tera	11,2	685,3
Ríonegro del Puente	16,5	701,8
Mombuey	9,5	711,3
Cernadilla	8,3	719,6

von - bis (mit Infrastruktur)	km	gesamt
Puebla de Sanabria	23,7	743,3
Requejo	12,3	755,6
Lubián	19,6	775,2
A Gudiña	24,7	799,9
Campobecerros	20,7	820,6
Laza	15,1	835,7
Vilar de Barrio	19,9	855,6
Xunqueira de Ambía	13,9	869,5
Ourense	23,4	892,9
Cea	21,9	914,8
Oseira	9,2	924,0
Castro Dozón	11,0	935,0
Lalín-Bendoiro-Laxe	19,1	954,1
Silleda	10,0	964,1
Bandeira	7,4	971,5
Vedra-Susana-Santiaguiño	18,1	989,6
Santiago de Compostela	17,3	1.006,9

Geld

Je nachdem, wo man übernachtet und wie sehr man Restaurants und Bars in Anspruch nimmt, muss man mit täglichen Ausgaben von € 20 bis 30 rechnen. Nehmen Sie nur so viel Bargeld mit, wie Sie brauchen! Am einfachsten ist es, mit einer ec-Karte mit dem Maestro-Symbol Geld abzuheben, denn jede Kleinstadt hat mindestens eine Bank und fast alle Banken haben Geldautomaten. Merken Sie sich während der Reise, bei welchen Automaten Ihnen keine Gebühren berechnet werden!

Reiseschecks mitzunehmen lohnt sich kaum, denn die meisten Banken berechnen hohe Gebühren. Wenn Sie dennoch Reiseschecks mitnehmen möchten, erkundigen Sie sich vorher, welche Banken gebührenfrei umtauschen.

Information

Spanische Fremdenverkehrsämter in...

- (D) Kurfürstendamm 180, 10707 Berlin, ☎ 030/8826543
- ♦ Grafenberger Allee 100, 40237 Düsseldorf, ☎ 0211/6803981
- ♦ Myliustraße 14, 60323 Frankfurt/Main, ☎ 069/725038
- ♦ Postfach 151940, 80051 München, ☎ 089/5307460
- (A) Walfischgasse 8/14, 1010 Wien 1, ☎ 01/5129580
- (CH) Seefelder Straße 19, 8008 Zürich, ☎ 044/2536050

Jakobusvereine in (D), (A) und (CH)

Diese Gesellschaften geben Informationen und stellen Pilgerbeglaubigungen aus. Es ist erforderlich, bei Anfragen einen frankierten Rückumschlag beizulegen.

Einige Jakobusgesellschaften erheben inzwischen eine Gebühr von € 5 für die Ausstellung des Pilgerpasses. Erkundigen Sie sich am besten vorher!

Der Fall einer Pilgerin in spe, die den frankierten Rückumschlag mit dem Hinweis zurückbekam, dass Pilgerpässe nur noch an Mitglieder oder Teilnehmer der Vorbereitungsseminare ausgegeben werden, scheint wohl eher eine Ausnahme zu sein.

Wie bereits erwähnt können Sie den Pilgerpass zwar auch in Spanien kostenlos bekommen, aber sicher ist es Ihnen lieber, vorsichtshalber schon vor der Abreise alles parat zu haben.

An folgende Jakobusgesellschaften können Anfragen gerichtet werden:

- (D) Deutsche St. Jakobusgesellschaft e.V., Tempelhofer Str. 21,
  52068 **Aachen,** ☎ 0241/4790127, FAX 0241/4790112,
  www.deutsche-jakobus-gesellschaft.de
- ♦ Badische St. Jakobusgesellschaft, c/o Christophorus Jugendwerk Oberrimsingen, 79206 **Breisach** am Rhein, FAX 07664/409/299,
  michaelhelwig@freenet.de

- Pilger vom Weg nach Santiago de Compostela e.V., Deutschmeisterring 101, 86609 **Donauwörth**, FAX 0906/240579, ✍ Pilger-vom-Weg@t-online.de
- Freunde des Jakobsweges Marienhospital Eickel, Marienstr. 2, 44651 **Herne**
- Santiago-Freunde Köln, Wilensteinweg 11, 50739 **Köln,** ☏ 0221/1711423
- St. Jakobus Pilgerweg e.V., St. Jakob 2, 07338 **Leutenberg**
- Stiftung Haus St. Jakobus, Schwäbische Jakobusgesellschaft, Kapellenberg 58-60, 89610 **Oberdischingen**, ✍ jakobusgesellschaft@t-online.de
- Freundeskreis der Jakobuspilger, Am Niesenteich 9, 33100 **Paderborn,** ☏ 05251/4625, FAX 05251/6938869, ✍ jakobuspilger@paderborn.com, 💻 www.jakobusfreunde-paderborn.de.vu
- Jakobusgemeinschaft Rohrdorf, St. Jakobusplatz 3, 83101 **Rohrdorf**, ☏ 08032/1216, ✍ damoare@t-online.de
- Sankt-Jakobusbruderschaft Düsseldorf, Lützowstr. 245, 42653 **Solingen,** ☏ und FAX 0212/815747, ✍ sankt-jakobusbruderschaft@t-online.de
- ULTREIA Verein zur Förderung der mittelalterlichen Jakobswege, Löwenstr. 61, 70597 **Stuttgart** (Degerloch), ☏ 0711/760066
- St. Jakobsbruderschaft Trier, Krahnenufer 19, 54290 **Trier,** 💻 www.sjb-trier.de
- Fränkische St.-Jakobusgesellschaft **Würzburg** e.V., Friedrich-Wencker-Straße 3, 97215 **Uffenheim**, FAX 09842/936693, ✍ ferdinand.seehars@t-online.de
- Jakobusgesellschaft Rheinland-Pfalz-Saarland e.V., Hauptstr. 12, 55286 **Sulzheim**
- Freundeskreis der Jakobuswege in Norddeutschland, Bergstr. 17, 17440 **Pülow**
- Jakobusgesellschaft Killer, Hohe Str. 13, 72392 **Burladingen/Killer**
- Jakobuspilgergemeinschaft Augsburg, Kirchstr. 2d, 86368 **Gersthofen**

Ⓐ St. Jakobusbruderschaft, Stangaustraße 7, 2392 **Sulz** im Wienerwald, 💻 www.radolf.at, ☏ 02238/82701

- Österreichische Jakobusgesellschaft, Großvolderbergstraße 16A, 6111 **Volders,** ☏ 05224/56339
- Jakobusgesellschaft Salzburg, Tegetthofffstr. 11, 5071 **Wals-Siezenheim**, ☏ und FAX 0662/855365, 💻 www.jakobusgemeinschaft.at

- ♦ Jakobusbruderschaft Innsbruck, Domplatz 6, A-6020 **Innsbruck**
- CH Freunde des Jakobswegs der Schweiz, Madeleine Blum, Sonnengartenstr. 24, 8630 **Rüti**, FAX 055/2401435, ✍ sekretariat.de@chemin-de-stjacques.ch, 💻 www.chemin-de-stjacques.ch

Pilgerinformation in Spanien

Es gibt zahlreiche Jakobusvereine; bei Anfragen sollte man sich aber vorzugsweise an folgende Adressen wenden:

- ♦ Oficina de Información del Camino de Santiago, Ruavieja 3-bajo, 26001 Logroño (Rioja), ☎ 941245674
- ♦ Oficina de Información del Camino de Santiago, Monasterio de San Zoilo, 34120 Carrión de los Condes (Kastilien), ☎ 979880902

Aktuelle Informationen und Updates

Dieses OutdoorHandbuch wurde im Winter 2006 aktualisiert und überarbeitet. Da aber gerade die Vía de la Plata derzeit in einem schnellen Wandel begriffen ist, werden einige der hier beschriebenen Informationen womöglich bereits in kurzer Zeit teilweise überholt sein. Halten Sie sich also anhand der unten genannten Internetadressen auf dem Laufenden. Zu allen weiteren Fragen, die nicht in diesem Buch beantwortet werden, können Sie an folgenden Stellen Rat einholen.

Updates

Der Conrad Stein Verlag veröffentlicht Updates zu diesem Buch, die direkt vom Autor oder von Lesern dieses Buches stammen. Schauen Sie doch vor der Abreise auf die Verlags-Homepage:

- ♦ 💻 www.conrad-stein-verlag.de

Internet mit Pilgerforum

Auch die Internetseite des Autors Raimund Joos bietet aktuelle Informationen zum Weg sowie ein Internetforum mit Tipps von Pilgern für Pilger und weiteren Links zu deutsch- und spanischsprachigen Internetseiten.

- ♦ 💻 www.via-de-la-plata.de

Allgemeine Fragen zum Pilgern wie z.B. Allein oder in der Gruppe? Mit dem Rad oder zu Fuß? sowie eine kommentierte Packliste und Tipps für die sportliche, mentale und praktische Vorbereitung, Gesundheit, Ernährung, Hygiene, psychische Probleme, Leben in den Herbergen, weiterführende Literatur und Adressen werden in meinem Büchlein "Pilgern auf den Jakobswegen" Conrad Stein Verlag, OutdoorHandbuch, Basiswissen für draußen, Band 197,
ISBN 978-3-86686-197-8, € 8,90 behandelt.

Weiterführende Literatur

Der Verlag und Versandbuchhandel Manfred Zentgraf ist Spezialist für Jakobspilger und bietet eine gut sortierte Auswahl an Büchern zu den verschiedenen Jakobswegen und auch zur Vía de la Plata.

- In den Böden 38, 97332 Volkach/Main, ☏ 09381/4492, FAX 09381/6260, www.jakobspilgerwege.de, Zentgraf@t-online.de.

Infos vor Ort

Sehr zu empfehlen bleibt bei alledem auch immer das Einholen von Informationen vor Ort, beispielsweise bei Touristeninformationen in den Städten (hier kommen Sie auch mit Englisch weiter) und größeren gut organisierten Pilgerherbergen.

Klima und Reisezeit

Das Klima an der Vía de la Plata ist sehr unterschiedlich, denn sie führt von der subtropischen Klimazone Andalusiens ins gemäßigte Klima Galiciens und überwindet dabei die kalte kastilische Hochebene und zwei Gebirgszüge.

Einige Höhenlagen und Temperaturen seien hier als erste Referenz genannt: Sevilla in der Region Andalusien, Ausgangspunkt der Vía de la Plata, liegt nur 12 m ü.NN gegenüber Mérida mit 221 m und Cáceres mit 439 m ü.NN in der Region Extremadura. Trotz der unterschiedlichen Höhen sind jedoch Andalusien und Extremadura der gleichen Klimazone mit sehr heißen Sommern zuzuordnen: Im Mai und September können die Temperaturen über 30°C steigen und im Juli und August 40°C erreichen; die Nachttemperaturen liegen dann zwischen 20 und 30°C. In Andalusien gibt es praktisch keinen Winter und auch in der Extremadura sind die winterlichen Temperaturen ziemlich mild und es gibt praktisch keinen Frost. Allerdings ist es auch hier nachts und am Morgen kalt, weshalb es ratsam ist, einen warmen Schlafsack und warme Bekleidung für die Morgenstunden mitzunehmen. Auch Regenkleidung sollte man wie immer zur Sicherheit mitnehmen.

Das zentralspanische Kastilische Scheidegebirge ist auch Wetterscheide, und verläuft auf etwa 1.000 m; auf der nordkastilischen Hochebene liegen Salamanca 800 m, Zamora 650 m, Astorga 869 m und Sanabria 898 m. Die kastilischen Sommer können sehr heiß sein, aber die Nächte sind immer kühl und erlauben frühmorgendliches und spätnachmittägliches Wandern. Die Winter sind dagegen kalt mit teilweise strengen Nachtfrösten und auch Schnee kann es geben, besonders natürlich in den Gebirgen an den Grenzen zur Extremadura im Süden und zu Galicien im Norden, wo es ausnahmsweise sogar im November und April gelegentlich schneien kann.

Das größte orografische Problem ist das Gebirge zwischen Kastilien und Galicien, das die Pilger auf 1.262 m hinaufführt und mitteleuropäisches Gebirgsklima bietet. Dahinter liegt das grüne gemäßigte Galicien mit warmen Sommern, in denen die Temperaturen selten 30°C übersteigen, und milden Wintern, in denen es - sobald man die Berge verlassen hat - selten Frost und Schnee gibt. Allerdings regnet es sehr viel, und die Niederschläge sind mit einem guten Dutzend Regentagen pro Monat gleichmäßig über das ganze Jahr verteilt. Ourense liegt übrigens nur 125 m und Santiago de Compostela 264 m ü.NN.

Bei solch unterschiedlichen Klimazonen stellt sich natürlich die Frage nach der besten Reisezeit. Sicher sollte man die Monate Juli und August in Andalusien und der Extremadura meiden, sowie den Winter in Kastilien. Es bleiben März bis Juni und September bis November als ideale Reisezeiten. Wer den Weg stückelt, kann natürlich auch im Winter Andalusien und die Extremadura besuchen sowie im Sommer Galicien und meines Erachtens auch Kastilien, aber da gehen die Meinungen auseinander.

Landkarten und Wegmarkierungen

Es gibt keine Wanderkarten, die die Vía de la Plata übersichtlich darstellen. Beim Wandern muss man sich also nach den Markierungen am Weg richten sowie die Wegbeschreibung im Buch berücksichtigen. Auch die in diesem Buch veröffentlichten Karten können nur einen groben Überblick geben. Wo das Gelände besonders bergig ist sind zusätzlich Höhenprofile angegeben.

In der Regel ist der Weg gut mit gelben Pfeilen markiert, die die verschiedenen regionalen Jakobusvereine auf Bäume, Steine, Hauswände usw. gemalt haben. Außerdem gibt es in Andalusien und Kastilien, besonders aber in der Extremadura Meilensteine, von denen später noch näher die Rede sein wird, und in Galicien die typischen monolithischen Kilometersteine des Jakobsweges. Dazu kommen andere Wegmarkierungen wie kleine Skulpturen in der Provinz Ourense und steinerne Informationstafeln in den Ortschaften der Provinz Zamora.

Sind die Markierungen am Weg nicht klar, wird im Text besonders darauf hingewiesen. Die Wegmarkierungen werden jedoch von Jahr zu Jahr verbessert und der Verlauf des Weges kann sich auch gelegentlich durch den Bau neuer Straßen oder Autobahnen verändern, so dass einige Hinweise bald überholt sein können.

Einen groben Überblick über die Regionen, durch die die Vía de la Plata führt, geben die Regionalkarten von Michelin:

- Karte 578 Andalusien (allerdings brauchen Sie die kaum, denn Andalusien wird bald verlassen)
- Karte 576 Extremadura
- Karte 575 Nordkastilien (Castilla y León)
- Karte 571 Galicien

Medizinische Versorgung

Für Krankheitsfälle in Spanien kommen deutsche Krankenkassen auf. Erkundigen Sie sich vor der Reise bei Ihrer Krankenkasse über den Umfang des Versicherungsschutzes und die Vorgehensweise im Krankheitsfall! Die privaten Krankenkassen erstatten auch die Behandlungskosten für Privatärzte und Privatkliniken, aber man muss zunächst Vorkasse leisten. Das staatliche Gesundheitswesen funktioniert heute in Spanien in der Regel recht gut, wenn man auch oft lange Wartezeiten in Kauf nehmen muss.

Anstatt sich an einen Arzt zu wenden, geht man in Spanien zum Gesundheitszentrum (centro de salud oder centro médico), wo man den Auslandskrankenschein der deutschen Krankenkasse vorlegt. Dort bekommt man einen spanischen Krankenschein und wird zum allgemeinen Arzt geschickt, der dann ggf. zum Facharzt überweist. Direkt zum Facharzt geht man in Spanien nicht!

Gesundheitszentren gibt es in allen größeren Städten. In allen bewohnten Ortschaften gibt es heutzutage ebenfalls ärztliche Versorgung, aber die Sprechstunden sind zeitlich sehr eingeschränkt. Sollten Sie dringend einen Arzt brauchen, fragen Sie nach dem consultorio médico; vielleicht haben Sie Glück und die Praxis ist besetzt.

In Notfällen kann man sich in Großstädten an die Abteilung urgencias der Krankenhäuser (hospital) wenden. Da jedoch viele Spanier versuchen, die langen Wartezeiten der Gesundheitszentren zu umgehen, indem sie sich direkt an die Notaufnahme der Krankenhäuser wenden, sind auch hier die Wartezeiten ziemlich lang. Bei einfacher medizinischer Betreuung helfen das Rote Kreuz oder die ähnlich funktionierende Organisation DYA kostenlos weiter.

Gesundheitszentren, Krankenhäuser, Rotes Kreuz und DYA sind in der Streckenbeschreibung mit ⊞ angegeben.

Notruf

Telefonnummer für Polizei, Feuerwehr und Notarzt bzw. Krankenwagen: ☎ 112

Post

Jedes größere Dorf hat eine Poststelle. Der Postweg in Spanien ist erheblich besser als früher, aber mit drei bis fünf Tagen muss man für die internationale Zustellung rechnen. Man kann sich Briefe postlagernd (lista de correos) schicken lassen. Postkarten und Briefe wurden im Jahr 2006 mit € 0,53 frankiert. Pakete schlagen bis 1 kg mit € 8,75 und bis 2 kg mit € 15,35 zu Buche.

Radfahrer

Radler, die die Vía de la Plata nur auf Landstraßen zurücklegen, werden den Zauber des Weges kaum ganz genießen können. Die ersten 2/3 der Vía de la Plata sind größtenteils mit stabilen geländegängigen Fahrrädern gut machbar, wobei Mountainbikes besser und sicherer sind - natürlich muss man gelegentlich absteigen und schieben oder die wenigen besonders problematischen Teilstrecken umfahren, aber darauf wird im entsprechenden Fall extra hingewiesen. Erst im Gebirge zwischen Kastilien und Galicien und dann in Galicien selbst wird der Weg schwieriger und etwas Erfahrung, gute Kondition und ein Mountainbike sind unbedingt notwendig, wenn man nicht ständig auf die Straße ausweichen will. In den Städten passiert der Radpilger einige Einbahnstraßen, bei denen aber auch oft vorsichtig auf den Bürgersteig ausgewichen werden kann. Die Beschreibungen in diesem Buch dienen also sowohl Radfahrern als auch Wanderern. Wo der Weg für Radfahrer nicht oder nur noch sehr schwer machbar ist, werden Ausweichrouten aufgeführt. Ansonsten wird bewusst der authentische Weg beschrieben, welcher auch ein authentisches Erleben dieses alten Weges garantiert.

Die Vía de la Plata ist als noch ursprünglicher Jakobsweg auch für einigermaßen geübte Radfahrer durchaus machbar. Sie ist aber kein Radweg (!) und daher nicht für Radrennen geeignet. Die Devise heißt auch hier "weniger ist mehr". Nehmen Sie sich also genug Zeit und genießen Sie die wundervolle Landschaft. Ich habe bei Aktualisierung dieses Buches, die ich auf dem Rad vorgenommen habe, für die gesamte Strecke drei Wochen benötigt, wobei ich hierbei aber auch mit redaktionellen Tätigkeiten beschäftigt war. Ich empfehle daher auch durchtrainierten Radfahrern nicht weniger als 14 Tage für die gesamte Strecke zu veranschlagen.

Radler haben natürlich Satteltaschen dabei. Die Reduzierung des Gepäcks ist jedoch auch hier wie bei den Wanderern höchstes Gebot, denn wenn man mit vollbepackten Satteltaschen fährt, wird das Rad schwer kontrollierbar. Wer es verträgt, sollte darum einen Teil des Gepäcks in einem kleinen Rucksack auf dem Rücken tragen.

In diesem können Sie dann auch die wichtigsten und wertvollsten Sachen nach dem Absteigen vom Rad immer bei sich tragen.

Auf jeden Fall sollten Sie auf der Vía de la Plata zwei Ersatzschläuche mit sich führen, da hier besonders im Sommer an einigen Orten, z.B. vor Salamanca, bestimmte Bäume sehr spitze Dornen abwerfen. Lassen Sie sich darüber hinaus fachkundig über einen geeigneten Plattenschutz für Ihr Rad beraten.

Was sonst das Mitführen von Reparaturwerkzeugen und Ersatzteilen angeht, so sollten Sie es hier nicht übertreiben, um Gepäck zu sparen. Sie werden auch in Spanien Radgeschäfte und Bastler finden, die Ihnen weiterhelfen. Nehmen Sie nur das mit, was Sie unbedingt brauchen, um zur nächsten Stadt zu kommen, oder aber Ersatzteile, die sehr schwer auffindbar sind. Sie brauchen z.B. keinen Ersatzmantel; diesen können Sie bei Bedarf auch in Spanien kaufen.

Bei den Beschreibungen der Ortschaften finden Sie Fahrradwerkstätten unter dem Symbol .

Die An- und Abreise mit dem Zug gestaltet sich für Radfahrer schwierig, weil in französischen und spanischen Zügen keine Fahrräder mitgenommen werden dürfen; sie müssen also aufgegeben werden. In Bussen kann das Fahrrad gut verpackt mitgenommen werden, es muss aber vorher angemeldet werden. Da jedoch die meisten Pilger die Vía de la Plata mit dem Flugzeug erreichen werden, ist der Transport unproblematisch, wenn das Fahrrad gut verpackt ist; es kann lediglich Probleme wegen Übergepäck geben.

In spanischen Überlandbussen können Fahrräder in der Regel mitgenommen werden, manchmal mit vorheriger Anmeldung, manchmal ohne. Oft müssen sie aber vorher verpackt und zum Teil demontiert werden. Erkundigen Sie sich also auf jeden Fall beim Kauf der Fahrkarte nach den Bedingungen.

Wer sich nicht mit dem Transport des Rades abmühen will, der zudem mit ca. € 100 zu Buche schlägt, hat in den großen Städten auch die Möglichkeit, sich ein Rad zu leihen, muss aber dann auch für den Rücktransport aufkommen. Insgesamt kommt diese Alternative bei drei Wochen Fahrzeit wohl etwas teurer, erspart aber viel Ärger. Die billigste Methode kann unter Umständen die sein, sich vor Ort ein billiges gebrauchtes Rad zu kaufen und es später wieder zu verkaufen. Hierzu bedarf es aber etwas Zeit und ausreichender Sprach- und Sachkenntnisse.

Schließlich ist darauf hinzuweisen, dass Fußpilger in den Pilgerherbergen Vorrang haben und Radfahrer notfalls auf dem Boden schlafen. Vergessen Sie darum Ihre Isomatte nicht.

Sprache

Leider trifft man heutzutage auf den spanischen Jakobswegen immer noch viele ausländische Pilger, die zwar freundlich lächeln, aber kein Wort des Grußes hervorbringen, weil sie dies nicht gelernt haben. So entsteht bei vielen Spaniern der Eindruck, dass die Ausländer nicht gerne grüßen und unfreundlich sind. Dabei ist es so einfach, zur Begrüßung ein kurzes "Hola" (Hallo - olla ausgesprochen) und zum Abschied ein ebenso kurzes "Adiós" (Tschüs) zu sagen, oder etwas komplizierter den vertraulichen Pilgergruß "Buen Camino" (Guten Weg - Jakobsweg natürlich). Wer darüber hinaus noch in der Lage ist, einige "Brocken" Spanisch zu sprechen, zeigt dem Gastgeberland, dass er seine Kultur respektiert und wertschätzt. Viele Spanier sind dann auch ihrerseits bereit, einige Worte ihres Schulenglisch zu sprechen oder ein überraschend gutes Deutsch aus ihrer Gastarbeiterzeit an den Tag zu legen.

Wer will und genug Zeit hat kann eine mehrwöchige Pause auf dem Weg auch nutzen, um Spanisch zu lernen. Mehr hierzu ☞ Informationen zu Fuente de Cantos und Salamanca.

Telefon

Ein Handy kann auf der Vía de la Plata hilfreich sein, um zu überprüfen, ob bestimmte Pilgerherbergen geöffnet sind. Ich empfehle dies aber vorher anhand der Updates zum Buch und durch Telefonate von zu Hause aus zu tun, da in den Herbergen das Telefon oft nicht abgenommen wird und man auch nur selten Englisch spricht.

Als Folge des Siegeszuges der Mobiltelefone gibt es immer weniger Telefonzellen, aber es gibt sie noch. Man kann jedoch auch von Restaurants und anderen Lokalen (bar) aus telefonieren. Von Spanien nach Deutschland, Österreich und in die Schweiz wählt man die internationale Vorwahl 0049 für Ⓓ, 0043 für Ⓐ oder 0041 für (CH) und im Anschluss daran direkt die nationale Ortsvorwahl ohne die 0. Von Ⓓ, Ⓐ und (CH) nach Spanien wählt man direkt 0034 und die komplette innerspanische Nummer, die immer neun Ziffern hat. Ihr Handy können Sie überall in der Nähe der Städte benutzen, es sei denn, Sie haben ein Funkloch erwischt.

Bei innerspanischen Gesprächen wählen Sie immer neun Ziffern! 1998 wurde das spanische Vorwahl-System umgestellt. Seitdem muss die ehemalige Provinzvorwahl auch bei Gesprächen innerhalb der Provinz und sogar innerhalb der Ortschaft mitgewählt werden, obwohl alle spanischen Festnetznummern mit der Ziffer 9 beginnen. Die Handy-Nummern wurden ebenfalls verändert und beginnen jetzt alle mit der Nummer 6. Nummern, die mit 90 beginnen, sind kostenlose Servicenummern, die allerdings nur von Spanien aus erreichbar sind.

Für Auslandsgespräche gilt ein ermäßigter Tarif von 22:00 bis 8:00 sowie am Wochenende durchgehend. Für Ortsgespräche müssen Sie € 0,15 in den Münzfernsprecher einwerfen (in Lokalen oft mehr), für innerspanische Gespräche je nach Distanz entsprechend mehr und für Auslandsgespräche etwa € 1. Es gibt auch Telefonkarten von privaten Anbietern, die man in allen Tabakläden (estanco, tabacos) kaufen kann, wo es auch Briefmarken gibt. Allerdings sind die Tarife dieser Karten nur dann richtig billig, wenn man das Guthaben über ein privates Telefon abtelefoniert.

Wenn Sie länger laufen wollen oder öfter nach Spanien kommen, ist es zu überlegen, sich eine spanische SIM-Karte für Ihr Handy zuzulegen und sich dann von Deutschland aus über eine Billigvorwahl für 12 bis 20 Cent pro Minute anrufen zu lassen. Eine spanische SIM-Karte kostet meist unter € 20 und hat dabei gewöhnlich ein stattliches Anfangsguthaben. Sie sparen sich so teure Roaminggebühren und können auch in Spanien billiger telefonieren.

Unterkunft

In Galicien gibt es ein Netz guter und bisher (Stand 2006) noch meist kostenloser Pilgerherbergen, die von der galicischen Landesregierung unterhalten werden. Spenden sind dabei fast überall sehr willkommen, um nicht zu sagen selbstverständliche Pflicht eines jeden ehrbaren Pilgers (ich empfehle, hier im Durchschritt € 5 zu geben). In der Extremadura führte das Projekt der touristischen Erschließung der Vía de la Plata zur unregelmäßigen Anlage von touristischen Herbergen, deren Preise stark variieren und trotz der Sonderpreise für Pilger nicht billig sind. In Andalusien und Kastilien werden Herbergen dagegen ausschließlich auf Initiativen von Ortschaften, Kirchen oder Privatpersonen hin gegründet. Viele Herbergen sind kostenlos, einige erheben einen Unkostenbeitrag oder bitten um eine

Spende. Auch gibt es verschiedene Arten privater Unterkünfte, die sich an Pilger richten und ziemlich günstig sind.

In zahlreichen Ortschaften stellt man den Pilgern im Rathaus einen Raum zur Verfügung, in dem sie schlafen können. Oft fehlt es hier nicht nur an Matratzen, sondern auch an Duschen, so dass solche Unterkünfte hier nur als Notunterkünfte (⛺) bezeichnet werden können.

In den öffentlichen und kirchlichen Pilgerherbergen, insbesondere in den Städten, darf man nur eine Nacht bleiben. Voraussetzung für die Aufnahme ist die Vorlage des Pilgerpasses. Es gibt keine Reservierungen, sondern die Plätze werden bei Ankunft der Pilger vergeben, wobei Fußpilger vor Radfahrern Vorrang haben und die Insassen von Begleitfahrzeugen erst ganz zum Schluss aufgenommen werden. Bei privaten Herbergen ist gelegentlich eine Reservierung möglich. Es gibt aber auch eine Reihe von günstigen Pensionen in Dörfern und Städten, die bereits für € 12 bis 15 gebucht werden können und die, da sie sich teilweise auf Pilger spezialisiert haben, auch die Atmosphäre einer Pilgerherberge vermitteln.

Camping

Campingplätze habe ich hier nicht berücksichtigt, weil Pilgerherbergen die typische Unterkunft für Jakobspilger sind. Campingplätze gibt es aber überall in Spanien. Wildes Zelten ist dagegen verboten (theoretisch).

Wasser

In Andalusien und der Extremadura kann es im Früh-, Hoch- und Spätsommer zu Problemen mit der Wasserversorgung während der Etappen kommen. Achten Sie darum gut auf die diesbezüglichen Empfehlungen, auf die Entfernungen zwischen den Ortschaften und auf die Tagestemperaturen während Ihrer Pilgerschaft! In Kastilien und Galicien ist es dagegen kühler, und die Ortschaften liegen nicht so weit voneinander entfernt, so dass Sie mit einer Einliterflasche auskommen sollten. Sie dürfen jedoch auch hier nicht vergessen, diese bei der erstbesten Gelegenheit wieder aufzufüllen.

Die Vía de la Plata

Blick auf Almadén de la Plata (rj)

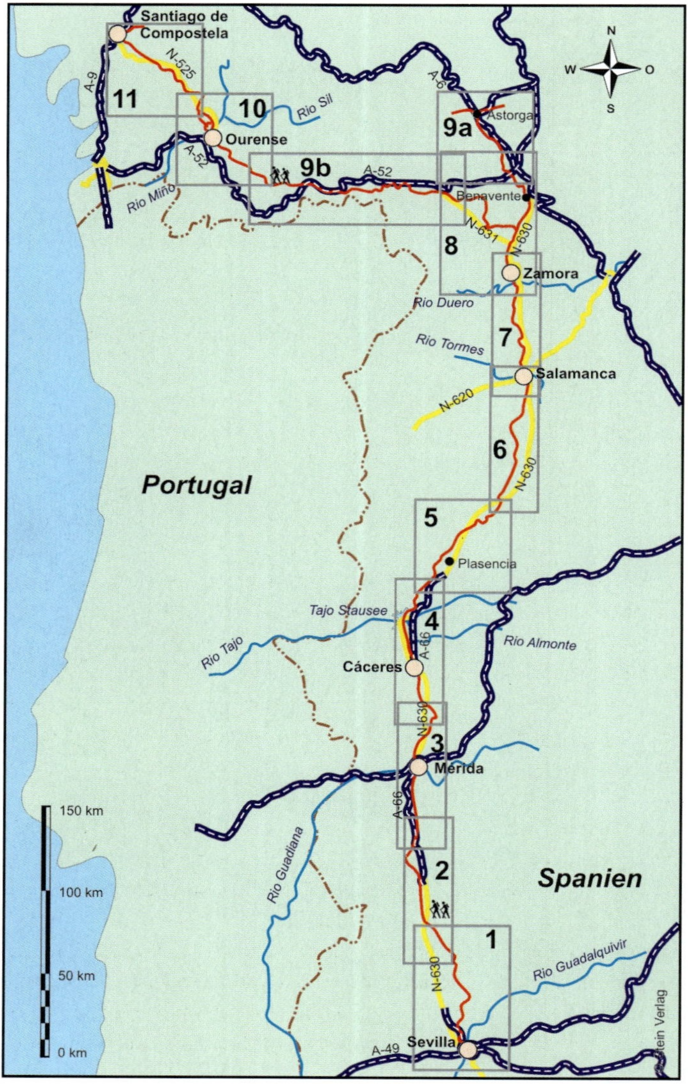
Santiago de Compostela
N-525
A-9
11
10
Rio Sil
Ourense
A-52
9b
A-52
Rio Miño
A-6
Astorga
9a
Benavente
N-631
N-630
8
Zamora
Rio Duero
Rio Tormes
7
Salamanca
N-620
6
N-630
Portugal
5
Plasencia
Tajo Stausee
4
Rio Tajo
A-66
Rio Almonte
Cáceres
N-630
3
Mérida
A-66
150 km
100 km
50 km
0 km
Rio Guadiana
2
Spanien
1
N-630
Rio Guadalquivir
Sevilla
A-49
N
W
O
S

Andalusien

Sevilla ist die Hauptstadt Andalusiens, einer spanischen Region, die so groß wie Österreich ist, sieben Millionen Einwohner hat und aus acht Provinzen besteht, die alle nach ihren Hauptstädten benannt sind: Almería, Cádiz, Córdoba, Granada, Huelva, Jaén, Málaga und Sevilla. Andalusien ist weltweit berühmt für seine vielfältigen Landschaften und sehenswerten Städte, besonders aber für seine Einwohner, die Volksfeste, die volkstümliche Architektur (weiße Häuser), sein Licht und seine Blumen.

Geografisch entspricht Andalusien dem weiten Tal des Flusses Guadalquivir, auf dem Ozeanschiffe 80 km ins Landesinnere bis Sevilla fahren können und der früher sogar noch 100 km weiter bis Córdoba schiffbar war.

Sevilla kann auf eine reiche Geschichte zurückblicken, und historische Referenzen sind auf Schritt und Tritt spürbar, sowohl im Stadtbild als auch in den Gesprächen der Sevillaner, die stolz auf ihr römisches und insbesondere auf ihr arabisches Erbe sind.

Das fruchtbare Andalusien war die erste Region auf der Iberischen Halbinsel, die von den Römern kolonisiert und vollständig romanisiert wurde. Nach dem Hauptfluss, der damals Betis hieß, nannten sie die Region Bética und machten Córdoba zur Hauptstadt. Aber auch Sevilla - damals Hispalis - und das nahe gelegene Itálica waren bedeutende römische Städte.

Auf die Römer folgten Anfang des 5. Jahrhunderts die Westgoten, deren kulturelles Erbe im Vergleich zu dem der Römer oder der nachfolgenden Araber eher bescheiden ist. Ihre erste Hauptstadt war Sevilla, bevor das Zentrum des Reiches nach Toledo in Zentralspanien verlegt wurde.

Im Jahr 711 fielen die Mauren (Westaraber), von Marokko kommend, in Andalusien ein, das bis Mitte des 13. Jahrhunderts vollständig unter islamischer Herrschaft blieb. Die Mauren gaben dem Fluss Betis seinen heutigen Namen Guadalquivir, der für großer Fluss - Guad-al-qibir - steht. Im 11. und 12. Jahrhundert entwickelte sich Sevilla zu einer der bedeutendsten Städte des maurischen Spanien, bis im Jahr 1248 die Stadt vom Heer des kastilischen Königs Ferdinand III. dem Heiligen erobert wurde. Seitdem blieb Sevilla wie der größte Teil Andalusiens christlich, während im Osten Andalusiens das islamische Königreich von Granada noch bis 1492 fortbestand.

Im gleichen Jahr 1492 entdeckte Kolumbus Amerika, und Sevilla entwickelte sich zum Zentrum der spanischen Schifffahrt und des Überseehandels. Hier wurden die bedeutendsten Entdeckungsreisen vorbereitet, und bis Anfang des 18. Jahrhunderts hatte Sevilla das Monopol für den Handel mit Spanisch-Amerika inne.

Besonders im 17. Jahrhundert, im sogenannten Goldenen Zeitalter (Siglo de Oro) der spanischen Kunst, entwickelte sich Sevilla zur Kunstmetropole; hier lebten und arbeiteten die bedeutendsten Barockmaler Spaniens wie Francisco Zurbarán, Esteban Murillo, Juan Valdés Leal und Diego Velázquez.

Heute ist Sevilla eine pulsierende Großstadt mit einem bezaubernden Stadtzentrum und großartigen Monumenten. Den entscheidenden Schritt hin zu einer modernen Metropole tat Sevilla mit der Ausrichtung der Weltausstellung Expo 1992 anlässlich des 500-jährigen Jubiläums der Entdeckung Amerikas.

Sevilla ⇧ 10 m, 700.000 Ew.

Avenida de la Constitución 21, (200 m von der Kathedrale entfernt), ☏ 954221404, tägl. ganztags außer So nachmittags

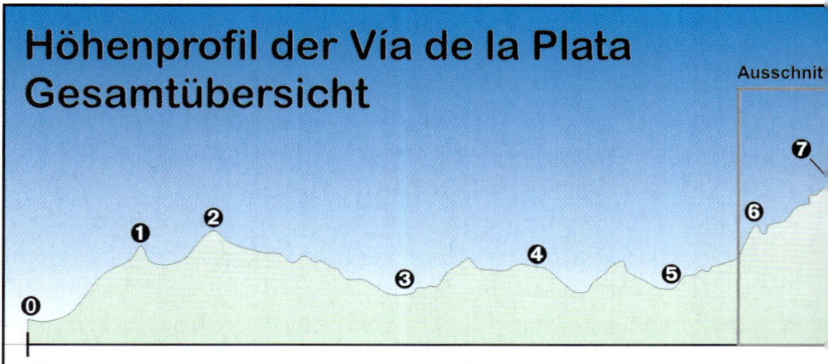

0 Sevilla (10 m)
1 Almaden de la Plata (452 m)
2 Monesterio (754 m)
3 Mérida (217 m)
4 Cáceres (439 m)
5 Carcaboso (269 m)
6 Puerto de Béjar (850 m)
7 *Pico de la Duena (1.100 m)*
8 Salamanca (800 m)
9 Zamora (649 m)

Anreise mit **Bus, Zug oder Flugzeug** (☞ Reise-Infos von A bis Z): Vom Flughafen fahren Sie mit dem Bus ins Stadtzentrum, vom Bahnhof Santa Justa (siehe Stadtplan) und vom Busbahnhof (siehe Stadtplan) können Sie mit dem Bus oder mit dem Taxi fahren oder sich schon mal warmlaufen, indem Sie zu Fuß ins Zentrum oder zur Jugendherberge gehen.

Moderne und sehr betriebsame Jugendherberge 2,4 km von der Kathedrale entfernt in westlicher Richtung. Sie können mit dem Bus Nr. 34 (Richtung Los Bermejales) fahren, der genau gegenüber dem Fremdenverkehrsamt in der Avenida de la Constitución abfährt. Lassen Sie sich am besten vom Fahrer sagen, wo Sie aussteigen müssen! Sie können aber auch zu Fuß gehen, wobei Sie dann am besten den schönen María-Luisa-Park durchqueren und dann weiter auf der breiten und von Palmen gesäumten Straße Paseo de las Delicias gehen. Da die Herberge oft ausgebucht ist, empfiehlt es sich aber auf jeden Fall vorher zu reservieren.

♦ Calle Isaac Peral 2, ☏ 955035858 und 902510000, Übernachtung und Frühstück bis 25 Jahre € 14,50, ab 26 Jahren € 19, Mittags- und Abendmenü für € 5,50. Für die Übernachtung benötigen Sie einen Jugendherbergsausweis, den Sie sich aber auch in der Herberge selbst ausstellen lassen können.

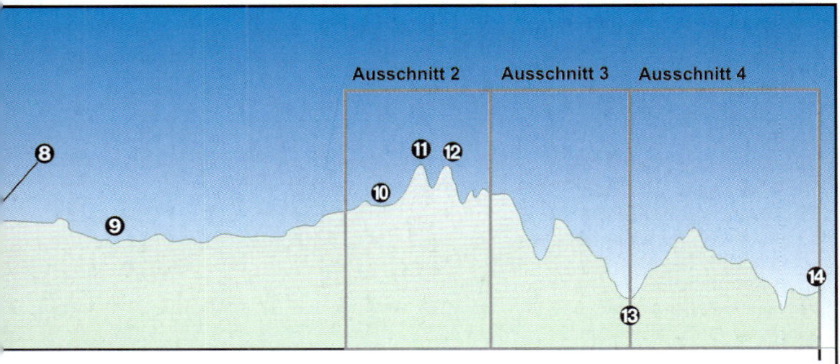

⑩ Puebla de Sanabria (899 m)
⑪ Padornelo (1.318 m)
⑫ *Portela de la Canda (1.268 m)*
⑬ Orense (125 m)
⑭ Santiago de Compostela (260 m)

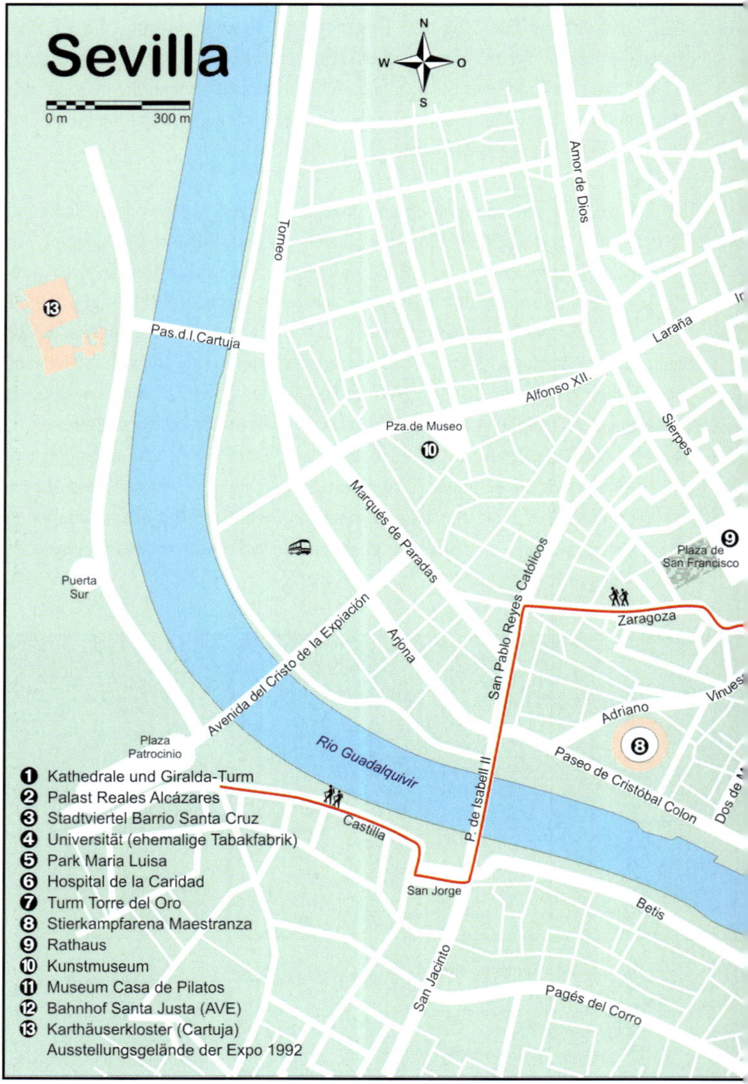

Sevilla
N
W
O
S
0 m
300 m
Amor de Dios
Torneo
Pas.d.l.Cartuja
Laraña
Alfonso XII.
Pza.de Museo
Sierpes
Marqués de Paradas
Plaza de San Francisco
Puerta Sur
Avenida del Cristo de la Expiación
Arjona
San Pablo Reyes Católicos
Zaragoza
Adriano
Plaza Patrocinio
Rio Guadalquivir
Paseo de Cristóbal Colon
P. de Isabell II
Castilla
San Jorge
Betis
San Jacinto
Pagés del Corro
❶ Kathedrale und Giralda-Turm
❷ Palast Reales Alcázares
❸ Stadtviertel Barrio Santa Cruz
❹ Universität (ehemalige Tabakfabrik)
❺ Park Maria Luisa
❻ Hospital de la Caridad
❼ Turm Torre del Oro
❽ Stierkampfarena Maestranza
❾ Rathaus
❿ Kunstmuseum
⓫ Museum Casa de Pilatos
⓬ Bahnhof Santa Justa (AVE)
⓭ Karthäuserkloster (Cartuja)
Ausstellungsgelände der Expo 1992

12
Saturno José Laguillo
Juan Antonio Cavestany
Recaredo
Avenida de los Rios
Plaza de
San Agustin
11
Luis Montoto
Avenida de Eduardo Dato
Menéndez Pelayo
3
Pl.de.Sta.Cruz
1
P.Virgen de
los Reyes
2
Pl.del Triunfo
Avenida de la Constitución
Enramadilla
Avenida de Carlos V
San Fernando
Puerta
de Jerez
Av.d.Cid
4
Av.de Roma
Dr. Pedro Castro
Avenida de Portugal
Avenida de la Borbolla
Glorieta
San Diego
Av.d.Isabel la Católica
Plaza
de España
Av. de M.Luisa
Paseo de las Delicias
5
zur Herberge
© Stein Verlag

🛏 Die Alternative zur Übernachtung in der nicht gerade zentral gelegenen Jugendherberge ist irgendeine der zahlreichen Pensionen im Stadtzentrum, besonders im malerischen Stadtviertel Barrio Santa Cruz. Da Sevilla extrem touristisch ist, ist die Übernachtung selbst in einfachen Pensionen oft ziemlich teuer. Eine erfreuliche Ausnahme bietet die Pension Santa Maria de la Blanca, welche direkt im Barrio Santa Cruz liegt und eine ortstypische Atmosphäre bietet. Die Zimmer sind geschmackvoll im andalusischen Stil eingerichtet. Sie haben ein gemeinsames Badezimmer und sind sauber und gepflegt. Es ist zu empfehlen, vorher zu reservieren. Wenn genug Platz ist, zahlen Pilger, die ein Doppelzimmer allein belegen € 20.

♦ Santa Maria de la Blanca 28, ☏ 954421174, Doppelzimmer ohne Frühstück für € 30 bzw. 20 bei Einzelbelegung, Dreibettzimmer für € 45. Die Zimmer sind geschmackvoll im andalusischen Stil eingerichtet. Sie haben ein gemeinsames Badezimmer und sind sauber und gepflegt. Es ist zu empfehlen vorher zu reservieren.

"Sevilla es una maravilla" (Sevilla ist wunderbar) - für viele Ausländer ist Sevilla die schönste Stadt Spaniens, für viele Spanier ist sie unvergleichlich und die Sevillaner sind unsagbar stolz auf ihre Stadt - Sevilla muss man erleben. Zudem birgt die andalusische Hauptstadt eine Vielzahl bedeutender Sehenswürdigkeiten, die es fast zwingend machen, zumindest zwei Nächte hier zu verbringen.

☺ Berücksichtigen Sie rechtzeitig, bevor der ungezügelte Wandertrieb Sie packt, dass Sie vielleicht lange nicht die Gelegenheit haben werden, in diese wundervolle Stadt zurückzukehren und wenn Sie erst mal draußen sind, werden Sie es vielleicht bereuen, nicht etwas länger hier geblieben zu sein.

Sevillas Frühlingsfeste: Der Frühling ist in Sevilla sicher die attraktivste Jahreszeit. Wenn es schon angenehm - für deutsche Verhältnisse sommerlich - warm ist und die Natur in voller Blüte steht, erreicht auch das ohnehin schon überschwängliche Lebensgefühl der Sevillaner seinen Höhepunkt.

Da ist zuerst die Karwoche, die **Semana Santa**, die in fast allen spanischen Städten mit feierlichen Prozessionen begangen wird, nirgends aber wie in Sevilla, wo sich Inbrunst und Begeisterung, Tradition und Religion und auch ein bisschen Aberglauben in einem einzigartigen Spektakel vereinen. Sollten Sie die Gelegenheit haben, zwischen Palm- und Ostersonntag Ihre Wanderschaft zu beginnen, dann versäumen Sie es nicht, einige der berühmten Prozessionen anzuschauen, die alle obligatorisch durch die Kathedrale ziehen.

Sollten Sie gar die Nacht von Gründonnerstag auf Karfreitag in Sevilla verbringen, dann empfehle ich Ihnen, bis tief in die Nacht auf den Beinen zu bleiben, denn ab Mitternacht verlassen die berühmtesten Prozessionen ihre Stammkirchen und sind bis zum nächsten Morgen in den Straßen der Stadt unterwegs, die dann von Hunderttausenden von Gläubigen oder Schaulustigen gesäumt werden. Achten Sie insbesondere auf die etwa 30 Männer, die die Prozessionsfiguren auf ihren Schultern tragen und ihre Schritte derart gut koordinieren, dass sie beispielsweise imstande sind, die Marienfiguren "tänzeln" zu lassen. Programme der Osterprozessionen gibt es während der Semana Santa übrigens überall in Sevilla zu kaufen.

Zwei oder drei Wochen nach der Inbrunst der Karwoche kommt das Lebensgefühl der Sevillaner während des Volksfests von Sevilla, der berühmten **Feria**, voll zum Ausbruch. Auf dem Festplatz im Ortsteil Los Remedios werden dann Hunderte von Festzelten aufgebaut, in denen sechs Tage lang fast rund um die Uhr gefeiert, gegessen, getrunken und getanzt wird. Am sehenswertesten sind die Paraden von Reitern und Pferdewagen und die Tänze zur Volksmusik Sevillas, den sogenannten Sevillanas. Als auswärtiger Besucher hat man aber nur einen

Prozession am Ausgang von Sevilla (rj)

begrenzten Festgenuss, denn die meisten Festzelte sind privat - wenn auch von außen einsehbar - und nur wenige sind öffentlich und allgemein zugänglich.

✞ **Kathedrale und Giralda**: Das drittgrößte Gotteshaus Europas wurde im 15. Jahrhundert im spätgotischen Stil erbaut. Im Innern sind besonders der Hauptaltar und die dahinter befindliche Königliche Kapelle (Capilla Real) sehenswert, sowie als Kuriosität das Grabmonument von Christoph Kolumbus. Die Kathedrale wurde an der Stelle der einstigen Moschee erbaut, von der nur das mächtige, fast 100 m hohe Minarett aus dem 12. Jahrhundert erhalten blieb, das heute als Glockenturm der Kathedrale dient. Sein Name ist Giralda, benannt nach der Metallfigur, die auf seiner Spitze steht und sich im Wind dreht (drehen = girar). Man kann eine breite Rampe hinaufgehen, über die einstmals der Sultan zu Pferd bis auf die Turmspitze ritt.

♦ Mo bis Sa 11:00 bis 17:00, So immer 14:30 bis 18:00 (vormittags Messen), € 7,50, So gratis

⌘ **Königspalast Reales Alcázares**: Hier stand der alte maurische Königspalast, von dem nur noch wenige Reste erhalten sind. Mitte des 14. Jahrhunderts wurde der jetzige Palast erbaut, allerdings in Anlehnung an die arabische Baukunst im Mudéjar-Stil, dem arabischen Stil unter christlicher Herrschaft. Der Palast stammt somit aus der gleichen Zeit wie der bedeutendste Teil der berühmten Alhambra von Granada und steht ihr auch in Kunstfertigkeit kaum nach.

♦ Neben der Kathedrale, Di bis Sa 9:30 bis 17:00, So 9:30 bis 13:30, Mo geschlossen, € 7, Rentner und Studenten gratis

⌘ **Kunstmuseum (Museo de Bellas Artes)**: Diese großartige Gemäldegalerie verfügt über eine ausgezeichnete Sammlung von Werken der Maler des Goldenen Zeitalters (Siglo de Oro), vor allem Murillo und Zurbarán.

♦ Plaza del Museo, 1 km von der Kathedrale entfernt, Di 14:30 bis 20:00, Mi bis Sa 9:00 bis 20:00, So 9:00 bis 14:30, Mo geschlossen, für EU-Bürger frei, sonst € 1,50

⌘ **Hospital de la Caridad**: Diese Asyl für Arme und Kranke stammt im Wesentlichen aus dem 16. Jh. und wurde damals mit bedeutenden Kunstwerken beschenkt, unter denen zwei Gemälde des Barockmalers Valdés Leal herausragen

- In ictu oculi (In einem Augenblick) und Finis gloria mundi (Das Ende irdischer Herrlichkeit) - die beide die Vergänglichkeit irdischen Lebens beschreiben.

♦ Calle Temprado, 100 m von der Kathedrale entfernt, Mo bis Sa 9:00 bis 13:30 und 15:30 bis 19:30, So 9:00 bis 13:00, € 5

⌘ **Casa de Pilatos**: Reicher Adelspalast aus dem 15. Jahrhundert in den Stilen Spätgotik, Mudéjar und Renaissance mit vielen interessanten Kunstwerken.

♦ Plaza de Pilatos, 1 km von der Kathedrale entfernt, täglich 9:00 bis 18:30, EU-Bürger frei, sonst nur 1. Stock € 5, alles € 8, montags von 13:00 bis 17:00 kostenlos

⌘ **Stadtviertel Barrio Santa Cruz**: Das einstige Judenviertel (die Juden wurden im Jahr 1492 aus Spanien vertrieben), das sich an den Palast Reales Alcázares anschließt. Die bezaubernden verwinkelten Gassen mit schmiedeeisernen Tür- und Fenstergittern, hinter denen sich blumengeschmückte Innenhöfe zeigen, laden doppelt zum Besuch ein, einmal tagsüber und einmal nachts.

⌘ **María-Luisa-Park**: Im 19. Jahrhundert angelegt, wurde dieser Park zur Iberoamerikanischen Ausstellung 1929 ausgebaut. In der abwechslungsreichen Parkanlage sticht besonders der monumentale Spanienplatz (Plaza de España) hervor. Nach der anstrengenden Besichtigung Sevillas tut ein Spaziergang durch den Park, der sich auf dem Weg zwischen dem Stadtzentrum und der Jugendherberge befindet, besonders wohl.

Sevilla - Guillena (22,8 km, Karte S. 58)

☺ **Pilgerpass**: Einen Pilgerpass (Credencial) gibt es kostenlos im Pfarrbüro der Kathedrale am Osttor Puerta de las Campanillas bekommen.

♦ Mo bis Sa 11:00 bis 13:30 und 16:00 bis 19:00, gratis

Sollte wider Erwarten geschlossen sein oder sollten Sie an einem Sonntag losgehen, dann können Sie den Pilgerpass auch im Lokal Taberna Miami in der Calle San Jacinto im Stadtteil Triana bekommen. Die Vía de la Plata führt ganz in der Nähe vorbei, und etwas weiter unten wird noch einmal extra darauf hingewiesen.

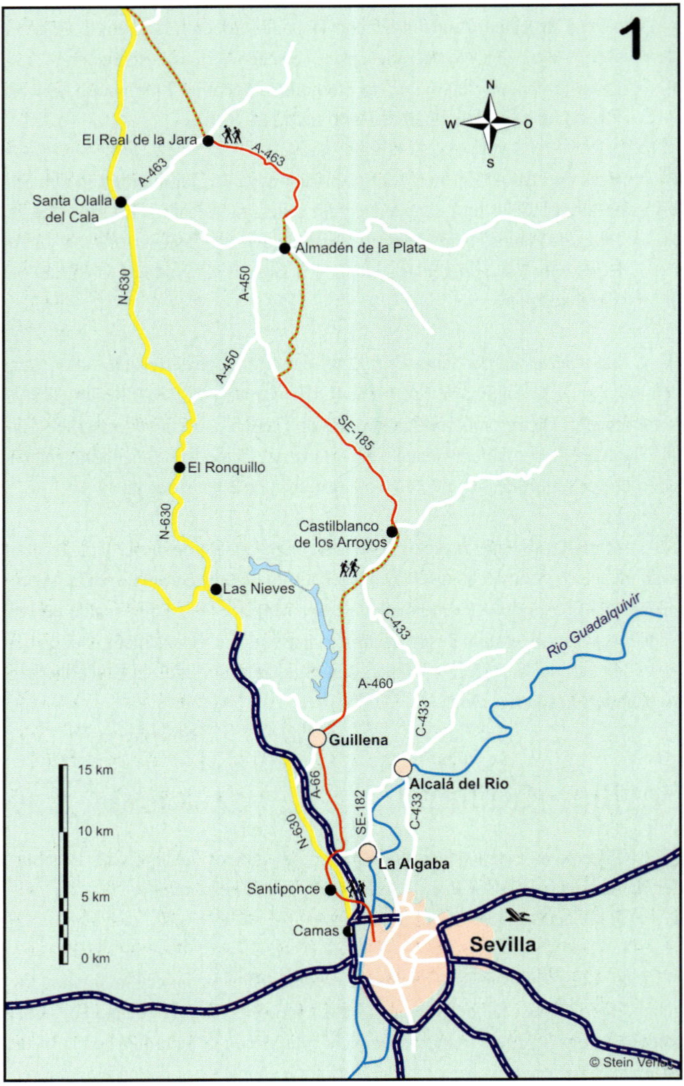
1
N
W
O
S
El Real de la Jara
A-463
A-463
Santa Olalla del Cala
Almadén de la Plata
A-450
N-630
A-450
SE-185
El Ronquillo
N-630
Castilblanco de los Arroyos
Las Nieves
C-433
Rio Guadalquivir
A-460
C-433
Guillena
15 km
A-66
Alcalá del Rio
SE-182
C-433
N-630
10 km
La Algaba
Santiponce
5 km
Camas
Sevilla
0 km
© Stein Verlag

Vom Westportal der Kathedrale, der Puerta de San Miguel, in der sich übrigens eine Santiago-Darstellung befindet, gehen Sie die Hauptstraße Avenida de la Constitución 100 m Richtung Rathaus und biegen dann, noch an der Ecke der Kathedrale, links in die Calle García de Vinuesa. Nach 70 m zweigen Sie wieder rechts ab in die Calle Jimios, die nach 20 m halb links weiterführt und nach 150 m in die Calle Zaragoza übergeht. 400 m geht es immer geradeaus bis zur Einmündung in die breitere Calle Reyes Católicos. Hier gehen Sie links und kommen nach 300 m zur Brücke Isabel II., die im Volksmund auch Puente de Triana heißt, weil sie in das volkstümliche Stadtviertel Triana führt. Sie überqueren den Fluss **Guadalquivir** 300 m und gehen auf der anderen Seite rechts in die Calle San Jorge.

☺ Wer noch keinen **Pilgerpass** hat, geht von der Brücke geradeaus in die Calle San Jacinto, wo sich nach 100 m auf der linken Seite das Lokal Taberna Miami befindet, wo man Ihnen gerne einen Pilgerausweis ausstellt (Dienstag ist Ruhetag).

Wie beschrieben, geht es von der Triana-Brücke rechts in die Calle San Jorge. Nach 100 m gehen Sie rechts in eine Straße, die nach 50 m wieder einen Linksbogen macht und dann als Calle Castilla 900 m geradeaus führt, bis Sie fast an ihrem Ende rechts eine breite Treppe hinauf zu einer Schnellstraße gehen. Geradeaus geht es über diese breite Straße hinweg und gleich links über eine große Kreuzung mit Kreisverkehr. Auf der anderen Seite gehen Sie rechts auf den Fußweg neben der Straße, aber nach nur 100 m verlassen Sie diese und gehen links hinunter zu einem freien Platz, der momentan als Bus- und LKW-Parkplatz dient. 100 m geht es quer darüber hinweg und auf eine Brücke. Hier verlassen Sie Sevilla.

400 m führt diese Brücke über einen Nebenarm des Guadalquivir, der als schiffbarer Kanal ausgebaut ist und größer scheint als der Hauptarm im Stadtzentrum. Am Ende der Brücke geht es rechts hinunter auf eine Piste, die 1,3 km am Ufer entlangführt. Gegenüber sind die futuristischen Gebäude der Weltausstellung Expo '92 auf der Halbinsel La Cartuja zu sehen.

Schließlich gehen Sie links 100 m zu den frei stehenden Gebäuden eines Landguts, davor rechts und nach 100 m wieder links auf eine Piste, die nun vom Fluss wegführt.

Nach 1,3 km unterqueren Sie die Autobahn, nach weiteren 400 m eine Bahntrasse. Wieder nach 800 m unterqueren Sie in einem Linksbogen die Nationalstraße. Nach 900 m kommen Sie zu einem Kreisverkehr. Sie gehen hier links unter einer Unterführung hindurch und an einer Tankstelle vorbei und erreichen nach 300 m einen weiteren Kreisverkehr am Ortsanfang von Santiponce (8,5 km), wo Sie rechts in den lang gestreckten Ort einbiegen.

Santiponce ⇧ 18 m, 6.000 Ew.

Nach 1,3 km können Sie vor einem kleinen Park rechts durch eine schmale Straße 150 m zum Aussichtspunkt Mirador del Teatro gehen, von wo Sie auf ein altes römisches Theater blicken. Sonst geht es weiter 700 m auf der Hauptstraße bis zum Ortsende, wo sich links die römischen Ruinen von Itálica erstrecken, deren Besuch unbedingt zu empfehlen ist (10,5 km).

⌘ **Itálica**: In dieser bedeutenden Römerstadt wurden die Kaiser Trajan (53 n.Chr.) und Hadrian (76 n.Chr.) geboren. Die zahlreichen ausgegrabenen Reste zeigen einige interessante Mosaiken. Beeindruckend ist das Amphitheater, das zu den größten des Römischen Reiches zählt und 25.000 Personen Platz bieten konnte; dies allein belegt schon die Bedeutung der Stadt Itálica.

Das Amphitheater in Itálica (rk)

- Di bis Sa 9:00 bis 17:00, So 10:00 bis 16:00, Mo und an Feiertagen (u.a. auch 28.2., 18.4., 7.10., 13.10. und 8.12.) geschlossen, Eintritt frei für EU-Bürger, für alle anderen € 1,50

Bei Regen. Auf halbem Weg nach Guillena werden Sie auf der Höhe eines Kornspeichers eine Furt überqueren, die bei oder nach Regenwetter Wasser führt und dann mehr oder weniger große Schwierigkeiten bereiten kann. Sie können versuchen, diese hier links zu umgehen, oder aber Sie wählen gleich vorsichtshalber den Weg über die im Folgenden erwähnte N-630. Diese überqueren Sie dann an besagter Stelle nicht, sondern folgen ihr 6,5 km nach links und verlassen Sie dann nach rechts, um nach weiteren 4,2 km Landstraße Guillena zu erreichen.

Weiter geht es auf der Haupt- bzw. Landstraße 1,3 km bis zur Kreuzung mit der N-630, (hier Umleitung bei Regenwetter, siehe oben) die Sie überqueren. Gegenüber geht es auf die Landstraße Richtung La Algaba, unter der Autobahn hindurch und nach 400 m kurz vor der Brücke über den Fluss Ribera de Huelva halb links auf die alte verwitterte Straße. Von hier biegen Sie nach 200 m, direkt vor der alten Brücke, links in eine Piste ein. Immer geradeaus geht es nun 7,4 km zwischen Weizenfeldern hindurch und über eine Furt, die bei Regen Wasser führt, bis die Piste auf einer anderen endet. Vor Ihnen liegt bereits die hübsche weiße Kleinstadt Guillena. Sie biegen rechts ab und gehen 500 m, bis die Piste vor einem Zaun einen Rechtsbogen beschreibt. Es geht jedoch nicht rechts, sondern links auf dem Feldweg am Zaun entlang. Nach 700 m macht dieser Weg wiederum einen Linksbogen, Sie gehen aber geradeaus auf einem Pfad 100 m hinab zu einem Bach, den Sie überqueren. Gegenüber geht es bergauf, und nach 100 m wird der Weg wieder breiter und zur Piste, die 400 m zum Ortsanfang führt.

Guillena ⇧ 23 m, 7.700 Ew.

Auf einer Straße geht es geradeaus weiter zur dreieckigen Plaza Portugalete, geradeaus in die schmale Hauptstraße Calle Real und 300 m zum Hauptplatz Plaza de España. 50 m geht es weiter zur Kirche Nuestra Señora de la Granada, vor ihr links und nach 50 m rechts in die gleichnamige Straße 100 m bis zur Kreuzung mit der Landstraße. Diese betreten Sie jedoch nicht, vielmehr gehen Sie scharf rechts in eine kleine Straße und nach der Bibliothek (Biblioteca) gleich wieder links in eine andere Straße wo sich links nach 30 m das Büro der Lokalpolizei

Guillena (rk)

(Policía Local) befindet. Hier bekommen Sie den Schlüssel für die Sporthalle, in der Pilger schlafen dürfen. Manchmal ist auch die Bar direkt neben dem Sportzentrum geöffnet, und dann können Sie den Schüssel auch hier bekommen. Zur Herberge geht es weiter auf der Straße, von der Sie von der Landstraße gekommen sind, und nach 200 m nach einer Gefällestrecke halb links in die Avenida de la Vega und 150 m bis zum Sportzentrum, das sich rechter Hand befindet (22,8 km).

Hier kann man in einem sehr kleinen Raum auf vier Gymnastikmatten auf dem Boden schlafen und warm duschen. Es gab bisher keinerlei Gastfreundschaft oder gar Fürsorge. Carmen (☏ 955784838) die Kulturreferentin der Gemeinde (☏ 955785005) erklärte mir jedoch, es seien Bemühungen im Gange, in der Nähe der alten Unterkunft eine neue Übernachtungsmöglichkeit zu errichten. Halten Sie sich anhand der oben genannten Nummern und der Updates zu diesem Buch (☞ Seite 37) auf dem Laufenden.

- Sporthalle (Polideportivo) am Stadtrand, Schlüssel bei der 300 m entfernten Lokalpolizei, ☏ 629541887 oder in der Bar El Poli neben der Herberge, morgens muss der Schlüssel zurückgebracht werden, ständig, gratis

Hostal Francés, Avenida de Andalucía 70 (dort, wo es kurz vor der Lokalpolizei auf die Landstraße geht, auf dieser rechts 400 m), ☏ 955785177 und 639594496, Übernachtung ohne Frühstück € 18. Rufen Sie besser vorher an, um sich ein Bett zu sichern. Achtung, weil das Hostal neben der Hauptstraße liegt, kann es in den vorderen Zimmern laut werden!

Überschätzen Sie sich nicht! Die zwei Unterkünfte in Guillena sind sicher nicht so attraktiv wie die Pilgerherberge im nächsten Etappenziel Castilblanco de los Arroyos, und viele Pilger werden glauben, dass sie die gut 40 km von Sevilla dorthin auch machen können, ohne in Guillena übernachten zu müssen.

Guillena - Castilblanco de los Arroyos

(18 km, Karte S. 58)

Das Wasser wird knapp - je nach Jahreszeit ist das entscheidend. Auf 20 km ohne Wasser und hohe Temperaturen sollten Sie vorbereitet sein. An den entsprechenden Stellen wird darauf hingewiesen, wie viele Kilometer ohne Wasserstelle zurückgelegt werden müssen.

Von der Sporthalle gehen Sie auf der Avenida de la Vega aus dem Ort, zunächst 400 m an den Sportanlagen entlang und biegen dann vor dem Anfang eines anderen Ortsteils rechts auf eine Piste, die 300 m zum Fluss Ribera de Huelva führt, der im Sommer kaum Wasser führt. Sie überqueren den Fluss und gehen gegenüber zunächst rechts auf eine Piste dann aber nach 100 m scharf links in die entgegengesetzte Richtung. Nach 250 m geht es im Rechtsbogen weiter und dann 1,4 km geradeaus bis zu einer Landstraßenkreuzung bei einem Gewerbegebiet.

Auf den nächsten 14 km gibt es keine Möglichkeit, Wasser nachzufüllen!

Sie überqueren die Landstraße links und gehen gegenüber auf einer Straße ins Gewerbegebiet hinein. Nach 200 m endet diese Straße auf einer anderen, und es geht rechts. Nach 150 m biegen Sie wieder links ab in eine einfache Piste, auf der Sie nun 4,5 km zwischen Feldern und Olivenhainen immer geradeaus gehen, wobei der Weg meist leicht ansteigt. Schließlich durchqueren Sie einen Weidezaun, hinter dem das Landgut Cortijo del Chaparral beginnt (7,4 km).

Naturparadies: Nach dem Tor ändert sich die Landschaft schlagartig: Nun wird die Vegetation von Korkeichen geprägt, zwischen denen Rinder und Pferde weiden. Diese Landschaft birgt ein wahres Tier-, besonders Vogelparadies. Zahlreiche Vogelarten, die man in Mitteleuropa kaum noch sieht, sind hier häufig anzutreffen: Wiedehopfe, Bienenfresser, Blauracken, Pirole, Eichelhäher, Rebhühner usw. Die Flora fällt besonders durch den starken Duft aromatischer Pflanzen auf.

Hier beginnt eine **landschaftlich schöne Strecke** (auf den Karten als gestrichelte Linie dargestellt). In den Regionen Andalusien und Extremadura hängt diese Bezeichnung jedoch stark von der Jahreszeit ab, denn im Frühling ist alles herrlich grün, im Spätsommer aber welk und von der Sonne verbrannt.

Nach 3 km herrlichen, zum Teil felsigen und meist leicht ansteigenden Wegen durchqueren Sie wieder ein Weidetor. Nach weiteren 1,2 km bergauf passieren Sie zwei Weidezäune und eine Wegkreuzung, und geradeaus stoßen Sie nach weiteren 1,5 km auf eine breite Piste, die rechts 900 m zur Landstraße C-433 führt (14 km).

Links gehen Sie auf der Straße oder dem Trampelpfad rechts daneben leicht bergauf, bis Sie nach 2,8 km auf eine 50 m rechts gelegene parallele Piste ausweichen können. Nach 400 m kommen Sie auf der Höhe in ein Gewerbegebiet und gehen wieder 50 m links zur C-433. Rechts geht es dann auf ihr 250 m bis zu einem dreieckigen Platz am Ortsanfang und weiter geradeaus auf der Landstraße 400 m bis zur Tankstelle, hinter der sich rechts nach 50 m bergauf die Pilgerherberge befindet (18 km).

Castilblanco de los Arroyos

⇧ 327 m, 4.000 Ew.

Herberge mit drei Zimmern; es gibt 19 Betten, Badezimmer und eine große Dachterrasse.

♦ An der Landstraße C-433 hinter der Tankstelle, Schlüssel und Stempel im Haus gleich rechts neben der Tankstelle oder direkt in der Tankstelle,
ständig, Spende

Regenwetter hinter Castilblanco de los Arroyos (rk)

Castilblanco de los Arroyos - Almadén de la Plata (30 km, Karte S. 58)

Erst nach 19 km gibt es wieder **Trinkwasser**!

Von der Tankstelle geht es auf der Haupt- bzw. Landstraße weiter geradeaus. An dieser Straße befinden sich die meisten Geschäfte des Ortes, während es im links gelegenen Ortszentrum kaum welche gibt. Nach 1 km biegen Sie am Ortsende links in die SE-185 Richtung Almadén de la Plata ein. Es handelt sich zwar um eine breite Straße, aber es gibt kaum Verkehr. Auf den gut 16 km, die es nun immer geradeaus geht, erstrecken sich beiderseits der Straße Landgüter, die zumeist von Kork- und Steineichen bewachsen sind. Am Ende einer Steigung liegt rechts ein Wachhäuschen, das bei Regen gut als Unterstand dienen kann und ein Tor, durch das Sie ein Landschaftsschutzgebiet betreten. Auf einer Asphaltpiste geht es 1,5 km bergab bis zu den Dienstgebäuden des Parks (Casa Forestal) (18,7 km).

Naturpark: Früher befand sich hier das Landgut **El Berrocal**, aber es wurde von der Provinzregierung gekauft und dem südlicher gelegenen Naturpark Sierra Norte de Sevilla

Blick über den Naturpark El Berracal (rj)

angeschlossen. Da der Teil von El Berrocal jedoch etwas abseits liegt, wird er kaum von Ausflüglern besucht und eigentlich nur von Pilgern der Vía de la Plata betreten. Darum bleibt die Natur, besonders die reiche Fauna, hier weitgehend unberührt - ein wahrer Genuss! Mit etwas Glück können Sie hier auch Hirsche entdecken.

Hier müssen Sie **Wasser** nachfüllen, denn bis Almadén de la Plata gibt es keine Wasserstelle mehr! Vor den Gebäuden gibt es einen Brunnen mit Trinkwasser, sollte der im Sommer versiegt sein, gehen Sie einfach in den ersten Innenhof und bedienen sich am Wasserhahn!

Auf der Asphaltpiste geht es weiter, an den Dienstgebäuden vorbei und 2,5 km bergab zu einem Bach, der aber nur im Frühling Wasser führt. Nach 500 m kommen Sie dann zu einem kleinen See - einem idealen Picknickplatz! Nach 400 m verliert sich die Teerstraße und mündet in eine Schotterpiste. 400 m danach verlassen Sie die Schotterpiste nach links über einen Bach. 200 m geht es hinauf zu einem weißen verlassenen Haus (23 km) und an diesem vorbei weiter auf der Piste 1,7 km bergauf und ab, durch einen Wald, wo Eukalyptusbäume wachsen. 800 m führt dann der Weg durch eine Buschlandschaft, bis Sie an eine Wegkreuzung kommen, wo Sie weiter rechts gehen. Nach 300 m bergab treffen Sie auf eine Wegkreuzung.

Passen Sie hier gut auf: Sie gehen nicht auf der Piste weiter geradeaus, sondern durchqueren links ein großes Tor und gehen auf einen Pfad, der in Wahrheit ein alter verwitterter Fahrweg ist, der allmählich wieder breiter wird, wobei es immer leicht bergauf geht. Nach 2 km steigt der Weg jetzt als Piste 100 m steil an (Radfahrer schieben); die Piste führt dann nach links, Ihr Weg aber als Pfad geradeaus steil bergauf. Nach weiteren 100 m macht der Pfad dann einen Linksbogen und stößt nach 100 m, die etwas weniger steil ansteigen, auf eine Piste, der Sie scharf rechts weiter bergauf folgen, bis Sie nach 100 m die Höhe erreichen (28,3 km).

Radfahrer müssen hier ein paar hundert Meter schieben, aber die landschaftliche Schönheit entschädigt für die Anstrengung. Einzige Alternative wäre, den Naturpark gar nicht zu betreten, sondern auf der Landstraße bis Almadén de la Plata zu fahren zu - keine Alternative also.

Von einem Aussichtspunkt haben Sie herrliche Blicke zurück auf den Naturpark und voraus auf Almadén de la Plata. Auf einem breiten Weg geht es dann steil bergab auf das Etappenziel zu. Nach 350 m befindet sich rechts vom Weg auf einem Felsen das Heiligtum El Crucero. Weitere 350 m geht es steil bergab, dann beginnt eine Betonpiste, die nach 200 m die erste Ortsstraße erreicht. Es geht rechts, aber nach 20 m wieder links und 200 m zur ersten Hauptstraße. Hier geht es rechts und nach 150 m wieder links, wo sich an der Ecke die Lokalpolizei (Policía Local) befindet. 50 m steigen Sie hinauf zur Kirche, gehen vor ihr links und dann 300 m immer geradeaus am Rathaus vorbei und über die Plaza del Reloj an ihrer linken Seite bis zum nächsten Platz Plaza de la Palmera. Hier treffen Sie auf die Haupt- bzw. Landstraße Richtung Santa Olalla, auf der Sie zum Ortsende gehen.

Nach 300 m führt die Vía de la Plata rechts in eine Straße, wo der Wanderweg Sendero de los Molinos ausgeschildert ist; zur Pilgerherberge geht es aber noch 150 m weiter auf der Landstraße zum großen Haus mit gelben Fenstern an der rechten Straßenseite vor einem kleinen Platz (30,4 km).

Almadén de la Plata

⇧ 452 m, 1.700 Ew.

Gute und geräumige Jugendherberge, die einen Raum für Pilger bereithält. Insgesamt 74 Liegen in mehreren Schlafräumen und Aufenthaltsraum.

♦ Am Ortsrand Richtung Santa Olalla. Die Betreuerin, Isi Domínguez arbeitet in der Gemeinde, und wohnt gleich nebenan in der Calle Puerto de la Cruz Nr. 26, ☏ 954735082, ständig, aber frühzeitig anrufen, oder bei ihrem Haus klingeln, damit geöffnet wird, € 6

☺ **Schwarze Schweine**: Essen Sie in einem der Restaurants von Almadén de la Plata! In den Bergen der Sierra Norte de Sevilla, die ein Teil der Sierra Morena ist, werden die Iberischen Schweine gezüchtet, die ein ausgezeichnetes sehr geschmackvolles Fleisch geben. Die dunkle Hautfarbe kommt von ihrer Ernährung, denn sie fressen hauptsächlich die Eicheln der Steineichen. Schwarze Schweine gibt es sowohl hier in den Bergen als auch später in der Extremadura, aber während sie dort massenhaft gezüchtet werden, sind sie hier kleiner und fast frei lebend, wodurch ihr Fleisch sehr mager ist. Probieren Sie Kotelett (chuleta), Rippchen (costillas) oder eine andere der zahlreichen Speisen mit Schweinefleisch.

Die berühmten Iberischen Schweine (rk)

Almadén de la Plata - El Real de la Jara (16,1 km, Karte S. 58)

☹ **(Vorläufige) Umleitung**. Leider ist es aufgrund privatrechtlicher Einwände in der letzten Zeit nicht möglich gewesen, den ursprünglichen Jakobsweg zu begehen, und es musste zumindest bis Ende 2006 der nahezu gleich lange Weg über die Straße genommen werden. Es bleibt zu hoffen, dass dieser Zustand sich bald ändert, und in dieser Hoffnung belasse ich die ursprüngliche Beschreibung vorerst im Buch. Aber auch der Weg über die Straße ist nicht zu verachten. Er ist weniger anstrengend und es gibt dort auch nur wenige Autos. Erkundigen Sie sich vor Aufbruch in der Pilgerherberge nach dem aktuellen Verlauf des Weges und folgen Sie diesem. Sollte man dort keine neueren Nachrichten für Sie haben, so folgen Sie der sich nun anschließen Wegbeschreibung:

Gehen Sie ca. 1 km zurück auf die A-450 und verlassen Sie auf dieser das Dorf in Richtung Osten, indem Sie sich dort angekommen links halten. Nach 760 m gabelt sich die Straße. Sie folgen der A-463, die hier nach links verläuft, und erreichen so nach weiteren 13,5 km den Ortseingang von El Real de la Jara (15,3 km).

Auf der gesamten Etappe gibt es keine **Wasserstelle**!

Sollte der Weg wieder frei sein, so gehen Sie auf der Hauptstraße zurück Richtung Zentrum und biegen nach 150 m links in die oben beschriebene Straße zum Sendero de los Molinos ein. Nach 150 m stößt diese Straße am Ortsrand auf eine Piste, und rechts geht es wieder 200 m in den Ort. Dort macht die Straße eine Rechts- und Linkskurve, und sogleich biegen Sie links in eine kleine Straße, die wieder aus dem Ort und 200 m hinauf zur Stierkampfarena führt. (Es gibt auch kürzere Wege vom Ortszentrum zur Stierkampfarena, aber weil die Übernachtung in der Pilgerherberge für Fußpilger praktisch zwingend ist, sei hier nur der Umweg über die Herberge beschrieben.)

Auf einer Piste gehen Sie links an der Arena vorbei bergauf. Nach 200 m zweigt links eine andere Piste ab, der Sie 800 m bergab bis zu einer Pistenkreuzung folgen. Links durchqueren Sie ein Tor, und auf einer anderen Piste geht es weiter. Nach 300 m biegen Sie bei einer Wasserstelle, wo es Pferde und schwarze Schweine gibt, halb links von dieser Piste auf einen breiten Weg ab. Nach 200 m durchqueren Sie ein weiteres Tor, und nach weiteren 200 m kommen Sie zu einer modernen Villa, die sich die Gutsbesitzer hier errichtet haben.

Nach dem Haus geht es rechts über eine kleine Brücke. Achtung: Nach 250 m verlassen Sie dann den Weg auf einen Pfad, der nach links oben geht. Dieser führt nun 400 m bis zu einem Tor, dass Sie durchqueren. Dann gehen Sie 250 m links an einem Zaun entlang und gehen durch ein weiteres Tor. Sie treffen dann gleich auf eine Schotterpiste, die Sie 200 m rechts in entgegengesetzter Richtung hinauf zur Landstraße führt. Sie gehen hier links und folgen der wenig befahrenen Landstraße, die sich nun reizvoll 12 km unter Korkeichen dahinschlängelt, bis Sie den Ortseingang von El Real de la Jara erreichen (16,1 km).

El Real de la Jara ⇧ 461 m, 1.700 Ew.

Der Weg zur Herberge und zur Touristeninformation, in der Sie sich vorher anmelden müssen, wenn Sie in der Herberge übernachten wollen, entspricht vorerst dem Verlauf des Jakobswegs. Auf der Hauptstraße geht es 400 m weiter, bis Sie zur Plaza de España kommen, wo der Bürgermeister wohnt. 50 m nach diesem Platz geht der Jakobsweg weiter geradeaus; Sie folgen aber weiter der Hauptstraße, die links abgeht. Nach dem Ende der Linkskurve geht es sofort wieder rechts bergab, bis Sie nach 350 m nach einem Park auf die Touristeninformation treffen, die sich auf der linken Seite neben dem Rathaus befindet.

Párroco Antonio Rodendo (ohne Nummer), Mo bis Fr 9:00 bis 15:00 und 18:00 bis 21:00, Sa/So geschlossen. Hier müssen Sie sich anmelden, für die Übernachtung bezahlen und gegebenenfalls den Schlüssel abholen. Wenn die Information geschlossen ist, kann die Betreuerin auf dem Handy erreicht werden: ☏ 667623068. Am Wochenende sollten Sie zunächst versuchen, jemanden im benachbarten Rathaus zu erreichen, ist dies nicht möglich, so statten Sie dem Bürgermeister einen Besuch ab. Dieser wohnt am Plaza de España Nr.16, welchen Sie in der folgenden Wegbeschreibung zur Pilgerherberge finden.

Um von hier zur Herberge zu kommen, gehen Sie auf dem Weg, auf dem Sie gekommen sind, zurück bis zur Plaza de España, wo der Bürgermeister wohnt, überqueren diese und gehen bei der Bank rechts eine Straße bergauf. Nach 70 m biegen Sie links ab und folgen der Straße weitere 200 m bergauf bis zum Ende des Dorfes, wo sich im letzten rechten Haus - einem weißen Haus mit gelben Bögen - die neue Herberge befindet.

Sehr schöne neue Herberge mit Blick auf das Dorf und die Burg, Aufenthaltsraum, Küche mit Geschirr, Kamin, 12 Betten.

♦ Am Ortsende, ständig. Sie müssen sich aber vorher in der Touristeninformation anmelden und dort bezahlen. Näheres dazu oben, € 8.

Eine Alternative zu der neuen Herberge bietet die alte private Herberge Casa Molina in der Calle Real 70. Die Wegbeschreibung ☞ El Real de la Jara - Monesterio.

♦ Privatunterkunft in freundlicher Atmosphäre. 14 Personen können hier in Zweibettzimmern oder einem Gruppenraum unterkommen. Aufenthaltsraum, Garten, ☏ 954733053, € 10/Person ohne Frühstück

Extremadura

Der Blick schweift ins Weite in der Extremadura (rj)

Im Verlauf der folgenden Etappe überqueren Sie die Provinzgrenze zwischen Andalusien und der Extremadura. Die Extremadura ist so groß wie die Schweiz und besteht aus zwei großen Provinzen mit den Hauptstädten Badajoz und Cáceres; Hauptstadt der Region ist jedoch die historisch unvergleichlich bedeutsamere Symbolstadt Mérida. Nur eine Million Menschen besiedeln diese weite Region, die eine wahre Kornkammer ist, über einen erstaunlichen Wasserreichtum verfügt und trotz alldem die ärmste Region Spaniens ist. Die Landschaft der Extremadura ist recht eintönig, beherrscht von einer unendlich scheinenden Hochebene von etwa 300 bis 600 m Höhe, die nur von wenigen Höhenzügen unterbrochen ist, bevor sie sich dann hinauf zum Kastilischen Scheidegebirge zieht.

Die Extremadura ist eine spanische Region ohne besonders ausgeprägten individuellen Charakter. Wenn man von einer Blütezeit sprechen kann, dann waren es die ersten Jahrhunderte unserer Zeitrechnung, als Mérida die Hauptstadt der römischen Provinz Lusitania war.

Vom 8. bis ins 13. Jahrhundert war das Gebiet islamisch und wurde dann wie der größte Teil Südspaniens von den Heeren der christlichen Könige erobert. Sowohl die Bauweise als auch die Traditionen erinnern noch stark an Andalusien.

Wegweiser: In der Extremadura finden Sie am Weg Granitquader aufgestellt, die als Wegweiser dienen sollen. Quader mit einer gelben Kennzeichnung zeigen an, dass hier die aktuelle Route des Jakobswegs verläuft. Granitquader mit einer grünen Kennzeichnung zeigen den Verlauf der historischen Vía de la Plata an. Sehen Sie Quader mit gelben und grünen Kennzeichnungen, so laufen Sie auf einem heute noch begehbaren Originalstück der Vía de la Plata. Leider sind die Quader nur dann gut zu sehen, wenn das Gras relativ niedrig ist.

El Real de la Jara - Monesterio

(20 km, Karte S. 73)

Es gibt keine **Wasserstelle**, aber auf halbem Weg gibt es einen Getränkeautomaten, und dort können Sie auch um Wasser bitten.

Von der öffentlichen Herberge zurück zur Vía de la Plata geht es auf dem Weg, auf dem Sie gekommen sind zurück zur Plaza de España. Auf der Hauptstraße wenden Sie sich wieder links, folgen ihr aber nach 50 m diesmal nicht in den Linksbogen, sondern gehen geradeaus in die alte Hauptstraße Calle Real.

Burg hinter El Real de la Jara (rk)

⌘ Gleich an der Ecke befindet sich das Heimatmuseum (Museo Municipal), in dem zahlreiche ausgestopfte Tiere aus den umliegenden Bergen ausgestellt sind. Auch in den Straßen des Ortes sind verschiedene Tierskulpturen aufgestellt.

♦ Mo bis Fr 18:00 bis 20:00, kann sich aber ändern, Eintritt frei

Auf der Calle Real geht es weiter geradeaus; nach 200 m sehen Sie rechter Hand durch die Querstraße Calle Cervantes eine Kapelle, in die vielleicht irgendwann das Heimatmuseum umziehen wird. Weiter auf der Calle Real kommen Sie nach 100 m zu einer Kreuzung vor der Kaserne der Guardia Civil, wo Sie rechts 500 m hinauf zur mittelalterlichen Burg gehen können, die zwar leer ist, von deren Mauern und Türmen Sie aber einen prächtigen Blick auf den Ort und die Berge genießen können. Ansonsten gehen Sie auf der Calle Real 100 m weiter bis zu Haus Nr. 70 links an der Straße bis zu der privaten Herberge **Casa Molina** (☞ Näheres siehe El Real de la Jara).

Von hier aus gehen Sie auf der Calle Real 200 m bis Ortsende und geradeaus auf einer Piste 400 m bergauf und 400 m bergab zu einem Bach an der Grenze zwischen Andalusien und der Extremadura. Genau hier erhebt sich rechter Hand eine kleine Burg, die im Mittelalter der Kontrolle des Weges diente und Blickkontakt zur großen Burg von El Real de la Jara hat. Die Existenz dieser Burg beweist, dass Sie sich tatsächlich auf einem historisch bedeutsamen Weg befinden.

An der Burg vorbei geht es geradeaus 10,2 km zumeist leicht bergab. Wo Sie links eine moderne Kapelle sehen, kreuzen Sie bald eine kleine Straße (11,2 km).

Linker Hand befindet sich nach 150 m an der N-630 ein Laden, der Schinken Wurst und Käse aus eigener Herstellung verkauft. Davor ist ein Getränkeautomat aufgestellt, und Sie können auch um Trinkwasser bitten.

Straßenbauarbeiten: Ab hier behinderten im Jahr 2006 verschiedene Straßenbauarbeiten den bisherigen Wegverlauf der Vía de la Plata bis zum Pass Puerto de la Cruz. Offiziell wurden keine Ausweichstrecken gekennzeichnet. Eine Beschreibung von Ausweichrouten macht hier keinen Sinn, da die weitere Entwicklung der Bauarbeiten nicht absehbar ist. Es bleibt zu hoffen, dass bald ein neuer Weg gekennzeichnet wird. Bis dahin kann ich nur empfehlen, entweder der N-630 bis zum Pass zu folgen, wobei Sie gelegentlich auf Pfade links und rechts der Straße ausweichen können, oder dem alten unten beschriebenen Wegverlauf, wo er noch sichtbar ist, so gut wie möglich zu folgen. Letzteres kann jedoch sehr mühsam sein und ist nur erfahrenen Pilgern zu empfehlen.

Die Beschreibung der alten Wegstrecke lautet: Der Weg führt(e) über die kleine Straße hinweg weiter geradeaus auf einen breiten Weg, der nach 500 m die N-630 erreicht. Sie bleiben auf einem Pfad auf der rechten Seite der Nationalstraße und kommen nach 200 m an der einsam stehenden Kapelle des Bauernheiligen San Isidro vorbei, zu dessen Ehren hier am 15. Mai eine große Wallfahrt stattfindet. 2,2 km verläuft der Weg rechts neben der N-630, bis Sie diese unweigerlich betreten müssen. 900 m geht es auf der Straße bzw. auf einem Pfad links daneben bis zu einer Kreuzung (15 km), wo links zwei Straßen abzweigen: Eine führt scharf links zum Campingplatz, die andere, der Sie folgen, halb links.

Linker Hand sehen Sie hoch oben auf dem höchsten Berg der Umgebung das Gebäude des mittelalterlichen Klosters **Tentudía**, von dem das Etappenziel Monesterio seinen Namen hat (monasterio = Kloster).

Bei der Straße handelt es sich um die alte Nationalstraße, die einen weiten Bogen macht, um nach 500 m wieder die neue zu erreichen. Jetzt bleiben Sie jedoch nur noch gute 100 m auf einem Pfad auf der linken Seite und gehen dann links neben der Straße auf einem breiten Weg weiter. Nach 400 m geht es über eine Wegkreuzung hinweg geradeaus auf einer breiten Piste 600 m bergab, bevor der 2 km lange Aufstieg auf den Pass Puerto de la Cruz beginnt.

Auf dem etwa 800 m hohen Pass, wo sich ein schönes Kreuz erhebt, geht es am Rastplatz vorbei auf der Zubringerstraße 300 m zur N-630, auf der es dann 300 m hinab zum Ortsanfangsschild von Monesterio und noch 500 m bis zu den ersten Häusern des Ortes geht. 100 m weiter befindet sich linker Hand das Haus des Roten Kreuzes, in dem sich die Pilgerherberge befindet (19,7 km).

Monesterio ⇧ 754 m, 5.200 Ew.

Nette kleine Herberge mit 6 Liegen, weiteren Matratzen und kleinem Aufenthaltsraum. Den Schlüssel gibt es 100 m weiter, linker Hand im Hotel Moya, wo man auch übernachten und günstig essen kann.

♦ An der N-630 im Gebäude des Roten Kreuzes, ☏ Hotel Moya 924516136, ständig, Spende

Monesterio (rk)

Monesterio - Fuente de Cantos

(21,7 km, Karte S. 73)

⇔ **Etappenplanung**: Da die Entfernungen zwischen den folgenden Herbergen ungünstig sind, sollten Sie schon hier beginnen, die folgenden Tagesetappen bis Almazara bei Villafranca de los Barros vorzuplanen und sich entscheiden, in wie vielen Tagen Sie diese Strecke zurücklegen wollen.

Es gibt Bäche aber keine sicheren **Wasserstellen** auf dem Weg!

Auf der Hauptstraße geht es 1,6 km durch den Ort, der im Moment noch fürchterlich viel Schwerlastverkehr verkraften muss, der aber bald auf die Autobahn umgeleitet werden wird. Am Ortsende geht es hinter dem Fußballplatz links auf eine Piste, die nach 200 m wieder eine Rechtskurve macht. 1,5 km geht es nun leicht bergab geradeaus, bis Sie links auf eine Bachbrücke abbiegen. Auf der anderen Seite des Baches steigt die kurvige Piste dann 900 m an und führt weitere 1,8 km ebenerdig zwischen Weiden hindurch, die von Steineichen und Rindern bevölkert sind.

Schließlich überqueren Sie eine kleine Straße (6 km) und gehen auf der Piste gegenüber 2,2 km weiter bis zu einer Weggabelung, wo Sie geradeaus an der Feldmauer entlanggehen. Nach 700 m durchqueren Sie ein Feldtor und gehen 1,2 km auf einem schönen Feldweg bis zum nächsten Tor, wobei die Steineichenwälder allmählich einer baumlosen Heidelandschaft weichen. Weiter geht es auf dem Feldweg in größerem oder kleinerem Abstand immer links am Zaun entlang, bis Sie nach 1,2 km an ein weiteres Tor kommen, das Sie durchqueren. Der Weg mündet schließlich in eine Piste, die vom Zaun wegführt und nach 2,5 km bergab auf einen Bach trifft. Auf der anderen Seite gehen Sie zunächst 100 m bergauf zu einer Mauer, wo Sie scharf links gehen.

Dann müssen Sie gut aufpassen, denn die Ackerlandschaft erlaubt hier keine guten Wegmarkierungen: Die Piste stößt auf eine andere, auf der Sie links gehen müssen. 2,6 km steigt die Piste leicht an, und von der Höhe (16,5 km) sehen Sie wieder den Ort Fuente de Cantos.

Auf derselben Piste geht es nun wieder 1,5 km meist bergab bis zu einem Schweinestall und weiter 1,9 km geradeaus. Kurz bevor die Piste auf die N-630 trifft, gibt es eine Weggabelung, von der die halb linke Piste 1 km zum Ortsanfang führt. Sie kreuzen eine kleine Landstraße, halten sich aber gleichzeitig links und gehen 100 m zum Laden Armería El Coler, wo Sie rechts in die Calle San Julián einbiegen. Nach 350 m gabelt sich die Straße, und obwohl die linke markiert ist, empfehle ich zwecks besserer Orientierung, die rechte Straße zu nehmen, die Calle Misericordia, die 300 m zur Kirche Virgen de la Granada im Stadtzentrum führt (21,7 km).

Fuente de Cantos ⇧ 586 m, 5.100 Ew.

Die Vía de la Plata führt hier geradeaus weiter, aber zur Herberge gehen Sie vor der Kirche links und dann rechts an der Kirche entlang zur Plaza del Mercado. Hier gehen Sie links und nach 20 m wieder halb links in die Calle Arias Montano, die nach 100 m bei einer Kreuzung in die Calle Frailes übergeht. Nach 300 m stoßen Sie am Ende dieser Straße auf die gegenüber befindliche Herberge (22,2 km).

Touristische Herberge, die im Juli 2003 eröffnet wurde. Sie befindet sich im vollständig restaurierten einstigen Kloster San Diego und ist wirklich großartig gestaltet und eingerichtet. Für Pilger, die eher bescheidene Unterkünfte gewöhnt sind, ist es ein wahrer Luxus. Es handelt sich zwar um eine touristische Herberge, aber den Pilgern wird immerhin besondere Aufmerksamkeit geschenkt. Es gibt 24 Betten in Zwei- und Vierbettzimmern, aber wenn es voll ist, können Pilger auch in Notbetten schlafen. Das Menü ist reichlich und kostet € 9. Der pilgerfreundliche Herbergsvater führt die Pilger nach dem Essen durch das historische Gebäude und gibt eine kurze und anschauliche Einführung über dessen Geschichte sowie das Werk und Leben des Malers Francisco de Zurbarán. Es gibt eine Bar, Kirche, Fernsehen und kostenloses Internet. Das Haus verfügt außerdem über Unterrichtsräume, in denen zu bestimmten Zeiten auch Intensivkurse in Spanisch für Pilger abgehalten werden.

♦ Am Ortsrand am Ende der Calle Frailes, ☏ 924580035 und 660451256, ständig, € 12

⌘ **Informationszentrum Francisco de Zurbarán**: In der Herberge, und zwar in der Kirche des ehemaligen Klosters, befindet sich das Informationszentrum über den genialen Maler Francisco de Zurbarán, der 1598 in Fuente de Cantos geboren wurde und 1664 in Madrid starb. Er war einer der größten spanischen Barockmaler und besonders berühmt für Helldunkelmalerei und Stillleben, die er auch in Gemälde mit anderer Thematik integrierte. Im Informationszentrum werden gut gemachte Videos präsentiert, aber diese sind wie alle Beschreibungen nur auf Spanisch.

♦ ⍈ im Prinzip nur Mo bis Fr 18:00 bis 20:30, Pilger werden aber immer eingelassen, Sie müssen nur an der Rezeption Bescheid sagen, dass Sie es sehen wollen. Der Eintritt ist natürlich frei.

⌘ **Casa de Zurbarán**: In Fuente de Cantos gibt es auch das Haus, in dem Zurbarán geboren wurde und das ein bisschen als Museum hergerichtet worden ist. Es gibt jedoch nur ein paar Kopien seiner Gemälde, so dass der Besuch des Zurbarán-Hauses jetzt, da es das Informationszentrum in der Herberge gibt, eigentlich nur echten Fans empfohlen werden kann. Die Polizei öffnet, wenn sie gerade Zeit hat; die Polizeiwache befindet sich im Ortszentrum der Kirche gegenüber. Vielleicht haben Sie auch Glück und es ist gerade jemand dort, wenn Sie eine Runde durch den Ort drehen.

♦ Calle Aguila 37, 100 m von der Plaza Olmo entfernt, über die die Vía de la Plata führt, wenn sie Fuente de Cantos verlässt, ⍈ normalerweise nicht geöffnet

Fuente de Cantos - Puebla de Sancho Pérez (21,1 km, Karte S. 73)

⇔ **Etappenplanung**: Wem die Übernachtung in Fuente de Cantos zu teuer ist, der kann nach weiteren 8,3 km günstiger in der Herberge von Calzadilla de los Barros übernachten. Da die Nutzung dieser Herberge jedoch zahlreichen Einschränkungen unterliegt (siehe unten), ist der Ort hier nicht als Etappenziel genannt. Danach gibt es erst in Puebla de Sancho Pérez wieder eine Übernachtungsmöglichkeit - aber nur, wenn die dortige Herberge wieder geöffnet ist.

Wie gehabt gehen Sie von der Herberge 450 m zurück zur Kirche, die hier der Ausgangspunkt dieser Etappe sein soll (0 km). Sie gehen in der gleichen Richtung weiter, aus der Sie von Monesterio kommend durch die Calle Misericordia den Kirchplatz erreicht haben. Nach 70 m kommen Sie zu einer Straßengabelung, gehen halb links und nach weiteren 30 m an der nächsten Straßengabelung halb rechts in die Calle Olmo. Nach 150 m erreichen Sie die Plaza Olmo, über die der Weg gerade hinwegführt; linker Hand können Sie nach 100 m durch die Calle Aguila zum Zurbarán-Haus gehen (Beschreibung siehe oben).

Über die Plaza Olmo hinweg gehen Sie in die Calle San Juan und erreichen nach 250 m das Ortsende, wo Sie eine Landstraße kreuzen und gegenüber auf einer unbefestigten Schotterstraße 5,6 km schnurstracks geradeaus nach Calzadilla de los Barros gehen. Dass es hier praktisch keine Pfeile gibt, braucht Sie dabei nicht zu stören. Geradeaus betreten Sie die Calle Fuente de Cantos und gehen 200 m bis zu einer Kreuzung, wo Sie rechts abbiegen, um nach 70 m zum Hauptplatz Plaza de España zu gelangen (6,5 km). Rechter Hand befindet sich das Rathaus; links geht die Vía de la Plata weiter.

Calzadilla de los Barros

⇧ 558 m, 1.000 Ew.

Die Herberge befindet sich in schöner Lage 1,8 km außerhalb, abseits der Vía de la Plata. Sie können den Schlüssel nur zu Bürozeiten im Rathaus abholen, das jedoch am Wochenende geschlossen ist. In diesem Fall können Sie dort ganz einfach nicht übernachten, denn es handelt sich um eine Jugendherberge. Wenn die Herberge mit Schulklassen belegt ist, kann dort ebenfalls nicht übernachtet werden. Sie sollten also unbedingt vorher im Rathaus anrufen und sich erkundigen, ob Sie kommen können!

Zur Herberge folgen Sie wieder der Straße, auf der Sie zum Hauptplatz gekommen sind, der Calle Alberquitas, 250 m bis zum Ortsende, wo sie in die Piste Richtung Medina de las Torres übergeht. 750 m folgen Sie dieser Piste und biegen dann halb rechts auf eine Piste ab,

Altarwand in Calzadilla de los Barros (rk)

die nach 800 m die hübsche Kapelle San Isidro erreicht, neben der sich linker Hand im zweiten Haus die Herberge befindet (8,3 km).

Die Herberge macht äußerlich einen sehr guten Eindruck, ist einfach und mit 44 Liegen in mehreren Schlafräumen völlig zugebaut, so dass kaum Platz bleibt, zwischen den Liegen hindurchzugehen. Die Küche kann nicht benutzt werden, dafür aber gelegentlich die Waschmaschine. Der Standort als solcher ist äußerst angenehm und lohnt einen Abstecher.

♦ 1,8 km vom Ort entfernt, ☏ Rathaus 924584745, Rathaus Mo bis Fr 9:00 bis 15:00 und 18:00 bis 20:00, wochenends und feiertags geschlossen (u.a. auch 25.3., 15.5. und 8.9.) sowie eine Woche Anfang August (kann leicht variieren) zum Volksfest, Übernachtung € 6

Auf der Plaza de España geht es also, wie oben beschrieben, links über den 100 m langen Platz und an dessen Ende nicht in die größere rechte, sondern in die schmalere linke Straße, Calle Zafra. Nach 200 m geht die Straße am Ortsende in eine Piste über. Nach 700 m kommen Sie an eine Weggabelung, wo es links weitergeht. Sie folgen der Piste, die 2 km immer geradeaus und meist leicht bergab führt, bis Sie in der Senke der N-630 sehr nahe kommen, die hier eine Kurve beschreibt. An einer Weggabelung gehen Sie halb rechts 50 m zur Nationalstraße und dann links auf einem breiten Weg links daneben 450 m bergauf. Passen Sie dann gut auf, denn der Weg ist sehr schlecht markiert: Noch lange vor der Höhe biegen Sie in die erste Piste ein, die links abzweigt.

1,4 km gehen Sie auf dieser Piste bzw. dem schönen Feldweg leicht bergab. Dann müssen Sie einen Bach durchqueren, der immer Wasser führt; im Frühjahr so viel, dass Sie sich die Schuhe ausziehen müssen. Nach weiteren 2 km auf dem breiten Feldweg durchqueren Sie erneut einen Bach (13,3 km), der zwar auch immer Wasser führt, aber weniger als der erste. Danach beginnt eine breite Piste, die 6,1 km schnurstracks geradeaus führt, dann Bahngleise überquert und noch 1,1 km weiter bis zum Ortsanfang von Puebla de Sancho Pérez führt.

Sie überqueren eine Landstraße und gehen gegenüber in die erste Dorfstraße Calle Sancho Pérez. Nach 150 m kommen Sie zur ersten Kreuzung, von der es links zur Herberge geht geradeaus aber weitere 400 m zum Hauptplatz Plaza de España und 50 m weiter zur dahinter befindlichen Kirche Santa Lucía (21,1 km); rechts neben ihr führt die Vía de la Plata durch die Calle Obispo Soto weiter.

Puebla de Sancho Pérez

⇧ 519 m, 3.000 Ew.

Zur Herberge biegen Sie, wie oben beschrieben, kurz nach dem Betreten des Ortes von der Calle Sancho Pérez links in die erste Querstraße ein. Nach 30 m gehen Sie rechts und nach 70 m links in die Calle Fernando Flores Galán. Ab hier sind die Kapelle (ermita) und die Herberge (albergue) ausgeschildert. Nach 100 m geht diese Straße in die breite Avenida de Belén über, die nach 250 m am Ortsende zur Piste wird. Nach 700 m erreichen Sie die Kapelle von Belén, neben der sich die Herberge befindet (21,8 km). Es ist eine hervorragende touristische Herberge in herrlicher Lage mit 17 Betten in 3 Schlafräumen und Aufenthaltsräumen. Am 15. Mai ist der Feiertag des Heiligen San Isidro; dann findet eine Wallfahrt statt und in der Arena gibt es Stierkämpfe.

♦ Gut 1 km vom Zentrum bei der Kapelle Ermita de Belén, ☏606342001 oder 67792238, € 12 ohne Frühstück

Von der Herberge zurück in die Stadt geht es nicht mehr über die Piste, über die Sie gekommen sind, sondern über die Straße, die 100 m dem Eingang gegenüber beginnt und 500 m zum Ortsanfang führt, wo sie in eine breite Allee mit zahlreichen Kreuzen auf dem Mittelstreifen übergeht. Nach 350 m wird diese Allee wieder schmaler, und es geht weitere 350 m durch die Calle La Fuente zur Kirche (1,3 km). Hinter der Kirche gehen Sie links in die Calle Obispo Soto und sind wieder auf der Vía de la Plata.

Puebla de Sancho Pérez - Zafra

(4,3 km, Karte S. 73)

Ausgangspunkt dieser kurzen Etappe ist die Kirche Santa Lucía (0 km), neben der es in die Calle Obispo Soto geht. Nach 200 m erreichen Sie den Ortsausgang, überqueren die Landstraße und gehen gegenüber auf der rechten Seite des Baches auf eine Piste. Nach 700 m überqueren Sie auf einer Brücke die Bahntrasse und gehen nach 400 m genau vor einem Bahnübergang links auf eine Piste.

Wegen Bauarbeiten im und um den Bahnhof kann sich der Verlauf des ausgewiesenen Wanderweges von hier bis ins Zentrum von Zafra in Zukunft ändern.

Nach 500 m überqueren Sie die Gleise bei einem alten Kontrollturm mittels eines improvisierten Übergangs. Auf der anderen Seite geht es in gleicher Richtung auf einer Piste 600 m am Bahnhof vorbei, bis Sie eine Straße erreichen, die links durch einen Tunnel führt und nach 150 m auf die breite Avenida de la Estación trifft. Rechts gehen Sie 1 km ins Stadtzentrum und stoßen am Ende auf eine große Kreuzung. Hier gehen Sie links und nach 50 m rechts in die Straße Glorieta Comercial, die an der weiten Plaza de España entlangführt und nach 200 m auf eine Häuserfront trifft, in der sich das Fremdenverkehrsamt befindet (3,9 km).

Zafra

⇧ 508 m, 14.000 Ew.

Plaza de España 8 B, ☏ 924551036, Mo bis Fr 9:30 bis 14:00 und 17:00 bis 19:00, Sa und So 10:00 bis 13:30 und 17:00 bis 19:00

Zafra ist eine der ältesten und traditionsreichsten Städte der Extremadura. Es empfiehlt sich ein Spaziergang durch die Altstadt.

⌘ **Alcázar de los Duques de Feria**: Der neuntürmige Palast, an dem der beschriebene Weg vorbeiführt, stammt aus dem 15. Jahrhundert und ist heute ein staatliches Parador-Hotel, in das Sie gerne eintreten und an der Hotelbar etwas zu sich nehmen können. Sehenswert ist der Renaissance-Innenhof aus weißem Marmor und der Goldene Salon im Mudéjar-Stil.

Vor dem Fremdenverkehrsamt gehen Sie rechts vom Platz weg und nach 50 m gleich wieder links in die Straße, die am Palast vorbeiführt. 300 m gehen Sie geradeaus - linker Hand erstreckt sich die Altstadt - bis zur Kreuzung mit der Calle Ancha, wo sich an der Ecke die Herberge befindet (4,3 km).

Hervorragende touristische Herberge, mit 22 Federbetten in 5 Zimmern zu je 2 bis 5 Betten, reizvoller Innenhof mit Säulen, Aufenthaltsräume und Restaurant.

♦ Calle Ancha Nr. 1 am Rande der Altstadt, ☏660451256, ständig, Die Preise waren bis Redaktionsschluss noch nicht bekannt, können aber in der Herberge von Fuente de Cantos erfragt werden, da der Pächter auch diese Herberge übernimmt.

Zafra - Los Santos de Maimona

(4,1 km, Karte S. 73)

Bedenken Sie, dass Sie evtl. ca. 3 km mehr als die hier angegebenen 4,1 km laufen müssen, wenn Sie in der Herberge von Los Santos de Maimona übernachten wollen. Die Herberge liegt nämlich etwas außerhalb der Ortschaft, in der Sie vorher evtl. den Schlüssel holen, zumindest aber die Formalitäten erledigen müssen. Es bleibt zu hoffen, dass hier bald eine bessere Lösung gefunden wird.

Ausgangspunkt dieser kurzen Etappe ist die Herberge am Anfang der Calle Ancha, auf der Sie sich in nördlicher Richtung vom Stadtzentrum entfernen. Nach 150 m geht diese Straße in die Calle San Francisco über, und nach 300 m erreichen Sie einen Kreisverkehr am Ortsausgang. Gegenüber gehen Sie geradeaus 300 m am Turm der einstigen Kirche San Francisco vorbei. Der Asphaltbelag endet, und auf der Piste geht es immer geradeaus, zuerst leicht und bald stärker ansteigend, bis Sie nach 2,2 km die Höhe eines kleinen Bergrückens erreichen (3 km). Die Vía de la Plata führt geradeaus weiter nach Los Santos de Maimona. Eigentlich könnten, Sie hier den Weg zur Pilgerherberge abkürzen, indem Sie rechts gehen; dieser Weg wird weiter unten beschrieben.

Auch wenn Sie hier übernachten wollen, müssen Sie aber vermutlich weiter nach Los Santos de Maimona, um dort den Schlüssel zu holen (☞ Seite 84). Sie gehen also über den Bergrücken geradeaus hinweg, jetzt 800 m steil bergab zum Ortsanfang und auf einer Hauptstraße geradeaus 350 m zur Kirche (4,1 km). Links vor der Kirche führt die Vía de la Plata weiter durch die Calle San Miguel.

Los Santos de Maimona

⇧ 529 m, 7.600 Ew.

Sollte in der Zwischenzeit eine bessere Lösung für das Schlüsselproblem gefunden worden sein, so können Sie evtl. auch den folgenden direkten Weg zur Herberge nehmen. Zur Herberge biegen Sie dann auf der Höhe des oben beschriebenen Bergrückens rechts auf eine Piste ab, die mit Ruta Verde (Grüner Rundweg) ausgeschildert ist. 400 m steigt der Weg an und führt auf eine Gruppe Antennen zu, die dann aber linker Hand liegen bleiben. Die Piste mündet in die Asphaltpiste ein, die von den Antennen kommt und der Sie in gleicher

Blick auf Los Santos de Maimona (rk)

Richtung noch 200 m leicht ansteigend folgen, bevor sie wieder 300 m bergab führt, wo der Asphalt bei einem Steinbruch endet. Hier geht es links, 200 m durch den Steinbruch, und an seinem Ende geht es rechts auf einer Piste 500 m bergab. Hinter einem weißen Haus und einem Brunnen gehen Sie schließlich halb rechts 100 m zur Herberge (4,6 km). Von hier haben Sie eine schöne Aussicht auf den unten im Tal liegenden Ort Los Santos de Maimona.

Große Herberge mit 2 Schlafsälen mit je 20 guten Liegen und Schließfächern für das Gepäck. Außerdem große Küche, Speisesaal und Heizung für den Winter. Die Lokalpolizei (Policía Local) öffnete früher die Herberge für die Pilger. Heute ist sie grundsätzlich nicht mehr bereit dazu. Sie werden also in die Ortschaft laufen müssen, um dort, wie unten beschrieben, den Schlüssel abzuholen.

♦ 1,7 km von der Plaza de España in Los Santos de Maimona entfernt am Berg gelegen. Der Schlüssel wird an Werktagen in der Touristeninformation oder in der Universidad Popular (☏ 924544150) abgeholt. Hier wird auch bezahlt und gestempelt. Beide Gebäude befinden sich, wie unten beschrieben, am Jakobsweg und zwar an der Plaza de España. Am Wochenende wird der Schlüssel bei der Polizei (☏ 924544294 und 659932935) abgeholt, die sich an der Plaza de Vistahermosa und somit ebenso am Jakobsweg befindet. Es bleibt zu hoffen, dass bald eine bessere Lösung gefunden wird. 🚪 ständig, € 3

Von der Herberge gehen Sie 50 m zurück zu der Piste, die scharf rechts bergab führt. Nach 150 m gehen Sie vor einem Restaurant links die Stufen hinunter, die nach 100 m in eine Straße münden, der Sie in gleicher Richtung 200 m bis zum Ortsrand folgen. Hier geht es in die erste Straße links, die Avenida de la Constitución, 700 m bis zur Plaza de Vistahermosa. Dort biegen Sie links in die Calle Salvador und nach 250 m an der Plazuela Antonio José Hernández wieder halb links in die Calle Maestro Rasero. Nach 250 m erreichen Sie die Plaza de España und die Hauptkirche (1,7 km). Gegenüber geht es links an der Kirche vorbei in die Calle San Miguel.

Los Santos de Maimona - Almazara/Villafranca de los Barros

(9 km, Karte S. 73)

Das Verlassen von Los Santos de Maimona ist ein bisschen kompliziert: Ausgangspunkt ist die Plaza de España. Zunächst geht es, wie oben beschrieben, an der Kirche links vorbei in die Calle San Miguel, die aber eigentlich auf 150 m eine Aneinanderreihung verschiedener Plätze ist. Dann geht es über eine Straßenkreuzung gegenüber in die Calle Teniente Blanco Marín, die bald in die Calle Obispo Luna übergeht und nach 300 m endet. Links biegen Sie dann in die Calle Padre Chano ein, gehen aber nach 50 m wieder rechts und nach weiteren 50 m über eine gepflasterte Hauptstraße hinweg gegenüber in die Calle Valmoreno bergab Richtung Ortsrand. Nach 100 m biegen Sie wieder links in die Calle Maestrazgo ein und gehen nach 100 m an ihrem Ende rechts eine breite Straße hinab, die sich nach 50 m gabelt. Sie nehmen die halb linke Alternative, nur aber um nach 50 m an ihrem Ende wieder rechts eine andere Straße hinabzugehen, die nach 100 m endlich den Ortsrand erreicht (900 m).

Geradeaus geht es auf derselben Straße weiter, nach 300 m biegen Sie halb rechts in eine Piste ab. Nach 300 m führt diese Piste nach rechts, die Vía de la Plata aber geradeaus auf einen Feldweg, dem Sie 300 m zwischen Feldzäunen folgen. Dann trifft der Weg auf eine Piste, auf der Sie links gehen. Nach 200 m kommen Sie zu einer Wegkreuzung und gehen geradeaus auf einem Feldweg an der rechten Seite einer Feldmauer entlang. Nach 400 m mündet dieser Weg in eine breite Piste ein, und in gleicher Richtung geht es nun immer geradeaus. 6,1 km gehen Sie durch Weinberge und Olivenhaine. Passen Sie dann gut auf, wo Sie rechts abbiegen müssen: Bei der zweiten Ruine einer ehemaligen Ölmühle, die wie eine Kirchenruine aussieht und direkt rechts an der Ecke steht, biegen Sie rechts ab. Einem breiten Weg folgen Sie dann durch Olivenhaine hindurch 800 m bis zur Herberge (9 km).

Äußerst originelle touristische Herberge, eröffnet im November 2003, die in einer ehemaligen Ölmühle untergebracht ist (auf Spanisch Almazara). Es gibt acht ausgezeichnete Zimmer mit je drei Betten, Dusche, Schrank und schöner Aussicht vom Zimmer aus. Ein wahrer Pilgerluxus, zu dem außerdem ein Restaurant und ein schöner Innenhof gehören sowie das Olivenmuseum, in dem u.a. eine Original-Olivenpresse zu sehen ist, und ein Restaurant mit Speisen und einem Pilgermenü (menú de peregrinos). Allerdings schien es in der Vergangenheit was die Organisation der Herberge anging noch einige Anlaufschwierigkeiten gegeben zu haben, die aber hoffentlich bald überwunden sein werden.

♦ 6,8 km von Villafranca de los Barros entfernt, ☏ unbekannt, ständig, Übernachtung € 12, Frühstück € 1,50, Menü € 7,50

Die Herberge Almazara (rk)

Almazara/Villafranca de los Barros - Torremegía (35,3 km, Karte S. 73)

⇔ **Etappenplanung**: Es handelt sich um eine sehr lange Etappe, die aber keinerlei Schwierigkeiten aufweist und darum relativ schnell zurückgelegt werden kann. Wem es dennoch zu viel ist, der hat immer die Möglichkeit, auf halbem Wege ins nahe gelegene Almendralejo auszuweichen und sich dort eine günstige Unterkunft zu suchen.

Da die Strecke besonders nach Villafranca de los Barros fast eben ist und einen guten Untergrund hat, können Radfahrer sie in kürzester Zeit bewältigen.

Dass es in **Almendralejo** eine Herberge gibt, ist ein Märchen. Es handelt sich vielmehr um ein Obdachlosenasyl, das aber auch schon mal Pilger aufgenommen hat, einfach weil man sie nicht abweisen wollte.

Von der Herberge geht es nicht auf dem breiten Fahrweg, der rechts zur Nationalstraße führt, sondern auf dem Weg, der vom Eingang der Almazara links gegenüber durch die Olivenhaine führt. Nach 1,7 km, wo Sie der rechts verlaufenden Bahntrasse und der Autobahn ziemlich nahe kommen, stoßen Sie auf eine Piste und gehen rechts nach 50 m über die Bahngleise. Danach macht die Piste eine Rechtskurve und führt 250 m zur N-630. Links geht es auf der Nationalstraße unter der Autobahn hindurch, und nach 300 m zeigt ein gelber Pfeil an einem Zaunpfahl, dass Sie hier halb rechts auf eine Piste abzweigen müssen. Der Durchgang scheint zwar durch einen hohen Zaun versperrt, dieser ist jedoch inzwischen unten geöffnet worden, so dass Sie gebückt zur Piste gelangen können.

Auf dieser Piste geht es nun 600 m geradeaus, bevor Sie in die dritte Piste links einbiegen. Nach 400 m durchqueren Sie einen Bach und nach weiteren 2,5 km kreuzen Sie eine Landstraße. Danach geht es 400 m geradeaus zum Ortsanfang von Villafranca de los Barros.

Weiter geradeaus gehen Sie in die erste Straße, biegen nach 100 m rechts in die Calle Zurbarán und kommen nach 350 m zu einer Kreuzung am Markt. Gegenüber gehen Sie in eine kleine Straße, aber nach 50 m biegen Sie links in die Fußgängerstraße Calle Larga ein, der Sie 100 m bis zum Hauptplatz Plaza del Corazón de María folgen (6,8 km).

Villafranca de los Barros

⇧ 409 m, 12.600 Ew.

Nehmen Sie genügend **Wasser** mit, denn bis Torremegía gibt es keine Wasserstelle mehr, es sei denn, Sie biegen auf halbem Weg nach Almendralejo ab!

Vor der Kirche wenden Sie sich nach rechts zum Hauptportal hin und gehen dann links an der Kirche vorbei in die Straße, die an der Plaza de España entlangführt und nach 150 m in die Calle Santa Joaquina de Vedruna übergeht. 200 m gehen Sie bis zu einem kleinen Platz und überqueren ihn halb links, indem Sie in die Calle Calvario gehen, die nach 150 m auf die Plaza de la Coronada trifft. Halb links überqueren Sie diesen Platz und gehen links auf die Landstraße, die nach 400 m das Ortsende erreicht und nach weiteren 500 m auf eine andere Landstraße stößt.

Über diese Straße hinweg führt die Vía de la Plata geradeaus auf eine Piste, die 3,6 km geradeaus durch Wein- und Olivenpflanzungen führt. Wo die Piste leicht nach rechts zieht, biegen Sie halb links in einen breiten Feldweg ein. Achtung: Dieser Abzweig ist leicht zu übersehen, es gibt aber gelbe Pfeile auf den Steinen am Boden. Auf dem Feldweg, auf dem es jetzt weitergeht, kann der Boden bei feuchtem Wetter übrigens sehr lehmig und klebrig werden.

Tierra de Barros (rj)

Tierra de Barros: Sie befinden sich im Tierra de Barros, dem Lehmland, daher auch der Beiname einiger Ortschaften, die Sie schon durchquert haben. Bei der Frage nach der Bedeutung dieses Namens erklärten mir die Einheimischen, dass barro außer Lehm auch "fruchtbarer Boden" bedeute, aber als es zu regnen begann und an meinen Schuhen mächtige Lehmbrocken kleben blieben, merkte ich, dass die wörtliche Übersetzung auch ihre Berechtigung hat.

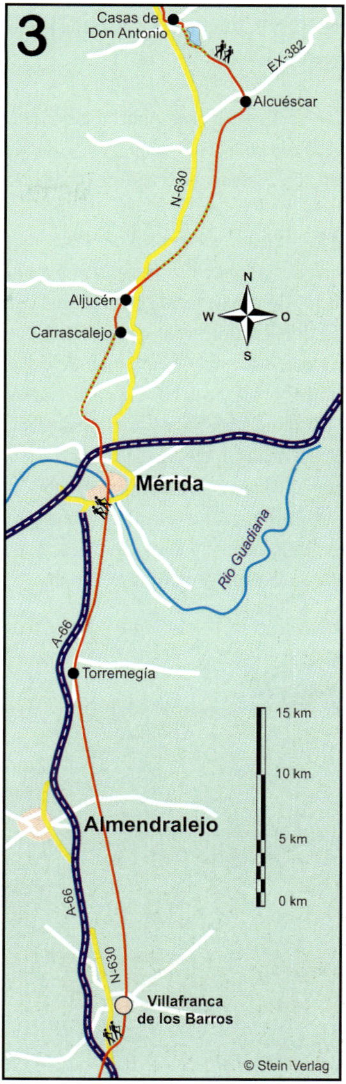

Nach 3,6 km - fast nur von Weinfeldern gesäumt - stoßen Sie wieder auf eine breite Piste und gehen links. Nach 1,5 km überqueren Sie einen breiten Bewässerungskanal, und 300 m danach führt die breite Piste nach rechts. Nach 4 km - Weinfelder, soweit das Auge reicht - überqueren Sie schließlich eine schmale Landstraße (21,2 km).

➲ **Abzweig nach Almendralejo:** Diese Landstraße führt links 3 km in die Industriestadt Almendralejo (22.500 Ew.), in der sämtliche Dienstleistungen und natürlich auch zahlreiche günstige Unterkünfte zu finden sind, aber keine Herberge.

Die Vía de la Plata führt dagegen geradeaus weiter auf der Piste, die nach 2,7 km wieder eine Landstraße, etwas breiter als die vorherige, überquert (23,9 km).

➲ **Abzweig nach Almendralejo**: Diese Straße - EX-212 - führt ebenfalls links nach Almendralejo oder, besser gesagt, es ist die Straße, die Sie nehmen sollten, um von Almendralejo zurück zur Vía de la Plata zu kommen.

Weiter geht es auf der Piste immer geradeaus, noch 7,4 km, bis die Piste eine Rechtskurve beschreibt, der Sie folgen. Achtung: Verlassen Sie die Piste hier nicht! Gehen Sie nicht geradeaus auf den Feldweg, der den Hügel hinaufführt! Auf der breiten Piste geht es noch 1,6 km weiter bis zu einer Pistenkreuzung, die kurioserweise mit einem Stopp-Schild versehen ist. Hier biegen Sie links auf eine andere breite Piste ab, die nach 1,5 km eine Bahnbrücke überquert und danach 500 m im Linksbogen zum Ortsanfang von Torremegía führt. Dort biegen Sie gleich rechts in die Straße Calzada Romana, was Römerstraße bedeutet - immerhin ein Hinweis auf die Römerstraße, von der ansonsten bisher nichts zu sehen war. 450 m geht es geradeaus, und dort, wo diese Straße - fast wieder am anderen Ortsende - zu einer baumbestandenen breiten Allee wird (35,3 km) und die Vía de la Plata geradeaus weiterführt, ist der Abzweig zur Pilgerherberge.

Herberge in Torremegía (rk)

Torremegía

⇧ 301 m, 1.900 Ew.

Von der Calle Calzada Romana biegen Sie links in die Calle José de Espronceda, die nach 200 m die alte Nationalstraße im Ortszentrum überquert. Halb links gegenüber gehen Sie in die Calle Grande, die 400 m zur Kirche und zum dahinter befindlichen Palast führt, in dem sich die Herberge befindet (35,9 km).

Touristische Herberge im ehemaligen Adelspalast der Lastra aus dem 15. Jh., die über 20 Betten verfügt. Es werden auch warme Speisen angeboten. Von dem unteren Aufenthaltsraum haben Sie einen wunderbaren Blick auf die Weinberge.

♦ Am Ende der Calle Grande, ☏ 924340487 und 630494993, Übernachtung € 14

In Torremegía gibt es außer der Herberge noch ein Notquartier, das die Stadt den Pilgern zur Verfügung stellt. Es handelt sich um einen Lagerraum, in dem man auf dem Boden schläft. Es gibt keine Matratzen und die Lage ist nicht gerade ruhig; man findet eine Toilette und ein Waschbecken, aber keine Dusche.

♦ Wenden Sie sich an die Lokalpolizei (Policía Local), die Ihnen den Raum zeigt und öffnet. Fragen Sie im Ort nach der Polizei oder rufen Sie an, ☏ 656883911.

Torremegía - Mérida (15,2 km, Karte S. 89)

⇔ **Etappenplanung**: Die Kürze dieser Etappe sollte Ihnen die Gelegenheit geben, die Sehenswürdigkeiten von Mérida zu besichtigen. Es gibt allerdings auch viele Pilger, die direkt durchstarten und bis in den nächsten Etappenort Aljucén weiterziehen, wo sich zweifellos die angenehmere Herberge befindet. Aber sollte man darum auf Mérida verzichten?

Bis Mérida gibt es keine **Wasserstelle**!

Die Kreuzung der Straßen Calzada Romana und José de Espronceda, 600 m von der Herberge entfernt, soll hier der Ausgangspunkt der Etappe sein (0 km). Auf der Calzada Romana gehen Sie nördlich 100 m bis zum Ortsende und geradeaus auf eine Piste. Passen Sie jetzt gut auf: Nach 300 m macht die Piste eine leichte Rechtskurve, die Vía de la Plata biegt aber am Anfang einer unregelmäßigen Olivenpflanzung halb links auf einen Feldweg ab, an einem Olivenbaum gibt es einen gelben Pfeil. Dieser Feldweg führt 300 m an die N-630 heran. Nun geht es auf einem Feldweg rechts neben der N-630 weiter, bis Sie nach 2 km auf einen alten, nicht mehr befahrenen Abschnitt der Nationalstraße wechseln.

Nach 900 m versperrt die Bahntrasse den Weg und wird überquert; dann geht es auf der alten Nationalstraße weiter, bis sie nach 600 m wieder in die neue einmündet, auf der es jetzt weitergeht. Glücklicherweise ist sie sehr wenig befahren, weil die meisten Fahrzeuge die parallel verlaufende Autobahn benutzen.

2,3 km steigt die Straße leicht an, und auf der Höhe (7 km), von der Mérida erstmals zu sehen ist, steigen Sie vor der Leitplanke rechts hinab auf einen Teil der alten Nationalstraße. 200 m gehen Sie im Bogen, und bevor Sie wieder die moderne N-630 betreten, gehen Sie rechts einen Pfad hinunter und zwischen einer Eukalyptus-Baumgruppe hindurch. Danach gehen Sie 50 m querfeldein bergab und stoßen dann auf eine Piste, die sich allmählich von der N-630 entfernt. Auf wechselnden Pisten geht es immer geradeaus, bis nach 2,7 km die Piste, auf der Sie sich befinden, leicht nach links führt, während der richtige Weg die etwas schmalere Piste ist, die geradeaus weiterführt. Auf dieser Piste geht es 1,2 km bergab, bis Sie an einer Ziegenfarm vorbeikommen und geradeaus auf einem Feldweg 600 m neben einem Zaun entlanggehen, bis dieser Weg in eine wirklich breite Piste einmündet.

Halb rechts geht es auf dieser Piste 2,1 km bis zum Stadtrand von Mérida, wo die Piste auf eine Straße am Ufer des Flusses **Guadiana** stößt, die Sie überqueren. Gegenüber geht es noch 100 m bis zur Uferpromenade, auf der Sie sich dann links wenden, um nach 600 m die berühmte Römerbrücke zu erreichen. Rechts geht es über die 600 m lange Brücke. Links am Flussufer entlang geht es nun zur Herberge, geradeaus geht der Jakobsweg weiter in Richtung Stadtzentrum (15,2 km).

Mérida ⇧ 217 m, 50.000 Ew.

i Avenida José Álvarez Saez de Buruaga, am Eingang zum römischen Monumentalkomplex, etwa 1 km von der Plaza de España entfernt, ☏ 924009730, täglich außer an Feiertagen, am Wochenende nur vormittags

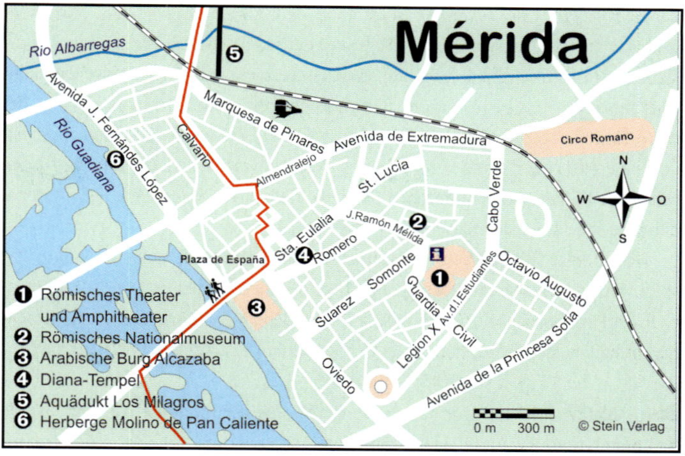

Um zur neuen Herberge zu kommen, gehen Sie nach der Römerbrücke links auf den Fußweg neben der Straße. Nach 70 m erreichen Sie zwei rote Treppen, die hinab zum Flussufer führen. Unten angekommen geht es rechts 300 m am Ufer entlang und unter einer Brücke hindurch. Nach weiteren 350 m sind Sie an der neuen Herberge. Sollte sie nicht offen sein, können Sie den Schüssel in einem Kiosk abholen, auf den Sie treffen, wenn Sie den Weg, den Sie gekommen sind, 200 m zurücklaufen bis Sie zu einer kleinen Brücke kommen, die Sie rechts überqueren.

Die nette Herberge Albergue del Molino de Pan Caliente wurde von der Stadt und den Pilgerfreunden der Extremadura in einer ehemaligen Mühle eingerichtet und hat 16 Betten und weitere 3 Matratzen, Duschen mit warmem Wasser, eine Mikrowelle und ein Spülbecken sowie eine Waschgelegenheit für Kleidung.

♦ Am Flussufer 700 m von der Römischen Brücke entfernt. Wenn sie noch nicht geöffnet ist, können Sie den Schüssel in einem nahen Kiosk abholen (Wegbeschreibung siehe oben) oder den Betreuer anrufen. ☏ 646216341, ständig, Übernachtung € 6

Im Jahr 25 v.Chr. wurde die Stadt unter dem Kaiser Augustus als Veteranenkolonie mit dem Namen Emerita Augusta gegründet. Bald wurde sie zur Hauptstadt der Provinz Lusitania erhoben, die den westlichen Teil der Iberischen Halbinsel umfasste. Insgesamt gab es 3 Provinzen: die große Tarraconensis mit der Hauptstadt Tarraco = Tarragona, die relativ kleine Bética = Andalusien und Lusitania. Bereits gegen Ende von Augustus' Regierungszeit gehörte Mérida zu den wichtigsten Städten des Römischen Reiches. Viele ihrer Monumente ließ Agrippa, der Schwiegersohn des Kaisers, errichten.

Heute zeigt sich die Stadt auf den ersten Blick als eine bescheidene Provinzstadt. Doch wegen ihrer überragenden historischen Bedeutung und den beeindruckenden römischen Ruinen, die ihr den Beinamen "Spaniens Rom" eingebracht haben, ist Mérida heute Sitz der Regierung der Region Extremadura.

⌘ **Nationalmuseum für Römische Kunst:** Dieses moderne Museum wurde von dem bekannten Architekten Rafael Moneo entworfen und zeigt auf beeindruckende Weise die bedeutendste Sammlung römischer Reste in Spanien.

♦ Calle José Ramón Melida, dem Fremdenverkehrsamt gegenüber, Di bis Sa 10:00 bis 14:00 u. 17:00 bis 19:00 (im Winter 16:00 bis 18:00), So 10:00 bis 14:00, Mo geschlossen, Eintritt € 2,40, Sa nachmittags und So gratis

Die Römerbrücke von Mérida bei Nacht (rk)

⌘ **Theater und Amphitheater**: Das Theater wurde um 20 v.Chr. unter Agrippa, dem Schwiegersohn des Kaisers Augustus, erbaut und fasste 6.000 Zuschauer. Die gelungene Rekonstruktion der zweistöckigen Rückwand hinter der Bühne mit 32 Marmorsäulen macht das Theater Méridas zu einer der schönsten römischen Anlagen in Spanien. Daneben befindet sich das Amphitheater, das 14.000 Zuschauern Platz bot.

♦ Der Eingang befindet sich direkt neben dem Fremdenverkehrsamt. ◨ täglich 9:30 bis 13:45 und 17:00 bis 19:15 (im Winter 16:00 bis 18:15), € 5,10. Es gibt eine Sammel-Eintrittskarte für € 7,20, die außer den beiden Theatern sieben andere Monumente abdeckt.

Mérida - Aljucén (17,3 km, Karte S. 89)

⇔ **Etappenplanung**: Ausgangspunkt dieser Etappe ist eigentlich die Römerbrücke, an deren Ende Sie geradeaus die Innenstadt betreten und wo es links zur Herberge abgeht.

Wer in der Herberge übernachtet und die Stadt schon ganz oder zum Teil gesehen hat, kann, wie unschwer aus dem beiliegenden Plan auf Seite 93 ersichtlich wird, ein gutes Stück abkürzen, wenn er zurück zum Weg will. Ansonsten gehen Sie zurück zur Römerbrücke und von da an der Maurenfestung Alcazaba entlang. Dort, wo die Straße nach rechts führt, gehen Sie links 50 m zum Hauptplatz Plaza de España.

Nun überqueren Sie die Plaza de España halb rechts und gehen gegenüber in die Calle Santa Julia. Nach 50 m macht diese Straße unweigerlich eine Rechtskurve, und nach weiteren 50 m biegen Sie links in die Calle del Arco, auf der Sie den Trajansbogen (Arco de Trajano) durchschreiten. Nach 50 m gehen Sie wieder rechts, 50 m bis zur Plaza de la Constitución und dort links 100 m durch die Travesía de Almendralejo, die auf die Calle Almendralejo stößt. Es geht links, nach 50 m wieder rechts in die Calle Calvario und diese 500 m bergab. Unten am Ende dieser Straße gehen Sie halb rechts auf einem Fußweg zur Bahnunterführung, durch den Tunnel und auf der anderen Seite 100 m links zur Fußgängerbrücke, die 200 m den Fluss Albarregas überquert.

Aquädukt Los Milagros (rj)

⌘ **Aquädukt Los Milagros:** Parallel zur Brücke verläuft auf der rechten Seite der römische Aquädukt, der die 800 m Senke des Flusses Albarregas überwindet und von dem 37 Pfeiler von etwa 25 m Höhe erhalten sind. Über diese Wasserleitung wurde einst das Wasser vom 5 km entfernten Stausee von Proserpina in die Stadt transportiert.

Vom Ende der Fußgängerbrücke gehen Sie geradeaus 100 m zu einem Kreisverkehr (1,7 km ab der Römerbrücke). Die Vía de la Plata führt dann halb links in die Avenida del Lago, über die Sie nach nur 100 m wieder zu einem Kreisverkehr kommen und geradeaus darüber hinweg die Stadt verlassen. Nach 1,4 km kommen Sie zu einem Kreisverkehr an der Kreuzung mit der Landstraße EX-209 (2,8 km) über die der Weg geradeaus hinwegführt.

Über den Kreisverkehr gehen Sie also geradeaus von Mérida weg Richtung Stausee (embalse) von Proserpina. Nach 700 m überqueren Sie die Autobahn, dann geht es 1,4 km leicht bergauf und 1,4 km wieder bergab bis zu einem Kreisverkehr in der Senke bei einer Wohnsiedlung und einem Campingplatz. Weiter geht es geradeaus 500 m zum Stausee und 400 m an der Staumauer entlang, an deren Ende es halb rechts auf einen Fußweg geht (7,2 km).

Blick auf den Stausee aus der Römerzeit (mk)

⌘ **Stausee von Proserpina**: Es handelt sich um den größten heute bekannten römischen Stausee, und er ist gemeinsam mit der Stadt Mérida von der Unesco zum Weltkulturerbe erklärt worden. Heute ist er ein beliebtes Naherholungsgebiet und man kann darin baden.

Auf dem schönen Fußweg geht es 1,2 km am Ufer entlang, wo sich zahlreiche Ausflugslokale aneinander reihen. Parallel dazu verläuft eine schmale Straße, die zwar nicht so viele Windungen beschreibt wie der Uferweg, aber auch lange nicht so schön ist. Schließlich folgen Sie dem Uferweg aber nicht mehr rechts über eine grüne Brücke, sondern gehen 50 m nach links zu der schmalen Straße, der Sie jetzt folgen müssen.

Die Straße entfernt sich vom Stausee und führt durch eine schöne Steineichenlandschaft mit vereinzelten großen Felsen. Nach 2,1 km kommen Sie an einem weißen Haus vorbei. Achten Sie jetzt gut auf den Abzweig: 200 m nach diesem Haus führt die Straße nach rechts, die Vía de la Plata aber geradeaus auf einen breiten Weg. Pfeile an den Bäumen zeigen den Weg, aber Achtung: Gehen Sie auf den Waldweg geradeaus, nicht auf die breitere Piste nach links!

Auf den nächsten 400 m gibt es viele Kreuz- und Querwege, aber es geht immer in gleicher Richtung, und die gelben Pfeile an den Bäumen sind eindeutig,

Auf dem Weg nach Aljucén (rj)

bis der Weg deutlicher an einem Zaun entlangführt. 3,1 km geht es nun durch eine schöne Steineichenlandschaft, in der Rinder- und Schweineherden weiden, bergauf und -ab bis zum Ortsanfang von **Carrascalejo** und 200 m geradeaus zum Kirchplatz (14,6 km).

Hinter der Kirche biegen Sie links in eine Piste, die den Ort sofort verlässt. 300 m geht es bergab und über einen Bach zu einer Pistenkreuzung, von der es halb rechts wieder bergauf geht. Nach 1 km unterqueren Sie die Autobahn und gehen weiter bergauf und -ab 1,2 km bis zum Ortsanfang von **Aljucén** 🏠 🛏 ✕ 🛒 ⚕. Geradeaus geht es in die erste Dorfstraße; nach 150 m biegen Sie rechts ab und kommen nach 50 m zur Hauptstraße vor der Dorfkirche (17,3 km). Die Vía de la Plata führt links bergab; zur Pilgerherberge gehen Sie rechts 100 m hinauf. Die Herberge befindet sich auf der linken Seite.

🏠 Einfache private Pilgerherberge mit 12 Betten und 3 Matratzen, 2 Bädern, Küche und Wohnzimmer, von zwei Herbergsbetreuerinnen geführt, die den Pilgern bei jedwedem Problem weiterhelfen. Sie bereiten auch Menüs zu, die in einem anderen Haus serviert werden. Allerdings überzeugte in der Vergangenheit das Preisleistungsverhältnis der Herberge nicht alle Pilger.

♦ An der Hauptstraße im oberen Ortsteil, ☏ 924312823 und 690060975, 🚪 ständig, € 9,50 für Übernachtung ohne Frühstück, Menü € 9,00

☺ In diesem Dorf soll übrigens Anfang 2007 ein Thermalbad eröffnet werden.

Aljucén - Alcuéscar (20,4 km, Karte S. 89)

Auf dem gesamten Weg gibt es keine **Wasserstelle**!

Von der Dorfkirche geht es auf der Hauptstraße 300 m hinab bis zum Ortsende. Dort folgen Sie der Straße in eine Rechtskurve und gehen weitere 1,1 km bis zur N-630, der Sie links 400 m bis vor eine Tankstelle folgen, in der Sie auch Kaffee und Wasser bekommen. Hier biegen Sie halb rechts in eine Piste, die in den Naturpark von Cornalvo hineinführt. Tatsächlich wird die Landschaft gleich sehr schön mit Wiesen und Steineichen, im Frühling auch mit vielen Blumen und Wasser. 3,4 km geht es geradeaus auf einer Piste, die gut mit gelben Pfeilen markiert ist. Dann durchqueren Sie ein Tor, und die Landschaft ändert sich wieder etwas: Jetzt säumen große runde Granitbrocken den Weg, zwischen denen Rinder- und Schafherden grasen. Nach 1 km steiniger Piste müssen Sie gut aufpassen, denn die gelben Pfeile lassen vermuten, dass Sie sofort querfeldein abbiegen müssen, das ist aber erst 50 m weiter der Fall, wo Sie von der Piste halb links auf einen breiten ansteigenden Weg abbiegen. 2,6 km gehen Sie auf diesem Weg, der bald zur Piste wird, geradeaus, wobei Sie zahlreiche Wegkreuzungen über- und einige Weidetore durchqueren, bis eine rote Schrift Fin del recorrido (Ende des Rundwegs) verkündet, womit natürlich der Wanderweg durch den Naturpark gemeint ist. Die Piste führt hier nach links, die Vía de la Plata zweigt dagegen halb rechts als breiter Weg ab, der nach 50 m einen Bach durchquert. Weiter geht es auf dem breiten Weg und nach 550 m durch ein Tor, hinter dem der Weg zu einer Schotterpiste wird, die zunächst anstrengend bergauf führt. Nach 1,5 km durchqueren Sie wieder ein Tor, nach dem die Landschaft offener wird und von Getreidefeldern geprägt ist und nur noch vereinzelte Steineichen aufweist.

Nach 2 km geht es wieder durch ein Tor, die Felder enden, und Buschland mit verstreuten Steineichen prägt jetzt den Weg. Nach 1,7 km kommen Sie zu einer Wegkreuzung mit dem schönen granitenen Wegkreuz von San Juan (14,6 km).

Sie folgen der Piste halb links, durchqueren nach 1,3 km einen Bach, und gehen dann 900 m bergauf, wo sich einige Bauernhöfe befinden. Auf der Höhe biegen Sie halb rechts in eine Piste ein.

Nach 1,7 km meist bergab gabelt sich die Piste und Sie gehen halb rechts. Es geht 500 m bergauf, dann gabelt sich die Piste erneut, und Sie gehen wieder halb rechts. Nach 800 m erreichen Sie den Ortsrand von Alcuéscar; Sie gehen die erste Straße links bergab und nach 300 m an ihrem Ende wieder links zur Kreuzung mit der Landstraße. Die Vía de la Plata geht halb rechts gegenüber weiter, und genau gegenüber befindet sich der Eingang zur Kongregation der Brüder von Maria und den Armen (Congregación de los Hermanos de María y de los Pobres), die sich um Arme und Kranke kümmert, aber auch Pilger aufnimmt (20,4 km).

Alcuéscar ⇧ 488 m, 3.200 Ew.

Niemand wird hier von den freundlichen Mönchen abgewiesen. Pilger werden normalerweise in 14 sehr kleinen Einzelzimmern mit Waschbecken untergebracht. Wenn die Zimmer nicht reichen, gibt es noch 8 Matratzen. Es steht ein Gemeinschaftsbad zur Verfügung. Sie können auch am gemeinsamen Abendessen teilnehmen, das ab 21:30 stattfindet.

♦ Am Ortsrand an der Landstraße, ☏ 927120024, ständig - Aber bitte lassen Sie den Mönchen ihre in Spanien heilige Siesta! Großzügige Spende

Alcuéscar - Aldea del Cano

(15,0 km, Karte S. 103)

Wie beschrieben geht es über die Landstraße hinweg und an der Kongregation vorbei gegenüber in die kleine Straße, die 300 m an den Sportanlagen entlangführt und dann zur Piste wird. Nach 500 m macht diese einen Linksbogen, der Weg führt aber halb rechts auf einer schmaleren Piste weiter. Nach 200 m geht es dann bei der nächsten Pistengabelung halb links. Nach 200 m folgen Sie auf der Hauptpiste einer Rechtskurve. Auf dieser Piste geht es nun 3,3 km immer geradeaus über verschiedene Wegkreuzungen hinweg; der Weg ist aber immer gut mit gelben Pfeilen markiert. Schließlich kommen Sie zu einer großen Wegkreuzung und gehen geradeaus auf einem breiten Weg zwischen zwei Zäunen und inmitten eines großen Steineichenwaldes.

Nach 1,1 km mündet dieser Weg in eine Piste, die halb rechts weiterführt. 1,2 km geht es dann geradeaus - rechter Hand ist durch die Bäume hindurch ein See auszumachen, und vor Ihnen sind bereits die Häuser des nächsten Dorfes zu sehen - dann wird die Piste zur Straße, die Sie aber nach nur 20 m rechts auf eine Piste verlassen. Nach 1 km überqueren Sie eine hübsche alte Brücke und treffen auf eine kleine Landstraße direkt am Ortsanfang von **Casas de Don Antonio** (8,1 km).

Ohne den Ort zu betreten, gehen Sie links auf die Landstraße und 700 m bis zur N-630; direkt daneben verläuft die Autobahn. Biegen Sie rechts ab und gehen Sie 2,5 km auf Wegen rechts neben der Nationalstraße bis zum berühmten römischen Meilenstein, der eine große Öffnung aufweist, weil er lange Zeit als Briefkasten eines nahe gelegenen Hauses diente.

Meditation: Atmen Sie hier die Atmosphäre der Vía de la Plata! Wenn Sie wollen, können Sie dazu den Stein berühren und vor Ihrem geistigen Auge die Jahrhunderte an sich vorbeiziehen lassen, die an diesem Stein vorbeigezogen sind.

Weiter geht es auf Wegen rechts neben der N-630, und nach 1,2 km über eine hübsche verwitterte Römerbrücke. Nach 200 m müssen Sie dann schließlich auf die andere Seite der N-630 hinüberwechseln, wo es jetzt links neben der Nationalstraße auf einer Piste weitergeht, die sich allmählich von der N-630 entfernt. Nach 1,6 km steht links am Weg wieder ein römischer Meilenstein, was ein sicheres Zeichen dafür ist, dass Sie sich auf der historischen Vía de la Plata befinden.

Nach 700 m, kurz nach einem großen frei stehenden Lagerhaus, kommen Sie zu einer Pistenkreuzung (15 km), wo die Vía de la Plata zwar geradeaus weiterführt, sich rechter Hand im Dorf **Aldea del Cano** aber eine Herberge befindet.

Sie verlassen den Wanderweg der Vía de la Plata, um rechts 500 m ins Dorf zur N-630 zu gehen. Genau an der Ecke links ist das Restaurant Las Vegas, das den Schlüssel für die Pilgerherberge hat, die sich ebenfalls hier an der Straßenkreuzung befindet. Die 2006 errichtete Herberge bietet 8 Betten, Duschen und eine kleine Küche

♦ An der N-630, Restaurant Las Vegas ☏ 927383004 und 927383037, ständig, € 3

Aldea del Cano - Cáceres

(23,2 km, Karte S. 103)

Von der Herberge in Aldea del Cano zurück zur Vía de la Plata können Sie den Weg etwas abkürzen: Zunächst gehen Sie auf der Piste in gleicher Richtung zurück, biegen aber sofort halb rechts auf eine andere Piste ab, die nach 350 m die Piste der Vía de la Plata erreicht, die hier kreuzt und vom oben genannten Abzweig 250 m zurückgelegt hat.

Wenn Sie nicht nach Aldea del Cano abgebogen sind, gehen Sie, wie oben beschrieben, auf der Piste der Vía de la Plata weiter geradeaus. Nach 250 m geht es über die Pistenkreuzung, wo von rechts der Weg von Aldea del Cano dazukommt. Weiter geht es geradeaus, über mehrere Kreuzungen hinweg, bis nach 1,5 km die Autobahn unterquert wird. Achtung: Hier gab es 2006 alte irreführende Pfeile. Folgen Sie also der folgenden Beschreibung: Danach geht es rechts bis nach 700 m ein Bach durchquert wird, der aber nur im Frühling Wasser führt; danach geht es bei einer Weggabelung halb rechts. Schauen Sie mal: Hinter der frei stehenden Eiche, an die der gelbe Pfeil gemalt ist, liegen zwei römische Meilensteine verwittert im Gras.

3,2 km geht es immer geradeaus - die Steineichen weichen allmählich bewirtschafteten Feldern - bis zum Flugplatz des Aeroclubs von Cáceres. 200 m geht es quer über die Rollbahn und zwischen den Wellblechhangars des Aeroclubs hindurch (5,7 km); es geht genau geradeaus. Nach 1,2 km auf einer Piste stehen Sie oben auf einem Hügel und sehen vorne Valdesalor liegen, auf das Sie gerade zugehen. Meist leicht bergab erreichen Sie nach 3,1 km das Flüsschen Salor, das Sie auf einer restaurierten, 200 m langen Römerbrücke überqueren. 1 km geht es auf das Dorf zu, über eine Straße und gegenüber auf einer Piste 200 m weiter geradeaus zur ersten Dorfstraße. Sie halten sich rechts und gleich wieder links und kommen nach 200 m an die Plaza de España (11,4 km), an der sich die Notunterkunft für Pilger befindet.

Valdesalor

Das saubere, weiße, adrette Dorf **Valdesalor** ist ganz funktionell angelegt und man merkt deutlich, dass es nicht sehr alt ist Tatsächlich wurde es vor etwa 40 Jahren als landschaftliche Siedlung neu gegründet, ist aber auch heute für Bewohner des nahe gelegenen Cáceres als Wohnsitz interessant.

Gleich links befindet sich das Seniorenlokal Hogar del Pensionista, wo es den Schlüssel für die Pilgerunterkunft gibt. Von diesem aus auf der gegenüberliegenden Seite des Platzes befindet sich im Rathaus die Notunterkunft. Dabei handelt es sich um einen Versammlungsraum des Dorfes, der keinerlei Service bietet und wo Sie auf dem Boden auf drei Sportmatratzen schlafen, falls noch eine übrig ist. Immerhin können Sie im Rathaus in einer recht guten Dusche duschen; den Schlüssel gibt es ebenfalls, sofern nicht ohnehin geöffnet ist, im Hogar del Pensionista,

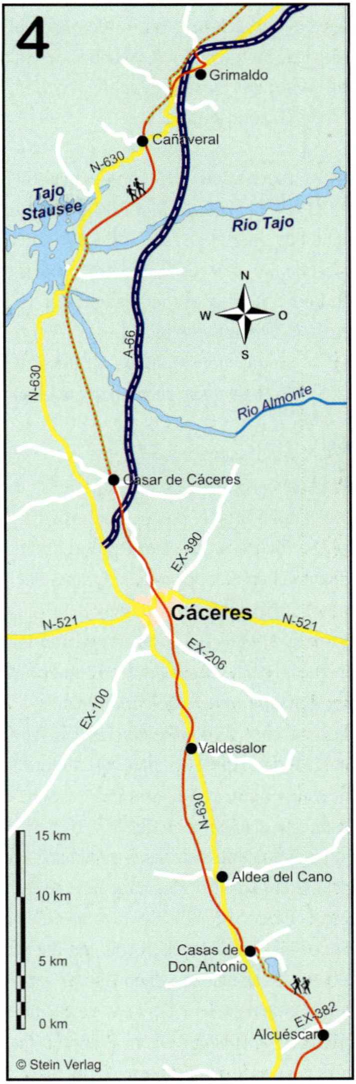

dessen Toiletten benutzt werden können. Sollte der Schlüssel dort nicht auffindbar sein, so fragen Sie in der Bar neben dem Rathaus.

♦ An der Plaza de España, kein ☏, Schlüssel im Hogar del Pensionista, ständig, gratis

? Nach den Beteuerungen des Bürgermeisters (☏ 927129775 und 927129711) soll bis Mai 2007 gleich neben dem oben genannten Rathaus eine neue Pilgerherberge mit 15 bis 20 Betten, Bad, aber wohl ohne Küche entstehen. Machen Sie sich vor Reiseantritt in den Updates zu diesem Buch (☞ Seite 37) und/oder in den vorhergegangenen Herbergen schlau, ob den glaubwürdigen Worten Taten gefolgt sind.

♦ Neben dem Rathaus an der Calle de Hernán Cortés Nr. 1, Näheres bei Redaktionsschluss noch unbekannt.

Valdesalor liegt an der N-630, neben der die Vía de la Plata von der Plaza de España 100 m zum Ortsrand führt. Weiter geht es 400 m auf der linken Seite der Nationalstraße, die Sie noch vor der Tankstelle überqueren, um auf der anderen Straßenseite auf einer Piste weiterzugehen. 2006 erreichte man nach 600 m eine noch im Bau befindliche Straße, die man bis 2006 überquerte. Ab 2007 wird diese Stelle vermutlich mittels einer linker Hand befindlichen Brücke überquert werden. 1,9 km steigt der Weg dann leicht an, bevor Sie eine Querstraße erreichen, die nach links wieder 150 m zurück zur N-630 führt. Danach geht es wieder genauso weiter wie vorher, nämlich auf einem Weg rechts neben der Straße, diesmal aber 250 m leicht bergab. Unten in der Senke durchqueren Sie links einen Tunnel, der 100 m auf die andere Straßenseite führt. Dort biegen Sie rechts auf einen breiten Weg ab, aber passen Sie gut auf: Es handelt sich nicht um die Piste, die direkt neben der N-630 verläuft, sondern um den Weg, der am Zaun entlangführt und sich dabei allmählich von der Nationalstraße entfernt.

1,2 km steigt der steinige, anstrengende Weg meist leicht an auf etwa 500 m Höhe. Oben kommen Sie der N-630 wieder nahe und gehen noch 600 m auf einer Piste links daneben, bis Sie die Nationalstraße dann überqueren. Auf der rechten Straßenseite gehen Sie auf einem schönen Fahrweg, der allmählich von der Nationalstraße weg- und genau auf das weithin sichtbare Cáceres zuführt. Nach 1,8 km, hinter einem größeren metallenen Strommast und kurz vor einem links liegenden Bauernhof, geht es nicht geradeaus auf die Anhöhe, sondern halb rechts auf eine Piste, die direkt auf die noch weit entfernte Altstadt zustrebt. Nach 700 m erreichen Sie eine Häusergruppe, wo die bisher einfache Piste einen solideren Belag bekommt. Nach 800 m beginnt die Stadt mit einem hässlichen Gewerbegebiet, das Sie 500 m durchqueren, bis Sie die breite Hauptstraße erreichen. Hier gehen Sie halb links, überqueren aber nach 100 m die breite Straße und gehen halb rechts in eine andere Straße, die in der gleichen Richtung weiterführt wie vorher die Straße durch das Gewerbegebiet. Immer am Stadtrand entlang passieren Sie nach 1 km den grauen modernen Justizpalast. Weiter geht es geradeaus auf der Straße Ronda de San Francisco auf die Altstadt zu.

Nach 900 m führt der Weg vor der Altstadt durch eine Senke, in der 2006 Bauarbeiten eine Wegbeschreibung unmöglich machten. Hier soll ein neuer Kreisverkehr entstehen. Im Prinzip müssen Sie aber durch die Senke (mit dem Kreisel) gehen und kommen auf der entgegengesetzten Seite in die Calle San Ildefonso, die steil hinauf in die Altstadt führt. Nach 300 m kommen Sie zu einem kleinen Platz, gehen an seinem Ende rechts und nach 50 m wieder links in die Calle Puerta de Mérida. Nach 100 m macht diese Straße eine Rechtskurve und führt 300 m bergab zum Stadttor Puerta de la Estrella, das Sie links durchqueren. Schließlich erreichen Sie über eine 50 m lange Treppe den Hauptplatz Plaza Mayor (23,2 km), wo sich gleich rechts das Fremdenverkehrsamt befindet. Über den Platz geht es zur Pension Carretero und weiter zu den Herbergen die unten näher beschrieben sind.

Cáceres ⇧ 439 m, 85.000 Ew.

Plaza Mayor, ☏ 927010834, jeden Tag außer an Feiertagen, Sa und So nur vormittags

Innerhalb der Mauern, die maurischen Ursprungs sind, erstreckt sich ein Monumentalbereich im gotischen und Renaissance-Stil aus dem 15. und 16. Jahrhundert, der insbesondere aufgrund seiner Homogenität einzigartig ist und darum in seiner Gesamtheit von der Unesco zum Weltkulturerbe der Menschheit erklärt wurde.

Als die damals noch islamische Stadt im Jahr 1170 vorübergehend in christliche Hände fiel, wurde hier der Orden der Jakobusritter gegründet, der sich den Schutz der Pilgerwege und die sogenannte Reconquista, die Eroberung des maurischen Spanien durch die Christen, zum Ziel setzte. Dass dieser Orden an der Vía de la Plata und nicht am Camino Francés, dem Haupt-Jakobsweg in Nordspanien entstand zeigt, dass seine Bedeutung eher politisch-militärische als religiöse Ursachen hatte. Wie auch immer, die Stadt wurde zunächst von den Mauren zurückerobert und erst 1220 definitiv dem christlichen Königreich León einverleibt.

Die Besichtigung von Cáceres beschränkt sich im Wesentlichen auf gemütliche Spaziergänge durch die Gassen der ummauerten Altstadt und auf das Verweilen auf dem großartigen Hauptplatz, den Sie sowohl tagsüber als auch am Abend besuchen sollten. Überraschenderweise bietet Cáceres nur wenige Monumente, deren Innenbesichtigung unbedingt zu empfehlen ist. Dennoch sollten Sie sich für Cáceres genügend Zeit nehmen.

✞ **Kathedrale**: Schöne spätgotische Kirche aus dem 16. Jahrhundert, an der Plaza de Santa María gelegen, dem monumentalen Zentrum der Altstadt.

♦ Plaza de Santa María, Mo bis Sa 10:00 bis 13:00 und 17:00 bis 20:00, So 10:00 bis 14:00 und 17:00 bis 20:00, Eintritt frei

Die Plaza Mayor von Cáceres (rj)

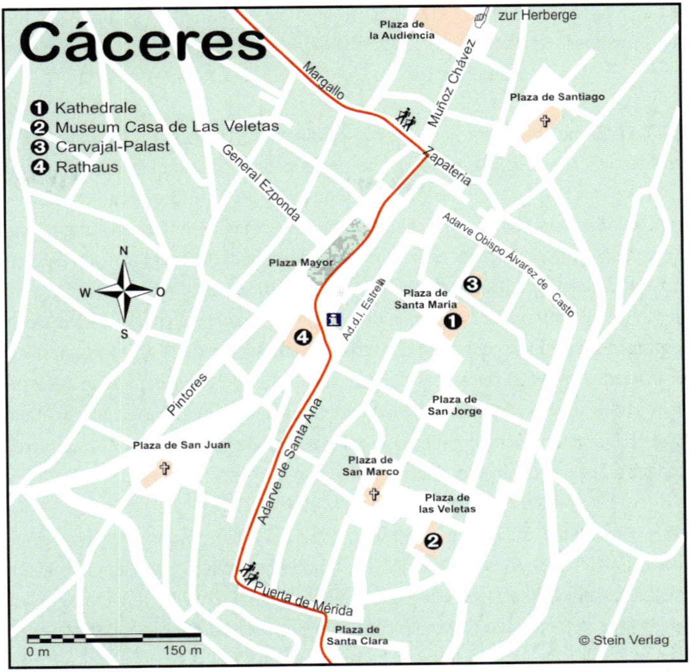

⌘ **Casa de Carvajal**: Adelspalast aus dem 15. und 16. Jahrhundert, in dem sich heute der Sitz der Tourismus- und Handwerksbehörde befindet, mit einer entsprechenden Kunsthandwerks-Ausstellung.

♦ Nahe der Plaza de Santa María, Mo bis Fr 10:00 bis 14:00 und 17:00 bis 21:00, Sa 10:00 bis 14:00 und 17.00 bis 20:00 So 10:00 bis 14:00, Eintritt frei

⌘ **Casa de las Veletas und Provinzmuseum**: Adelspalast aus dem 15. Jahrhundert über den Resten einer ehemaligen maurischen Festung. Im Innern befindet sich eine der besterhaltenen Zisternen der Welt, die arabischen Ursprungs ist und aus dem 11. Jahrhundert stammt. Das Museum zeigt archäologische Funde und Kunstwerke aus der Provinz Cáceres.

♦ Plaza de las Veletas, Di bis So 9:00 bis 14:30 und 17:00 bis 20:15 (im Winter 16:00 bis 19:15), So 10:15 bis 14:30, Mo und feiertags geschlossen, € 1,20, für EU-Bürger frei

☺ **Störche**: Vielleicht sind für Naturfreunde gar nicht die Monumente die größte Sehenswürdigkeit, sondern die unglaubliche Zahl von Störchen, die im Frühling und Frühsommer die Luft und sämtliche Turm-, Kirchen- und Palastspitzen bevölkern und auf den Dächern ihre Nester bauen. Die Extremadura ist die Region der Störche, die hier nicht vom Aussterben bedroht sind - ganz im Gegenteil - und besonders häufig in der Gegend um Cáceres anzutreffen sind. Sie werden in den Städten nicht nur geduldet, sondern sogar gehegt und bilden einen wichtigen Bestandteil der Fremdenverkehrswerbung in der Extremadura. Den Störchen ist es ausgezeichnet gelungen, sich an ihre neuen modernen Biotope anzupassen, und als Folge der Erwärmung des spanischen Klimas soll es heutzutage sogar schon Störche geben, die im Sommer nicht nach Afrika abwandern, sondern das ganze Jahr hier bleiben.

Städtische touristische Herberge mit 52 Liegen zumeist in Doppelzimmern, Cafeteria, Speisesaal, Internet-Raum und Klimaanlage, inmitten eines Parks im Gebäude der ehemaligen Philosophischen Fakultät. Der Weg zur Herberge wird am Anfang der nächsten Etappe erklärt. Sehr praktisch ist die Möglichkeit, hier in einem extra Raum auch nach dem Auschecken noch Gepäck einzulagern, um z.B. in Ruhe die Stadt zu besichtigen. Näheres zu der Herberge konnte zu Redaktionsschuss nicht in Erfahrung gebracht werden, da ein Pächterwechsel bevorstand.

♦ Avenida de la Universidad, 700 m von der Plaza Mayor entfernt, ☏ 927211254, ständig, Übernachtung mit Frühstück € 15,69 (Stand 2006)

Die Preise in der eben genannten Herberge werden vermutlich wieder so hoch sein, dass Sie sich überlegen können, ob Sie nicht gleich in eine preisgünstige Pension gehen wollen. Ich empfehle Ihnen die **Pension Carretero**, die direkt an der Plaza Mayor liegt. Sie kommen dort relativ günstig in einfachen aber angenehmen Zimmern unter. Sie sollten vorher reservieren. Es gibt aber auch weitere günstige Unterkünfte in der Stadt, wenn Sie etwas suchen.

♦ Plaza Mayor 22, Übernachtung in Einzelzimmer € 15, Doppelzimmer € 25, Dreibettzimmer € 35, ☏ 927247482

Cáceres - Casar de Cáceres

(11,2 km, Karte S. 103)

Sie überqueren den Hauptplatz von Cáceres in Längsrichtung und gehen auf der der Altstadt abgewandten Schmalseite durch das mittlere Sträßchen Calle Gabriel y Galán, welche leicht bergab führt. Nach 100 m geht es in die erste Straße links, die Calle Zapatería.

Weg zur Herberge: Wenn Sie hier, statt links abzubiegen, geradeaus gehen, befinden Sie sich auf dem Weg zur oben beschriebenen städtischen Herberge. Geradeaus heißt die weiterhin schmale Straße nun Calle Muñoz Chaves, die nach 250 m in die Avenida de San Blas einmündet. Diese wird bald breiter und erreicht nach 250 m das Parkgelände, wo Sie rechts 100 m zur Herberge gehen.

Passen Sie bei dem Weg aus der Stadt gut auf, denn hier verlaufen sich viele Pilger.

Wenn Sie dagegen, wie oben beschrieben, in die Calle Zapatería links einbiegen, befinden Sie sich auf der Vía de la Plata. Die Straße wechselt sogleich den Namen in Calle Sancti Espiritu und gleich darauf in Calle Margallo. 200 m nach dem Abzweig befindet sich rechter Hand die Privatherberge Las Veletas ☏ 927211210, € 20.

Weiter geht es 400 m geradeaus bis zu einer großen Straßenkreuzung vor der Stierkampfarena. Gegenüber gehen Sie links an der Arena vorbei in die Landstraße Richtung Casar de Cáceres. Auf der breiten Straße mit angenehmem Mittelstreifen geht es 500 m bergab bis zum Ortsausgang. Nach weiteren 500 m kreuzen Sie eine Schnellstraße. 2,5 km gehen Sie zuerst auf einem Schotterweg und dann auf der Landstraße weiter, bis Sie endlich halb links auf eine alte Fahrbahn einbiegen.

Nach 1,3 km, kurz bevor Sie der modernen Landstraße wieder nahe kommen, biegen Sie halb links auf einen Feldweg ab, der sich beträchtlich von der Landstraße entfernt.

Nach 2,6 km stoßen Sie auf die Autobahn. Bei dem provisorische Wegverlauf, von 2006, der sich sicher noch ändern wird, unterqueren Sie diese und gehen danach nach rechts. Nach 150 m erreichen Sie den Zubringer der Autobahn an deren Rand Sie entlanglaufen, bis Sie nach 100 m halb links auf einer Piste gehen können. 1,8 km gehen Sie nun zunächst an einem Zaun entlang gerade auf den Ort zu, am Ende rechts, um am Ortsanfang wieder auf die Landstraße zu stoßen. Sie gehen jedoch nicht auf der Landstraße in den Ort, sondern auf der schönen Fußgängerallee links daneben. Nach 600 m endet die Allee, und geradeaus geht es auf der Calle Larga Alta 500 m zur Plaza de España mit Rathaus und Pilgerherberge mit der Aufschrift Casa de Peregrinos (11,2 km).

Casar de Cáceres ⇧ 365 m, 4.000 Ew.

Etwas alte, aber angenehme und geräumige Herberge mit 20 Liegen, Küche, Aufenthaltsraum und warmen Duschen. Den Schlüssel gibt es bei der Lokalpolizei (Policía Local) oder in der Bar/Restaurante Majuca (Calle Larga Alta 7) rechts neben dem Rathaus. Abgegeben werden muss er morgens im Rathaus oder bei Majuca, wo auch günstige Pilgermenüs zubereitet werden.

♦ An der Plaza de España links in der Ecke, Lokalpolizei ☏ 609164048, Majuca ☏ 927290064, Rathaus ☏ 927290002, ständig, Übernachtung kostenlos

Störche in Casar de Cáceres (rk)

Casar de Cáceres - Tajo-Stausee

(22,4 km, Karte S. 103)

Für den Fall, dass Sie bis Cañaveral durchlaufen wollen, sollten Sie bedenken, dass es auf dem Weg **kein Trinkwasser** gibt.

Von der Plaza de España geht es weiter auf der Hauptstraße, die jetzt Calle Larga Baja heißt, Richtung Norden 500 m bis zum Ortsende, wo rechter Hand die Santiago-Kapelle steht. Kurz darauf zeigen zwei hölzerne Wegweiser Calzada Romana (Römerstraße) und Cañada Real (Viehtrift = Weideweg der Wanderherden) an. Auf der Piste geht es nun immer geradeaus durch eine Weidelandschaft mit vielen Rindern. Von diesem schönen hoch gelegenen Weg können Sie bereits am Horizont vor dem ersten Höhenzug Cañaveral ausmachen; bei klarer Luft können Sie sogar die noch weit dahinter liegenden Berge der Sierra de Gredos sehen, die mit fast 2.600 m Höhe die höchste Erhebung des Kastilischen Scheidegebirges darstellen und bis in den April hinein mit Schnee bedeckt sein können. Nach 8,2 km stehen rechts am Weg die Reste dreier römischer Meilensteine (8,7 km).

⌘ **Meilensteine**: Die römischen Meilensteine sind neben den Römerbrücken und dem gelegentlich sichtbaren Pflaster das auffälligste Merkmal der alten Vía de la Plata. Eine römische Meile (milia passuum) betrug etwa 1.480 m.

Morgensonne hinter Casar de Cáceres (rk)

300 m danach gibt es nach Durchquerung eines Tores eine Weggabelung, wo Sie halb rechts auf einen breiten Feldweg einbiegen. Die Landschaft wird immer ursprünglicher, mit verstreuten Felsbrocken, Büschen und vereinzelten Steineichen. Nach 700 m überqueren Sie einen Hügel und durchschreiten wieder ein Weidetor. Nach 1 km passieren Sie erneut ein Weidetor und kommen an einer Schaffarm vorbei, die rechts am Weg liegt. 400 m danach geht es geradeaus über eine Wegkreuzung hinweg und nach weiteren 200 m wieder durch ein Weidetor. Die Landschaft wird jetzt karger, denn es fehlen die Steineichen. Nach 600 m kommen Sie wieder durch ein Tor und gehen geradeaus zwischen zwei Feldmauern hindurch. Der schöne Weg führt nun meist bergab, und nach 1,6 km sehen Sie von einer kleinen Erhebung auf Höhe eines allein stehenden weißen Hauses hinunter ins Tal des Tajo (13,5 km).

Nach weiteren 900 m bergab zeigen Wegmarkierungen auf einem Betonpfeiler der Feldbegrenzung an, dass es **zwei Wegalternativen** gibt: entweder für Radfahrer geradeaus bis zur Nationalstraße und dort rechts oder für Wanderer rechts auf einen Pfad. Aber Achtung: Lassen Sie sich nicht täuschen! Diese Markierungen sind nämlich viel zu früh angebracht; der Abzweig befindet sich erst 400 m weiter nach Durchquerung eines Weidetores.

Biegen Sie auf keinen Fall zu früh ab, denn wegen der verfrühten Wegmarkierung haben sich hier schon viele Wanderer verlaufen!

Radfahrer, die den Wanderweg befahren wollen, sollten etwas Übung und nicht zu viel Gepäck mitbringen. Bei schlechten Sicht- oder Wetterverhältnissen sollten Sie lieber die Straße wählen. Wem der Weg schließlich zu schwierig wird, der kann zweimal über einen Pfad nach links zur Straße ausweichen.

Nach dem besagten Tor biegen Sie scharf rechts auf einen Pfad ab, dem Sie schön am Hang weit oberhalb der N-630 folgen, wobei es mehrmals auf und ab geht, bis der Pfad nach 2,2 km gut erkennbarer Strecke unvermeidlich auf die N-630 trifft (17 km). In gleicher Richtung folgen Sie der Nationalstraße, und nach 300 m überqueren Sie die 400 m lange Brücke über den aufgestauten Fluss **Almonte**. Zunächst gehen Sie weiter auf der N-630.

Nach 3,2 km überqueren Sie die 600 m lange Brücke über den **Tajo**. Danach steigt die N-630 aus dem Tal des Tajo hinauf, und nach 900 m sehen Sie linker

Hand an der Straße in schöner Lage über dem Stausee das ehemalige Hostal Miraltajo, wo heute Linda und Maarten ihre Gäste begrüßen (22,4 km).

Bei Linda und Maarten. Das pilgerfreundliche holländische Ehepaar praktiziert hier seit 2006 das Konzept eines alternativen Öko-Tourismus und bietet, wenn nicht gerade große Gruppen das Haus voll belegen, einige günstige Betten für Pilger an. Darüber hinaus werden hier auch Doppelzimmer und ein abendliches Tagesmenü angeboten, an dem nach Anmeldung auch Gäste von außerhalb teilnehmen können. Man spricht (inzwischen ☺) sehr gut Deutsch, was eine zu empfehlende telefonische Voranfrage bzw. Reservierung einfach macht.

- Ehemaliges Hostal Miraltajo unterhalb der N-630, ☏ 927192004 und 658568410, Frühjahr bis Herbst. Übernachtung mit Frühstück für Pilger ab € 15 pro Person, Doppelzimmer mit Frühstück € 50, Tagesmenü € 8 bis 9

Um zur Herberge zu kommen, gehen Sie links auf die Piste hinab, an dem Hostal von Linda und Maarten vorbei, und kommen nach 500 m an eine Weggabelung. Hier geht es links in einem Linksbogen 80 m zur Herberge. Wenn die touristische Herberge in Cáceres schon modern gestaltet war, so ist diese futuristisch.

Blick auf den Tajo-Stausee (mk)

Nicht nur der Baustil, der an einen Bunker erinnert, sonder auch die Einrichtung ist von der Stehlampe bis zum Duschkopf außerordentlich modern. Sicher wird dieser Stil, der wohl bewusst so gewählt worden ist, um die Natur besser zur Geltung kommen zu lassen, nicht jedem auf Anhieb gefallen. Die Herberge stellt aber zumindest eine Abwechslung dar und die Aussicht vom großen Aufenthaltsraum auf den See ist einfach phänomenal. Im Preis für die Übernachtung ist ein Frühstück inbegriffen, das man sich allerdings noch selber herrichten darf. Wer nichts Essbares mitgebracht hat, dem bietet sich manchmal die Möglichkeit, sich aus dem Lager der Herberge mit einigen Fertiggerichten zu versorgen und diese in der Mikrowelle aufzuwärmen. Die Herberge hat eine Bar. Insgesamt stehen 24 Betten in Zimmern mit je 4 bis 6 Betten zur Verfügung. Wer in die Herberge will, muss gewöhnlich bei einer der unten genannten Nummern anrufen und kann dann hoffen, dass ihm bald geöffnet wird, was allerdings bisher nicht immer der Fall war. Bleibt zu hoffen, dass die interessante Herberge, die 2005 eröffnet wurde, langfristig ein vernünftiges Konzept verwirklicht.

♦ Bunkerähnliches Gebäude 600 m unterhalb der N-630 nahe dem Tajo-Stausee, ☏ 927476034 und 680631543, ständig, Übernachtung mit Frühstück € 14 pro Person

Tajo-Stausee - Cañaveral

(11,8 km, Karte S. 103)

Dem Hostal gegenüber biegen Sie schließlich von der N-630 rechts auf eine steinige Piste ab, die 250 m steil und weitere 1,2 km weniger steil ansteigt, um das tief eingeschnittene Tajo-Tal wieder zu verlassen. Auf der Höhe geht es 2,5 km immer geradeaus, und nach einer Steigung wird wieder das Etappenziel Cañaveral sichtbar. Weitere 4,3 km geht es geradeaus, und wo am Ende einer kurzen Steigung die breitere Piste nach rechts auf die Autobahn zuführt, die hier der Vía de la Plata wieder ziemlich nahe kommt, gehen Sie geradeaus auf eine etwas schmalere, aber ebenfalls gute Piste. 1,4 km folgen Sie dieser Piste meist bergab. Nun kommen Sie an eine Weggabelung, wo die Römerstraße geradeaus weiterführt, während Sie nach Cañaveral halb links abzweigen.

Dies ist der richtige Weg, denn schon im Mittelalter bogen die Pilger hier ab, um sich in Cañaveral von den Strapazen auszuruhen.

Es geht also halb links einen breiten steinigen Weg 300 m sehr steil bergab bis zur Einmündung in eine Piste und auf dieser geradeaus nach 200 m über die Brücke San Benito aus dem 14. Jahrhundert. Dahinter geht es 500 m ziemlich steil bergauf zur N-630 am Ortsanfang von Cañaveral. Auf einem Fußgängerweg gehen Sie neben der Nationalstraße hinauf in den Ort, und nach 300 m zweigen Sie halb links in die Calle Monrobel ein, die 250 m hinauf zur Hauptkirche Santa Marina (13. bis 16. Jh.) führt.

San Benito-Brücke kurz vor Cañaveral (mk)

Cañaveral ⇧ 362 m, 1.700 Ew.

Rechts an der Hauptkirche vorbei geht es rechts in die Straße Calle de Centro und Sie folgen dieser 50 m. Wo die Calle de Centro einen Linksbogen macht gehen Sie auf derselben Straße 10 m weiter, bis Sie auf die Calle Real stoßen. Dieser folgen Sie 300 m bis zur N-630, auf der Sie links weitergehen. Nach 200 m haben Sie bereits rechter Hand die Calle de Gabriel y Galan passiert, in der die Herberge liegt und nun befindet sich rechts an der Straße das Hostal Málaga, wo Sie den Schlüssel für die Herberge bekommen (11,8 km).

Das Hostal Málaga bietet kleine Zweibettzimmer an. Sie haben ein kleines Bad und einen Fernseher. Es wird empfohlen, vorher zu reservieren. Das Hostal bietet auch Speisen an.

- Hostal Málaga, an der N-630 auf dem Weiterweg nach Norden (siehe unten), ☏ 927300067, Übernachtung € 15 pro Person

Die freundlichen Bürger von Cañaveral stellen den Pilgern nach vielen Bitten nun erfreulicherweise auch eine Pilgerherberge zur Verfügung. Sie erreichen diese, wenn Sie bei der Bar wieder ca. 50 m zurück bis zur Calle de Gabriel y Galan gehen, die nun links abgeht. Die Herberge befindet sich in einer Etagenwohnung in dem Haus mit der Nr. 3.

Sie hat ca. 6 Betten und 2 Matratzen, Aufenthaltsraum, Küche und Bad. Es wird um eine großzügige Spende gebeten, um dieses nicht selbstverständliche bürgerliche Engagement zu honorieren und auch den nachfolgenden Pilgern warmes Wasser und Heizung zu garantieren.

- In der Gabriel y Galan Nr.3, immer, Schlüssel im Hostal Málaga am Jakobsweg, Spende

Cañaveral - Grimaldo (8,0 km, Karte S. 103)

➲ **Grimaldo liegt nicht direkt an der Vía de la Plata**, sondern wird über einen Abstecher vom Wanderweg aus erreicht; Sie werden es also nur betreten, wenn Sie dort übernachten wollen. Trotzdem wird der Ort aus Gründen der Einfachheit hier als Etappenziel beschrieben. Wer den direkten Weg geht, ohne Grimaldo zu durchqueren, spart sich ca. 1 km Wegstrecke.

Am Hostal Málaga vorbei geht es auf der Nationalstraße 400 m bis zur Tankstelle am Ortsende und weitere 1,4 km auf der N-630, bis Sie schließlich links zur Kapelle San Cristóbal abbiegen können. Sie erreichen die Kapelle jedoch nicht, sondern gehen nach 50 m wieder rechts auf eine Piste, die geradeaus mit einigen Kurven teilweise an einer Mauer entlangführt, sich dann wieder von ihr entfernt und nach insgesamt 800 m schließlich auf eben diese Mauer stößt, an der es halb links weitergeht.

Nach 150 m gehen Sie an einer Wegkreuzung wieder halb links, nach 100 m an der nächsten Kreuzung rechts und dann 100 m im Linksbogen zu einer steilen breiten Schneise, die 200 m steil bergauf in Richtung auf eine große Antenne zuführt (Radfahrer schieben).

Dann wird der Weg wieder flacher und die breite Schneise zu einem normalen Waldweg, auf dem es 800 m am Hang entlanggeht, bis er in eine schmale Landstraße einmündet. Diese geht halb rechts bergab, wobei sehr viele sehr alte Korkeichen am Weg zu sehen sind. Nach 500 m endet diese Straße auf einer anderen, die rechts 300 m zur N-630 führt, neben der auch die Autobahn verläuft; rechter Hand befindet sich die Passhöhe Puerto de los Castaños (493 m).

Auf dem Weg nach Grimaldo (rj)

Vor der N-630 gehen Sie links an einem Club (!) vorbei auf einen Feldweg. Nach 20 m durchqueren Sie ein Weidetor und folgen nun einem Weg, der Sie nach 400 m durch einen Bach führt (5,4 km).

⇔ Es bleibt zu hoffen, dass sich der Wegverlauf in Zukunft verbessert. Bis dahin können ab hier nur **zwei Wege** angeboten werden, die beide jedoch nicht gut gekennzeichnet sind: Der erste Weg ist dann interessant, wenn Sie in Grimaldo übernachten oder die Bar besuchen wollen. Er ist einfacher zu finden, wenngleich er in der Vergangenheit nur bis zum Dorf markiert war. Auch ist er etwas länger und verläuft zu großen Teilen auf der Straße.

🚲 Für Radfahrer ist er deshalb sicher die einfachere Lösung. Allerdings ist anzunehmen, dass er in der Zukunft durch Straßenbauarbeiten etwas verändert werden wird.

Der zweite ca. 1 km kürzere Weg führt durch den Wald direkt weiter. Es ist eindeutig die schönere und schattigere Strecke, zum Teil allerdings nicht gut markiert. Sie können sich hier aber eigentlich nicht verlaufen.

❶ Für den **Weg über Grimaldo**, folgen Sie nach dem Bachlauf dem Pfeil auf dem Strommasten und den darauf folgenden teilweise untypisch hellen Pfeilen, bis Sie nach 1,5 km ein Metalltor durchqueren. Nach weiteren 60 m kommen Sie an einen Kreisverkehr. Sie überqueren diesen und gehen durch die gegenüberliegende Unterführung. Auf der wenig befahrenen Landstraße geht es 600 m weiter geradeaus, bis Sie den Fluss Rivera de Cáceres überqueren und nach weiteren 200 m das Dorf **Grimaldo** erreichen. Nach 150 m finden Sie rechter Hand die Herberge von Grimaldo 🏠 ✕ (8,0 km).

🏠 Die Herberge wurde von der freundlichen Nachbarschaft in Zusammenarbeit mit einer örtlichen Jugendgruppe und mit Unterstützung der deutschen St. Jakobusgesellschaft in Aachen hergerichtet. Den Schlüssel gibt es in der Bar Grimaldo, wo Sie auch essen können. Wenn die Bar geschlossen ist, können Sie den Wirt anrufen oder den Schlüssel bei Faustina im benachbarten Haus mit der Nr. 8 abholen.

Es gibt 3 Zimmer mit je 4 Betten sowie 2 Notmatratzen, eine Küche mit Mikrowelle, einen kleinen Aufenthaltsraum sowie eine Dusche mit Warmwasser.

Ein glänzendes Beispiel, wie die Zusammenarbeit von vielen fleißigen Händen eine Herberge geschaffen hat, die einfach aber vollkommen genügend ist. Sie dürfen dieses Engagement gern mit einer großzügigen Spende unterstützen.

♦ Neben der Bar Grimaldo an der N-630, ☏ Bar Grimaldo 927300460 und 927300246, ständig, Spende

❷ Auf dem **direkten Weg,** der nicht durch Grimaldo geht folgen Sie dagegen nicht den Pfeilen, sondern gehen scharf links querfeldein, bis Sie zu einem Zaun kommen, an dem entlang im größerem oder kleinerem Abstand ein Pfad verläuft, dem Sie immer rechts folgen. Hier gibt es zunächst nur wenige Pfeile und zum Teil verliert sich der Pfad auch ganz. Sie können sich aber nicht wirklich verlaufen, wenn Sie immer dem Zaun folgen bis Sie nach ca. 2,5 km auf ein Weidetor im Zaun stoßen, das Sie der Wegmarkierung folgend links durchqueren. Kurz danach überqueren Sie einen weiteren Bach und laufen auf dem Feldweg meist bergauf, bis Sie nach 1 km ein weiteres Weidetor durchqueren und auf eine Landstraße gelangen. Hier treffen Sie auf den Weg, der aus Grimaldo kommt. Sie durchqueren also auch das zweite Tor auf der anderen Seite und gehen auf einem Pfad an einem Zaun entlang.

☺ **Gelaufene Kilometer**: Nochmals zur Orientierung: Sie haben, falls Sie dem letzteren Weg gefolgt sind, im Verhältnis zum Weg über Grimaldo 1 km abgekürzt. D.h. bei der Berechnung der Kilometer ziehen Sie von allen hier genannten Gesamtstrecken 1 km ab.

Grimaldo - Galisteo (21,1 km, Karte S. 120)

❶ Von der Herberge in **Grimaldo** folgen Sie der Landstraße, auf der Sie gekommen sind. Nach 800 m verlassen Sie das Dorf und kommen schließlich an die Abzweigung nach Holguera. Hier gehen Sie links und nach 700 m unter der Autobahn hindurch. Nach weiteren 150 m erreichen Sie zwei Metalltore links und rechts der Straße. Hier treffen Sie wieder mit der Route, die an Grimaldo vorbeiführt, zusammen.

Sie durchqueren das rechte Metalltor und gehen auf einem Pfad an einen Zaun entlang.

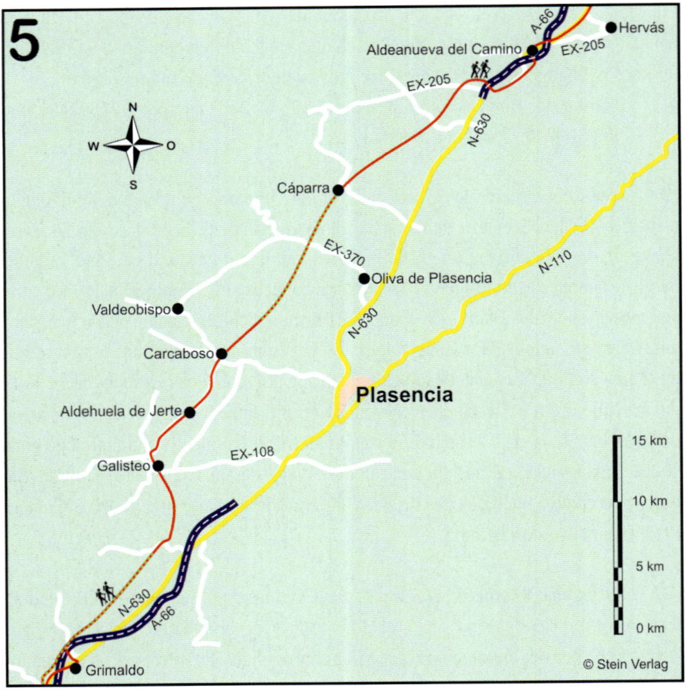

Gemeinsamer Weg: Nach 700 m geht es über eine Piste und gegenüber wieder durch ein kleines Feldtor auf den Pfad, der weiter am Zaun entlangführt. Nach 1,9 km ist der Weg oft kaum erkennbar führt aber immer am Zaun entlang. Nach weiteren 500 m durchqueren Sie ein großes Weidetor. 50 m danach geht es rechts neben einem Tor mit weißen Pfeilern geradeaus auf den Pfad, der jetzt zwischen zwei Zäunen verläuft, und - siehe da! - die großen, grob bearbeiteten, oft länglichen Stein weisen darauf hin, dass Sie sich direkt auf der Römerstraße befinden, die sich über die umliegende Ebene erhebt.

⌘ **Calzada Romana**: Die Römerstraßen waren wahre Meisterwerke des Straßenbaus. Sie bestanden aus mehreren Gesteinsschichten: Zuunterst größere Steine, die als Drainage dienten, darüber kamen kleinere Steine und dann fein gemahlenes Gestein oder Sand, was als Basis für das eigentliche Pflaster diente. Dabei wurde die Straße zur Mitte hin leicht erhöht, damit das Regenwasser abfließen konnte. Oben drauf kamen dann die bekannten großen Pflastersteine, und längliche Bordsteine bildeten die seitlichen Begrenzungen. Die Römerstraßen waren etwa 5 bis 6 m breit, und zu beiden Seiten befanden sich Gräben zum Auffangen des Regenwassers. Obwohl die Römerstraßen heute infolge der Erosion oft ausgegraben werden müssen, so befanden sie sich doch vor fast 2.000 Jahren oft über dem Niveau des umliegenden Landes, wie die Reste der Straße beweisen, auf denen jetzt die Vía de la Plata verläuft.

Auf römischem Pflaster unterwegs (rk)

Nach 600 m passieren Sie wieder ein einfaches Weidetor und gehen weiter geradeaus, ohne dass weitere römische Steine zu sehen sind, die aber ganz sicher unter Ihren Füßen begraben liegen. Nach 1,4 km geht es etwas steiler bergab; hier müssen Sie gut aufpassen: Nach 300 m gehen Sie nicht weiter auf dem bisherigen Weg hinunter, sondern Sie müssen durch ein kleines Tor im rechten Zaun gehen (5,9 km). Achtung: Dieses unscheinbare Tor kann leicht übersehen werden. Zu Ihrer Orientierung: Links neben dem Tor hängt ein Schild Coto Privado de Caza (privater Jagdgrund) und ein Steinquader, der in der Extremadura typischerweise als Wegweiser dient.

Es geht also durch das Tor und auf einem Pfad noch 150 m bergab. Unten in der Senke kommen Sie in einigem Abstand an einer links befindlichen Wasserstelle vorbei, die im Sommer austrocknet, aber gut erkennbar bleibt. Sollten Sie die Wasserstelle nämlich rechts von sich sehen, dann wissen Sie, dass Sie den Abzweig durch das Tor verpasst haben.

Weiter geht es geradeaus in der Nähe des linken Zaunes auf einem schmalen Pfad durch üppige Vegetation. Nach 300 m, genau links am Zaun, geht es gerade durch ein großes Tor, das gelbe Pfeile zeigt. Auf einem Weg geht es geradeaus über die Wiese, auf der möglicherweise schwarze Kühe weiden. Haben Sie keine Angst! Es sind keine wilden Stiere!

Es geht immer am linken Zaun entlang und nach 900 m durch das nächste Tor. Geradeaus geht es dann 800 m an einer Feldmauer entlang, und wieder durch ein Tor. Auf einem nun breiten Weg kommen Sie nach 700 m wieder zu einem Tor, das diesmal aber nicht geradeaus durchqueren, sondern Sie gehen links durch ein anderes, genau daneben befindliches Tor. Aber nach der Durchquerung dieses Tores folgen Sie dem breiten Weg nicht geradeaus, sondern gehen sofort rechts, in der gleichen Richtung wie vorher, auf einem Pfad auf der linken Seite der Feldmauer.

Nach 800 m gibt es rechts in der Mauer ein Tor, das Sie durchqueren, um dann in der gleichen Richtung wie bisher, nun aber auf der rechten Seite der Mauer weiterzugehen. Nach 800 m durchqueren Sie ein Tor. Der Weg wird jetzt breiter, und 1 km geht es leicht bergab. Rechts unten ist bald der römische Stausee von Ríolobos zu sehen. Schließlich führt der breitere Weg rechts von der Feldmauer weg, Sie aber bleiben auf dem schmaleren Weg neben der Mauer, der Sie 150 m nach links folgen, um dann wieder in der gleichen Richtung weiterzuführen wie vorher.

500 m geht es bergab; dann kommen Sie an eine Stelle, an der der ursprüngliche Weg abgerutscht ist. Sie können diese Stelle aber auch rechts durch die Senke ganz unproblematisch umgehen.

Noch 200 m geht es bergab; dann durchqueren Sie unten ein Tor, und links geht es auf eine Piste. Nach 100 m durchqueren Sie einen breiten, aber im Sommer trockenen Bach, hinter dem Ihre Piste in eine andere einmündet, der Sie in gleicher Richtung 100 m bis zum Beginn einer alten Straße folgen. Diese überqueren Sie jedoch geradeaus und gehen querfeldein 30 m zur neuen Landstraße und auf dieser rechts (12,5 km).

Nach 700 m auf der Straße biegen Sie links in eine Piste ein, die nach 100 m ein offenes Tor mit weißen Pfeilern durchquert und zum Landgut Valparaiso führt. 500 m geht es bergauf, und auf der Höhe, von der Sie das Etappenziel Galisteo in der Ferne erkennen, gibt es eine Pistengabelung: Eine Häusergruppe bleibt halb links liegen, stattdessen geht es auf die Piste halb rechts. 700 m geht es bergab, und unten im Tal folgen Sie der Hauptpiste, die einen Bach überquert und danach in gleicher Richtung weiterführt. Nach 900 m auf und ab überqueren Sie einen Bewässerungskanal, und gehen rechts am Kanal entlang.

Wo nach 800 m der Kanal und die Piste eine Rechtskurve machen, geht es scharf links auf eine Piste und links an landwirtschaftlichen Gebäuden vorbei. Auf den nächsten 700 m durchqueren Sie verschiedene Tore, und bei einem Teich gehen Sie halb links auf eine Schotterpiste. Es geht 800 m bergab, unten über eine Brücke und wieder 500 m bergauf. Dann müssen Sie gut aufpassen: Dort, wo eine alte Wasserleitung den Weg kreuzt und an einem Pfeiler ein gelber Pfeil gemalt ist, trennt sich der Weg. Gehen Sie geradeaus, so kommen Sie auf die historisch authentische Wegführung der Vía de la Plata, die heute jedoch identisch mit der Landstraße ist. Sie gehen links auf eine einfachen Piste, laufen dann zwar auch ein Stück auf der Straße kommen aber so an Galisteo vorbei. Nach nur 100 m wechseln Sie wieder auf eine andere Piste nach rechts.

Auf dieser Piste gehen Sie zuerst 400 m bergab, dann 300 m steil bergauf und schließlich 800 m ebenerdig in einem allmählichen weiten Rechtsbogen, bis Sie vor dem Ort Galisteo eine Landstraße überqueren. Gegenüber geht es auf eine Piste, die nach 200 m auf die erste Dorfstraße trifft. Sie überqueren diese und steigen geradeaus ein paar Stufen hoch bis vor die Bar/Restaurant Los Emigrantes, wo Sie auch übernachten können.

✕ Bar/Restaurant Los Emigrantes, am Ortseingang von Galisteo,
☏ 927452074 und 627504692, Übernachtung pro Person € 15 bis 20

Hier geht es die Straße links 250 m hinauf bis vor die beeindruckende Stadtmauer.

Wenn Sie zur Privatherberge El Trillo möchten, gehen Sie vor der Stadtmauer links auf die Straße Avenida Puente Romano. Ansonsten gehen Sie aber halb rechts durch das Stadttor, nach 20 m in die erste Straße links und nach 30 m wieder rechts in die Travesía del Rey, durch die Sie nach 100 m den Hauptplatz Plaza de España erreichen (20,4 km vom Abzweig bei Grimaldo, 21,1 km ab Grimaldo, 29 km ab Cañaveral).

Galisteo

⇧ 304 m, 1.900 Ew.

⌘ Stadtmauer: Galisteo ist vollständig von einer mittelalterlichen Stadtmauer umgeben, auf der man teilweise spazieren gehen kann.

Der 82-jährige Señor Pedro Serrano, der gleich rechts an der Plaza de España wohnt, verwaltet den Schlüssel. Vielleicht wird er Sie schon unterwegs abfangen. Die städtische Herberge liegt außerhalb des Ortes an der Vía de la Plata; der Weg dorthin ist bei der Wegbeschreibung der nächsten Etappe zu finden. Es handelt sich um eine einfache Herberge in ruhiger Lage, die in letzter Zeit neu hergerichtet wurde. Es gibt 4 Liegen in 2 Zimmern, eine warme Dusche und ein Esszimmer.

♦ 600 m von der Plaza de España entfernt, Schlüssel bei Pedro Serrano, Plaza de España Nr. 5, kein ☏, ständig, € 4

Blick auf Galisteo
mit seiner beeindruckenden mittelalterlichen Stadtmauer (rk)

Privatherberge El Trillo, mit 8 Liegen in 3 Zimmern (es sollen aber noch einige dazukommen), dazu Wohnzimmer, Küche und ein sauberes Bad. Zur Herberge gelangen Sie, indem Sie, wie oben beschrieben, nicht durch das Stadttor gehen, sondern davor links in die Avenida Puente Romano, wo Sie nach 300 m bergab linker Hand das Museo Rusticiana sehen, zu dem die Herberge gehört, die sich ganz in der Nähe befindet.

♦ Avenida Puente Romano, im Museo Rusticiana melden, ☏ 625691456, ständig, € 6

Von der Herberge zur Vía de la Plata gehen Sie einfach die Avenida Puente Romano weiter bergab; nach 200 m kommt von rechts der beschriebene Weg aus der Stadt dazu, und es geht weiter bergab.

☺ Es ist ratsam zu versuchen, am gleichen Tag noch bis Carcaboso weiterzugehen und dort zu übernachten, denn nur so können Sie am nächsten Tag Aldeanueva del Camino erreichen, es sei denn, Sie sind bereit, im Freien zu übernachten.

Galisteo - Carcaboso (10,8 km, Karte S. 120)

Auf der gegenüberliegenden Seite der Plaza España gehen Sie links in die Calle Gabriel y Galán und nach 50 m durch ein Stadttor halb rechts bergab in die Calle Huerto de los Olivos. Nach 300 m mündet die Straße in eine andere Asphaltstraße ein - von links kommt der Weg von der Herberge El Trillo dazu - und in gleicher Richtung geht es weiter geradeaus.

Nach weiteren 150 m kommen Sie zu einem Picknickplatz; rechts befindet sich nach 50 m die städtische Herberge, die etwas versteckt zwischen dem Fluss und dem Hang liegt; die Vía de la Plata führt aber auf der Straße geradeaus. Nach weiteren 150 m überqueren Sie die 100 m lange Römerbrücke über den Fluss **Jerte**. Gegenüber geht es 200 m steil bergauf, bis die Straße in eine andere Landstraße einmündet, auf der es in gleicher Richtung weitergeht. Auf dieser Straße geht es 4,5 km geradeaus zum Ortsanfang von **Aldehuela del Jerte** (5,5 km).

Gerade geht es 300 m durch den Ort und weiter auf der kleinen Landstraße, die jetzt etwas breiter wird; 4,7 km bis zur Einmündung in eine größere Landstraße am Ortsanfang von Carcaboso. Sie überqueren diese Straße und gehen gegenüber halb links 100 m hoch zur Kirche, vor der einige römische Reste ausgestellt sind.

An der Kirche vorbei gehen Sie 100 m weiter geradeaus in den Ort und dann links 100 m zur schmucklosen, aber zentralen Plaza de España, die hier als Etappenziel gelten soll (10,8 km). Hier führt die Vía de la Plata rechts in die Calle Pozo; geradeaus geht es dagegen in den zentralen Ortsteil.

Carcaboso ⇧ 269 m, 1.300 Ew.

Dort, wo Sie Carcaboso betreten, gehen Sie gleich links hinauf in den Ort. Nach 200 m ist auf der linken Seite die Bar Ruta de la Plata, die Elena gehört. Die ältere Dame kümmert sich in ihrer Wohnung mit 14 Betten in 5 Zimmern rührend um die Pilger. Es gibt 4 Badezimmer, ein Wohnzimmer mit Fernseher außerdem Waschmaschine und Wäschetrockner, Mikrowelle und Terrasse. Alles ist neu und sauber, Elena stellt Handtücher und Bettzeug zur Verfügung und macht morgens reichlich Kaffee.

- Bar Ruta de la Plata, Carretera de Plasencia 25, ☏ 927402075, ständig, Übernachtung € 9, Frühstück ab € 2

Um zur Notunterkunft zu kommen, folgen Sie der Carretera de Plasencia, an der auch die Bar Ruta de la Plata liegt, weiter in gleicher Richtung. Nach 180 m erreichen Sie das Restaurant Golondrinas, wo Sie die Schlüssel bekommen und wo es auch Essen gibt. Weiter geht es in gleicher Richtung 40 m bis zu einer Straße, auf die Sie halb links abbiegen. Sie gehen auf dieser 400 m bis zum Ende des Dorfes, wo Sie zwei Gebäudekomplexe links und rechts der Straße finden. Vor dem linken Gebäudekomplex geht es durch ein Tor und über einen Platz. Auf der anderen Seite geht es rechts durch eine Passage und Sie treffen sofort auf den Eingang der Notunterkunft. In der Notunterkunft finden Sie nichts außer Waschbecken, Toiletten und Duschen.

- Notunterkunft am Ortsende in der Sporthalle, Schlüssel im Restaurant Las Golondrinas, wo es auch Essen gibt, Carretera de Plasencia 59, ☏ 927402219 und 927402109, ständig, gratis

Carcaboso - Aldeanueva del Camino

(38,8 km, Karte S. 120)

⇔ **Etappenplanung**: Diese Etappe ist zweifellos sehr weit. Wer sich das nicht zutraut, hat folgende Möglichkeiten:

▷ Sie biegen bei Venta Quemada rechts in die Landstraße ab, die 5 km nach Oliva de Plasencia führt, wo es seit 2004 eine touristische Herberge gibt.

▷ Sehr romantisch ist auch eine Übernachtung im Freien nach 19,8 km unter dem römischen Bogen von Cáparra. Allerdings sollten Sie hierzu auch entsprechend ausgerüstet sein.

▷ Oder Sie gehen die ersten 31 km auf dem unten beschriebenen Weg, betreten dann die N-630 und versuchen, von dort per Anhalter die letzten 7 km ins Etappenziel Aldeanueva del Camino zurückzulegen, um am nächsten Tag wieder zurückzutrampen.

▷ Auch können Sie sich am Abend vom Wirt des Hostals Asturias in Jarilla beim Bogen von Cápara abholen lassen, der Sie allerdings normalerweise nicht zurückbringen wird. Am nächsten Tag gehen Sie dann entweder auf dem direkten Weg zurück zum Weg und "schwänzen" ein gutes Stück des Weges oder Sie trampen zurück (☏ 927477057, € 15,70 bis 18,80).

☺ Versuchen Sie doch einfach, den Weg mit einigen Pausen durchzulaufen. Sie können sich später immer noch anders entscheiden. Bedenken Sie, dass es eigentlich nur 8 Std. reine Gehzeit sind und rechnen Sie aus, wie viel Zeit Ihnen während des Tageslichts zur Verfügung stehen. Sie werden feststellen, dass Ihnen vielleicht doch genug Zeit bleibt.

Auf dem gesamten Weg gibt es keine **Wasserstelle**, aber nach 13,4 km können Sie im Dienstgebäude des Landguts Venta Quemada um Wasser bitten. Nach weiteren 19,8 km können Sie auch während der Öffnungszeiten des Informationszentrums von Cáparra in den Toiletten Wasser holen oder kühle Getränke aus den Getränkeautomaten kaufen. Versichern Sie sich aber unbedingt, ob dies geöffnet hat.

Von Elenas Privatunterkunft aus geht es 60 m auf der Straße in gleicher Richtung weiter, aus der Sie gekommen sind. Vor einem kleinen Park gehen Sie nun 20 m nach rechts und nach weiteren 20 m wieder nach rechts in Richtung Plaza de España, die Sie nach 90 m erreichen. Hier gehen Sie sofort nach links in die Calle Pozo, die nach 200 m, den gelben Pfeilen folgend, den Ort verlässt. Am Ortsende gehen Sie nicht geradeaus auf die Betonpiste, sondern halb rechts auf eine einfache Piste, die 200 m hinab zum Fluss **Jerte** führt, ihn überquert und 200 m weiter nach Osten verläuft, bevor die Piste eine 90°-Kurve nach Norden (nach links) macht.

Es gibt hier zwei Wegverläufe. Bei schlechtem Wetter, oder wenn es viel geregnet hat, gehen Sie jetzt besser 3,6 km immer geradeaus, bis die Piste auf die Landstraße einmündet und folgen dann der Wegbeschreibung ab dem Ende des nächsten Abschnitts. Dieser Weg ist 1 km kürzer, folgt allerdings nicht dem historischen und reizvolleren Wegverlauf der Vía de la Plata.

Der authentische Wegverlauf der Vía de la Plata führt nun 500 m am Bewässerungskanal entlang, dann überqueren Sie ihn nach rechts. Nach 1,4 km kommen Sie an eine Fabrikruine, wo Sie links abbiegen. Nach 170 m durchqueren Sie ein Tor. Achtung: Nach 700 m folgen Sie nicht dem Weg, der nach rechts geht, sondern gehen geradeaus durch ein Tor. Nach 350 m folgt ein weiteres Tor, das Sie durchqueren. Die Senke, die Sie hier linker Hand antreffen, ist ein Hohlweg, durch den früher die Vía de la Plata führte.

Der Weg schlängelt sich nun 1 km durch Korkeichen hindurch und erreicht dann wieder ein Feldtor, durch das Sie gehen. Nach weiteren 400 m durchqueren Sie ein weiteres. Bei Regen halten Sie sich hier etwas weiter links. Wieder nach 150 m kommen Sie durch ein letztes Tor auf eine Landstraße, neben der ein Wasserkanal verläuft. Hier treffen Sie wieder auf die oben erwähnte Schlechtwetterroute (5,7 km).

Es geht auf der Straße links, aber nach 100 m wieder rechts durch ein Tor auf eine breite Piste, die 1,4 km ansteigt, bis wieder ein großes Weidetor passiert wird. Dann müssen Sie gut aufpassen, denn 100 m danach zeigen Pfeile an, dass die Piste, die leicht nach links zieht, halb rechts querfeldein bzw. auf einen schwer erkennbaren Pfad verlassen wird. Nach 100 m kommen Sie der rechten Feldmauer nahe, der Sie jetzt immer geradeaus folgen.

1,2 km geht es auf Trampelpfaden auf der linken Seite der Mauer, bis eine andere Feldmauer den Weg kreuzt. Schauen Sie mal! Links neben dem Weg liegt im Gras ein alter römischer Meilenstein und auf der anderen Seite der Mauer liegen drei weitere. Hier gehen Sie rechts durch ein Tor in der rechten Feldmauer, die leicht erhöht auf - und vermutlich auch aus - den Resten der Vía de la Plata erbaut wurde. Sie wenden sich dann gleich wieder links, um in der gleichen Richtung wie bisher weiterzugehen.

Auf der rechten Seite der Feldmauer gehen Sie 1,8 km auf Trampelpfaden durch Stein- und Korkeichenwälder, bis Sie in eine sandige Piste einmünden, der Sie geradeaus 700 m folgen. Dann führt die Piste links durch ein Tor, Ihr Weg aber geht geradeaus weiter auf einem Pfad an der Mauer entlang. Auf den nächsten 2,3 km - immer auf der rechten Seite der Feldmauer - geht es durch verschiedene Weidetore, bis Sie schließlich eine Landstraße erreichen (13,4 km). Vorher müssen Sie jedoch noch einen niedrigeren Mauerrest überklettern. Gegenüber steht das Diensthaus des Landgutes Venta Quemada, wo Sie um Wasser bitten können.

Rechts über die Landstraße können Sie die 2004 eröffnete Privatherberge in Oliva de Plasencia erreichen, wo es 15 Betten gibt. Wenn Sie am nächsten Morgen zum Weg zurückwollen können Sie über einen direkten Weg, der nach 6 km zum Bogen von Cáparra führt abkürzen und machen so insgesamt einen Umweg von nur 6 km.

♦ Oliva de Plasencia, ☏ 927454775 und 647401877, ständig, Übernachtung mit Frühstück € 15

Ansonsten geht es gegenüber auf der Piste am Dienstgebäude des Gutes vorbei. Nach 50 m gibt es eine Pistengabelung, und Sie nehmen die rechte Piste, die zwischen zwei Feldmauern schnurstracks nach Norden führt. Die Mauern zu beiden Seiten sind etwa 75 m voneinander entfernt.

⌘ **Cañadas Reales**: Dieser Weg ist zweifellos als Sehenswürdigkeit zu bezeichnen. Sie befinden sich hier auf einer Cañada - dieses Wort haben Sie auf der Vía de la Plata schon oft gehört oder gelesen, ja ein Großteil der Vía de la Plata diente früher und dient teilweise auch heute noch als Cañada.

Cañadas sind Viehtriften, d.h. die Wege, die die Schafherden benutzten um die sogenannte Transhumanz, den Weidewechsel zwischen den Sommerweiden des Nordens und den Winterweiden des Südens zu vollziehen.

Auf dem Cañadas Reales (rk)

Die Schafzucht war im Spätmittelalter der entscheidende Wirtschaftsfaktor Kastiliens; gegen Ende des Mittelalters gab es etwa zwei Mio. Schafe, und dank seiner Wollausfuhren wurde Kastilien zu einem der reichsten Länder Europas. Das Funktionieren des Weidewechsels war darum von vitaler Bedeutung, und im 14. Jahrhundert wurden die wichtigsten Wege der Transhumanz - die Cañadas - gesetzlich geschützt. Die bedeutendsten Cañadas erhielten den Titel "königlich": Cañadas Reales.

Im Laufe der Jahrhunderte verloren die Cañadas an Bedeutung, aber noch heute wird in Spanien der Weidewechsel auf große Distanzen praktiziert, und seit einigen Jahrzehnten bemüht man sich, einige Cañadas zu reaktivieren.

Im Mittelalter war die Breite der Cañadas gesetzlich vorgeschrieben: 90 kastilische Ellen = ca. 75 m, aber im Zuge des Verfalls der Cañadas wurden sie von den anliegenden Landgütern immer mehr beschnitten, bis heutzutage meist nur noch eine breite Piste übrig geblieben ist. Eine Ausnahme bildet diese prächtige breite Cañada zwischen Venta Quemada und Cáparra, auf der Sie sich jetzt befinden.

Nach 5 km endet die breite Cañada, und der Weg führt als Schotterpiste weiter geradeaus. Nach weiteren 2 km führt diese Piste bei einer Häusergruppe nach rechts, die Vía de la Plata aber geradeaus als breiter, von üppiger Vegetation umgebener Weg. Nach 500 m durchqueren Sie ein Tor, und der Weg führt zwischen römischen Ruinen hindurch 100 m zum beeindruckenden römischen Bogen von Cáparra (19,8 km).

⌘ **Cáparra:** Im Jahr 74 n.Chr. erhielt Cáparra die Stadtrechte. Cáparra wurde zwar keine bedeutende Stadt, aber immerhin ein wichtiger Etappenort an der Römerstraße, denn es war die einzige Stadt zwischen Tajo und Kastilischem Scheidegebirge.

Informationszentrum: Wenn Sie direkt im Bogen rechts gehen und dem Weg 250 m folgen, kommen Sie an ein gut gemachtes Informationszentrum. Meines Erachtens ist es hier aber versäumt worden an die zu denken, die die Vía de la Plata erst mit Leben erfüllen, nämlich an die Jakobuspilger.

Der römische Bogen von Cáparra (rj)

Zweifelsohne ist aber die Übernachtung unter dem Bogen von Cáparra ein außergewöhnliches und unvergessliches Erlebnis. Bedenken Sie aber bitte, dass es in der Extremadura des Nachts gelegentlich auch kalt werden kann. Was dem Pilger aber auf jeden Fall zugute kommt ist der Umstand, dass es hier einen Getränkeautomaten und ein WC mit fließend **Wasser** gibt. Achtung! Beides ist nur während der Öffnungszeiten zugänglich. Im Zweifelsfall rufen Sie vorher besser an.

♦ 250 m rechts über den Hügel neben dem Bogen, ☏ 924381930, im Sommer: Di bis Sa 10:00 bis 14:00 und 17:00 bis 19:00, So 10:00 bis 14:00, Mo geschlossen, im Winter: Di bis Sa 10:00 bis 14:00 und 16:00 bis 18:00, So 10:00 bis 14:00, Mo geschlossen

Durch den Bogen geht es auf einer breiten Piste 300 m bergab, über eine Landstraße und gegenüber halb rechts auf einen breiten Weg zwischen zwei Feldmauern. Nach 1,8 km durchqueren Sie zwischen einer Mauer und einem Zaun ein Tor und gehen geradeaus auf einem Fahrweg über eine Weide. Auf wechselnden Wegen, die im Einzelnen hier schwer zu beschreiben sind, geht es immer geradeaus; nach 2,2 km durchqueren Sie einen Bach, nach weiteren 700 m noch einmal, und nach 600 m erreichen Sie schließlich eine Straße (25,4 km). Auf der Straße geht es halb links, aber eigentlich handelt es sich gar nicht um Straßen, sondern um landwirtschaftl. Nutzwege, die hier dank großzügiger Subventionen wie richtige Straßen angelegt wurden. Autoverkehr ist hier also kaum zu erwarten. Sie können aber auch einen Teil der Strecke auf Trampelpfaden neben der Straße laufen. Nach 2 km mündet von rechts eine Straße ein; die gelben Pfeile sind hier etwas unglücklich und verwirrend angebracht, es geht aber einfach geradeaus weiter auf die Berge zu. Nach 2,2 km mündet die Straße in eine andere ein, die auch nicht breiter ist, bei der es sich aber um eine echte Landstraße handelt, auf der mit Autoverkehr zu rechnen ist. Es geht halb rechts. Nach 600 m macht die Landstraße einen Rechtsbogen, die markierte Vía de la Plata führt aber geradeaus auf eine einfachere Straße bzw. auf einen asphaltierten landwirtschaftlichen Nutzweg, der nach 2 km, kurz vor der N-630, endet. Der Weg führt vom Ende der Straße geradeaus hinab zum Bach **Ambroz**, den Sie durchwaten, sofern es der Wasserstand zulässt (sonst müssen Sie auf die N-630 ausweichen) (32,2 km).

☺ Sicher wird sich der **Verlauf des Weges in Zukunft etwas verändern**, aber im Moment können nur zwei Routen beschreiben werden. Beide sind gleich lang.

Der erste Weg, der hier beschrieben wird, ist der offizielle, der allerdings auch sehr provisorisch wirkt und leider großenteils auf der Straße verläuft. Der zweite Weg ist der alte Weg, der jedoch zumindest bis 2006 noch begehbar war. Radfahrern empfehle ich die erste Route, da bei der zweiten Tore passiert werden, die nicht garantiert geöffnet sind.

Hier **die offizielle Route**: Nachdem Sie den Bach überquert haben, gehen Sie geradeaus, bis Sie nach 500 m an eine Landstraße gelangen. Achtung: Hier gehen Sie nicht in die gleiche Richtung geradeaus weiter, sondern scharf rechts nach oben in Richtung Bundesstraße, die Sie nach 200 m überqueren. Auf der alten Piste, die daneben verläuft, gehen Sie dann 750 m, bis diese zur Schotterpiste und nach unten führt. Hier müssen Sie erneut aufpassen, denn der Steinquader zeigt (jedenfalls bis 2006) hier die falsche Richtung an. Sie gehen unter der Straße links hindurch und treffen nach 150 m neben einer Raststätte auf eine Straße, die Sie überqueren. Nach 200 m gelangen Sie dann an einen Kreisverkehr den Sie überqueren und in Richtung Aldeanueva del Camino verlassen. Auf der Straße, die zum Teil parallel neben der Autobahn verläuft, gehen Sie nun 4 km und dann nach dem Ortsschild sofort rechts. Nach 400 m erreichen Sie eine Kreuzung, die Sie überqueren. An dieser Kreuzung finden Sie ein Übersichts-Kachelbild der Vía de la Plata. Nach 400 m befindet sich links an der Straße die auffallend gelbe Pilgerherberge (38,8 km).

Kachelbild von der Vía de la Plata (rj)

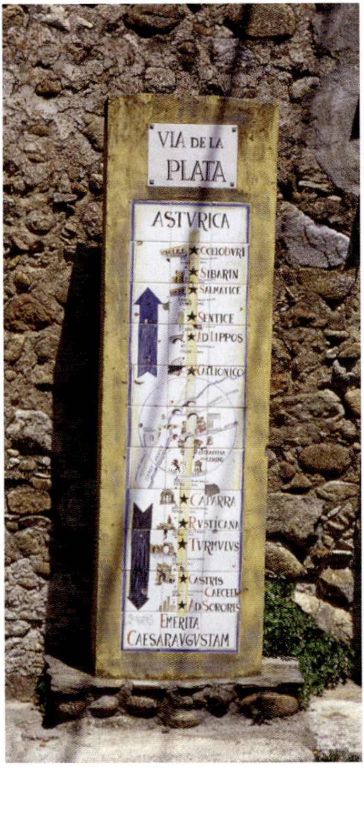

Zwischen Cáparra und Aldeanueva del Camino (rk)

Die **alte Wegstrecke** verläuft wie folgt: Am anderen Ufer geht es rechts unter der Nationalstraßenbrücke hindurch 100 m bis zu einem alten Metalltor das 2006 offen stand. Danach ist der Weg über die Wiese nicht gut auszumachen. Orientieren Sie sich darum zuerst gut, bevor Sie weitergehen!

Es geht halb rechts über die Wiese auf einen 150 m entfernten Beton-Strommast zu, an dem sich ein gelber Pfeil befindet. Von diesem Mast geht es in gleicher Richtung weiter über die Wiese. Nach 150 m ist an der gegenüberliegenden Feldmauer ein gelber Pfeil zu sehen; dort geht es jedoch nicht über die Mauer, sondern etwa 10 m rechts daneben klettern Sie über einen etwa einen Meter hohen Mauerrest.

Auf der anderen Seite geht es 100 m am Zaun geradeaus, dann zeigt ein gelber Pfeil am linken Tor, dass der Weg stimmt. Hier geht es jedoch halb rechts auf einen Feldweg, der aus dem besagten Tor kommt. Nach 50 m gibt es am ersten Baum wieder einen Pfeil, der anzeigt, dass der Weg richtig ist. Nach 900 m erreichen Sie ein Tor, das gelegentlich verschlossen ist, aber 20 m rechts davon können Sie an der Mauerecke über die 1 m hohe Mauer klettern.

Sie erreichen eine Wegkreuzung, wo es halb links zwischen Feldmauern hindurch weitergeht. Nach 2,2 km auf diesem Weg kommen Sie an einem orangefarbenen Häuschen vorbei, bei dem es sich um eine Hirtenherberge der Cañada Vía de la Plata handelt, auf der Sie sich hier befinden. Geradeaus durchqueren Sie nach 800 m einen Bach, hinter dem es 400 m immer steiler bergauf geht. Oben mündet der Weg in eine Piste, auf der es 700 m weitergeht, bis Sie auf die Autobahn treffen und einer Schotterpiste rechts daneben 600 m folgen. Diese trifft nach einem Rechtsbogen auf eine Landstraße, auf der Sie scharf links über die Autobahn hinweggehen und nach 500 m den Ortsanfang von Aldeanueva del

Camino erreichen. In die erste Straße, die Avenida de las Olivas, biegen Sie rechts ab; an dieser Kreuzung steht ein Übersichts-Kachelbild der Vía de la Plata.

Nach 400 m befindet sich links an der Straße die auffallend gelbe Pilgerherberge (39,3 km).

Aldeanueva del Camino

⇧ 524 m, 1.000 Ew.

Angenehme Herberge mit 4 Betten im Erdgeschoss und 6 Betten im ersten Stock sowie je einem Bad und einer Kochnische. Den Schlüssel gibt es bei der Nachbarin Balbina im Haus mit der Nr. 42, das auf der gleichen Straßenseite zwei Häuser unterhalb der Herberge liegt.

♦ Avenida de las Olivas Nr. 52, Rathaus ☏ 927484048,
Balbina ☏ 927479032, ständig, Spende

Sollten Sie die Herberge bereits ausgebucht vorfinden, da Sie nach dem langen Marsch etwas später angekommen sind, können Sie auch im Hostal und Restaurant Montesol am Ortsausgang günstig unterkommen. Hier gibt es kleine aber passable Zimmer zu Pilgerpreisen. Die Wegbeschreibung finden Sie am Anfang der folgenden Etappe.

♦ Nach dem Ortsausgang an der N-630, ☏ 927484335, Übernachtung € 12

Aldeanueva del Camino - Baños de Montemayor

(9,9 km, Karte S. 137, Profil S. 136)

Von der Herberge gehen Sie auf der Dorfstraße geradeaus nach 150 m über die Plaza del Mercado und nach weiteren 100 m über den Rathausplatz. Gerade geht es an der Kirche vorbei, und nach 600 m treffen Sie am Ortsende auf die N-630, der Sie in gleicher Richtung folgen.

Nach 200 m kommen Sie zum Hostal/Restaurant Montesoll wo Sie essen und übernachten können. Nach weiteren 400 m erreichen Sie einen Kreisverkehr, den Sie halb rechts gegenüber verlassen, wo die Landstraße EX205 nach Hervás ausgeschildert ist.

➲ In **Hervás** ⌘ 🏠 können Sie übrigens ein jüdisches Stadtviertel und einige sehenswerte Museen besuchen. Es gibt hier auch eine sehr gepflegte touristische Herberge, die in einem alten Bahnhof eingerichtet ist. Der Umweg beträgt ca. 7 km.

🏠 Im alten Bahnhof, ☏ 927473470 und 639402583, ständig, Übernachtung mit Frühstück € 15

Von hier aus gehen Sie 250 m über die Autobahn zum nächsten Kreisverkehr, bei dem Sie links abbiegen. Nach 500 m zweigt halb rechts die besagte Landstraße Richtung Hervás ab, Ihr Weg folgt aber der N-630 geradeaus.

Glücklicherweise gibt es dank der nahen Autobahn kaum Verkehr auf der Nationalstraße, so dass die folgenden 7,3 km auf Asphalt ganz ruhig sind. Am Ortsanfang von Baños de Montemayor biegen Sie bei der Kirche Santa María de Asunción halb rechts ab, und zwar in die Straße, die links an der Kirche vorbeiführt. Auf der Dorfstraße geht es 400 m bis zum Rathausplatz (9,9 km).

Baños de Montemayor

⇧ 695 m, 1.000 Ew.

🏠 Hinter dem Rathaus gehen Sie rechts und überqueren nach 100 m die Plaza de Pizarro; gegenüber geht es 100 m Stufen hoch und oben rechts in die Calle Castañar, wo sich nach 100 m rechter Hand das Informationszentrum (Cen-

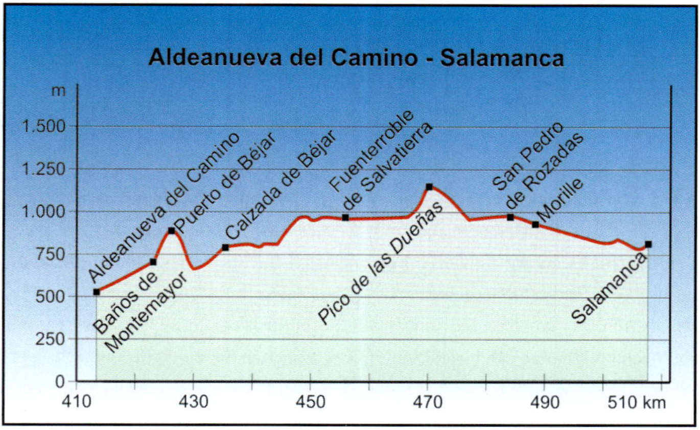

tro de Interpretación) der Vía de la Plata befindet, in dem auch die Herberge untergebracht ist (10,2 km).

Es handelt sich um eine ausgezeichnete touristische Herberge mit 12 Betten in 3 Zimmern, guten Bädern, Aufenthaltsraum und Garten. Das Frühstück bereiten sich die Pilger selber zu.

♦ Calle Castañar 40,
☏ 679228208 (Vicente Blanco). Sie können auch im Informationszentrum anrufen:
☏ 923020328, ⍈ März bis September immer, Oktober bis Februar nur am Wochenende, besser Sie rufen vorher an und reservieren. Übernachtung mit Frühstück € 10

⌘ **Informationszentrum über die Vía de la Plata**: Auf das Centro de Interpretación muss hier extra hingewiesen werden, weil der Besuch unbedingt zu empfehlen ist. Auf anschauliche Weise werden die Geschichte und die Bedeutung der Vía de la Plata erklärt.

♦ Calle Castañar 38,
☏ 923428374, ⍈ Di bis Sa 10:00 bis 14:00 und 16:00 bis 18:00, So 10:00 bis 14:00. Wer hier übernachtet, kann es ohne zeitliche Einschränkung besuchen, Eintritt frei

Kastilien und León

Auf der folgenden Etappe überqueren Sie die Grenze zwischen den Regionen Extremadura und Kastilien und León (Castilla y León). Puerto de Béjar ist der erste Ort in der spanischen Region Castilla y León, die neun Provinzen umfasst: Ávila, Burgos, León, Palencia, Salamanca, Segovia, Soria, Valladolid und Zamora. Es ist die größte aller spanischen Regionen und aufgrund ihrer historischen Bedeutung eigentlich der Inbegriff Spaniens, zumindest für die Spanier, während viele Ausländer glauben, dass Andalusien am typischsten spanisch sei.

Die Vía de la Plata durchzieht die Provinzen Salamanca, Zamora und León, die historisch eigentlich gar nicht zu Kastilien gehörten, sondern zum alten Königreich León. Darum hier ein Rückblick in die Geschichte:

Nach der Invasion der Iberischen Halbinsel durch die Araber im Jahr 711 wurden die letzten christlichen Widerstandsnester in die nördlichen Bergregionen zurückgedrängt, wo die Christen unter ihrem Heerführer Pelayo nach der siegreichen Schlacht von Covadonga im Jahr 722 das Königreich Asturien gründeten. Damit wurde der spanische Mythos der Reconquista begründet, der Wiedereroberung der Iberischen Halbinsel durch die Christen.

Die Beziehung zur Heilsgeschichte, die dem jungen Königreich zusätzliche Legitimation im Kampf gegen die Mauren einbringen sollte, wurde Anfang des 9. Jh.s durch die Entdeckung des Jakobusgrabes hergestellt, das damals im asturischen Einflussbereich lag. Das Königreich Asturien konsolidierte sich sehr schnell: Schon Ende des 8. Jh.s konnte der Schutz der Berge aufgegeben werden, und Oviedo wurde zur Hauptstadt. Das Reich expandierte weiter nach Süden, und bereits im Jahr 914 wurde die Hauptstadt nach León verlegt, von wo aus im 11. Jahrhundert die Territorien der heutigen Provinzen Zamora und Salamanca erobert wurden. Bis Mitte des 11. Jahrhunderts war das Königreich León die führende Macht unter den christlichen Königreichen des Nordens, bis diese Vorherrschaft an das noch junge Königreich Kastilien überging. Beide Reiche vereinten sich im Jahr 1230 und setzten gemeinsam die Eroberung des Südens der Iberischen Halbinsel fort.

Die typische Landschaft der Region Castilla y León ist die Meseta, die Hochebene zwischen 600 und 900 m. Die Höhenlage hat zur Folge, dass es hier erheblich kühler ist als in den südlichen Regionen. Die Winter sind kalt, und auch die Zwischenjahreszeiten sind nicht mehr so angenehm wie im Süden. Nachtfrost kann es von Oktober bis Mai geben, die Sommernächte sind kühl, und nur im Hochsommer kann es tagsüber bullig heiß werden, was das kastilische Stichwort begründet hat: Nueve meses de invierno y tres meses de infierno (Neun Monate Winter und drei Monate Hölle). Oder auch dieses: Hasta el cuarenta de mayo no te quites el sayo (Zieh dir bis zum 40. Mai nicht den Mantel aus).

Baños de Montemayor - Calzada de Béjar (12,5 km, Karte S. 137, Profil S. 136)

Am Rathaus vorbei geht es am Ende des Platzes links in die Calle Castillejos, aber nach nur 30 m wieder rechts durch eine schmale, steil ansteigende Straße 200 m bis zum Ortsende zur N-630, die sich hier in Serpentinen heraufwindet. Die Nationalstraße wird kaum betreten, dann geht es auf den restaurierten alten Römerweg rechts daneben. Auf diesem schönen Weg (Radfahrer bleiben besser auf der Nationalstraße) gehen Sie 1,2 km steil hinauf, bis Sie unweigerlich auf der N-630 weitergehen müssen. Nach 200 m passieren Sie die Provinzgrenze, und nach weiteren 1,4 km bergauf erreichen Sie den Ortsanfang von

Zwischen Aldeanueva del Camino und Calzada de Béjar (rk)

Puerto de Béjar (⇧ 850 m) ✕. Passen Sie nun gut auf. Kurz nach einer Tankstelle verlassen Sie halb links die Straße auf eine Piste, wo ein Wegweiser die Vía de la Plata ausweist (3,1 km).

Vom Abzweig von der N-630 gehen Sie auf der Piste 400 m oberhalb des Ortes bis zum Ortsende, wo Sie die Autobahn unterqueren. Weiter geht es auf der Piste, die nach 300 m eine Landstraße überquert und dann zunächst leicht, bald aber immer steiler bergab führt, hinunter in ein überraschend malerisches und liebliches Tal, weitab von Autobahn und Nationalstraße. Nach 3,2 km Gefällestrecke überqueren Sie den Fluss **Cuerpo del Hombre** (7,1 km); in der Nähe steht ein römischer Meilenstein. Halb rechts führt die Piste über stellenweise noch gut erkennbares römisches Originalpflaster. Nach 700 m kommen Sie am Bauernhof Caserío Sinforiano vorbei, dem einzigen bewohnten Haus hier unten im Tal. Die Piste verläuft jetzt parallel zu einer kleinen Landstraße und mündet nach 2,7 km in eine andere schmale Landstraße, auf der es in gleicher Richtung weitergeht. Nach 200 m geht es durch die Häusergruppe Navarredonda (10,7 km).

Erschöpfte Radfahrer können die folgende Strecke umfahren, indem sie weitere 400 m auf der Landstraße bleiben und dann scharf links in eine schmale Straße einbiegen, welche sie nach 1,7 km bergauf nach Calzada de Béjar führt.

Fußpilger biegen hier halb links auf einen steilen, steinigen Weg (Radfahrer müssen kurz schieben). Nach 300 m wird der Weg schließlich flacher und führt dann nach 1,5 km zum Ortseingang von **Calzada de Béjar** ✕ ⇧ 789 m, 84 Ew., wo sich gleich linker Hand die neue Herberge befindet (12,5).

Die einfache aber liebevoll geführte private Herberge Alba Soraya wurde 2004 errichtet und verfügt über 24 Betten, Esszimmer und eine große Terrasse. Die freundlichen Herbergseltern kochen auch preiswerte Menüs, an denen man sich gut satt essen kann. Frühstück ist Selbstbedienung. Wer will, kann für ein paar Euro Decke, Kissen und Bettlaken leihen. Die Familie bietet auch Doppelzimmer in einem Landhaus an.

- Gleich am Ortseingang von Calzada de Béjar, ☏ 923416505 und 646410643, ständig, Übernachtung € 6, Leihen des Bettzeugs € 4, Menü € 7, Frühstück € 2

Calzada de Béjar - Fuenterroble de Salvatierra

(20,7 km, Karte S. 137, Profil S. 136)

Von der Herberge aus geht es in der Richtung aus der Sie gekommen sind 300 m aus dem Dorf heraus, an einer Viehtränke vorbei und weiter geradeaus auf der Landstraße bis diese nach 250 m eine Rechtskurve macht.

Dieser Kurve folgen Sie nicht, sondern gehen geradeaus auf einen schönen Pfad, der nach 900 m wieder eine Landstraße überquert. Gegenüber geht es auf einer Piste weiter. Nach 4,6 km, Sie sehen hier mehrere römische Meilensteine am Weg, führt diese Piste links in ein Landgut hinein, Ihr Weg aber als Feldweg weiter geradeaus. Nach 600 m - inzwischen ist der Weg ziemlich unregelmäßig geworden - durchqueren Sie einen Bach, der im Sommer austrocknet. 200 m danach erreichen Sie eine kleine Landstraße, der Sie halb rechts folgen, um dann nach 200 m wieder links auf eine Piste abzubiegen. Nun geht es 1,9 km bis ins Zentrum des Dorfes **Valverde de Valdelacasa** zur Santiagokirche (9,2 km).

Hier gibt es eine absurde und verwirrende Wegführung mit gelben Pfeilen, dabei ist es viel einfacher, an der Kirche links der Hauptstraße 200 m zu folgen, bis sie am Ortsrand zur ehemaligen Dorfschule kommt.

Diesen kleinen Bach gilt es zu Durchqueren (rk)

In der alten Dorfschule sind heute das Rathaus, die Bar und die Notunterkunft für Pilger untergebracht. Man schläft auf dem Boden und kann eine Toilette der Bar benutzen, wo es fließend Wasser gibt. Die Bewohner wollen die Notunterkunft auch als eine solche verstanden wissen und nicht als reguläre Unterkunft.

♦ Am Ortsrand, ☏ Bar 923165236. Sie sollten den Bürgermeister suchen, der die Tür öffnet. ständig, gratis

Von der ehemaligen Dorfschule gehen Sie auf der schmalen Landstraße aus dem Ort und 3,4 km meist bergauf bis **Valdelacasa** zur zentralen ersten Landstraßenkreuzung. Hier gehen Sie links Richtung Guijuelo, aber nach 20 m schon wieder rechts in eine Straße, der Sie 100 m bis zu ihrem Ende folgen, wo Sie bereits am Ortsrand die Landstraße überqueren (wenn Sie zur Bar wollen, gehen Sie hier rechts). Gegenüber geht es in eine kleine Landstraße, der Sie 1,9 km geradeaus folgen.

Dann zeigt ein Informationsschild deutlich an, dass Sie die Straße links und gleich wieder rechts verlassen müssen. Sie gehen auf dem schotterigen Weg, der 1,2 km zwischen Mauern hindurchführt, bis diese schließlich enden, und Sie nach 300 m bergauf an einem Wasserloch vorbei auf eine Piste stoßen, der Sie halb rechts folgen. Hier geht es 200 m leicht bergauf, bis Sie rechter Hand auf einen römischen Meilenstein treffen. 150 m nach diesem gabelt sich der Weg, dem Sie weiter geradeaus folgen. Nach weiteren 1,8 km, in denen Sie einen weiteren Meilenstein passieren, kommen Sie an eine Kreuzung, die Sie geradeaus überqueren. Nach 900 m mündet der Weg in die parallel verlaufende Straße, der Sie jetzt folgen.

Nach weiteren 900 m auf der Straße erreichen Sie den Ortsanfang von **Fuenterroble de Salvatierra** (⇧ 950 m), das Sie geradeaus auf der Dorfstraße betreten. 400 m geht es durch den Ort bis zur Kreuzung mit einer Landstraße, wo sich vorne rechts an der Ecke die Pilgerherberge befindet (20,7 km).

Die Herberge befindet sich im Pfarrhaus. Der Pfarrer Don Blas kümmert sich rührend um die Pilger; er ist nicht nur Schutzengel der Pilger und eine der bekanntesten Personen der gesamten Vía de la Plata, sondern es ist ihm auch gelungen, sein Dorf zu mobilisieren und zahlreiche Aktivitäten zu organisieren, an denen die Bevölkerung begeistert teilnimmt. Der Besuch dieser "Kult-Herberge" ist kurz gesagt ein Muss für jeden Jakobspilger. Sei es um hier zu übernachten, sei es um bei einem Glas Wein die einzigartige Atmosphäre zu erleben, sei es um "Blas" kennen zu lernen.

In der Herberge ist Platz für etwa 70 Personen auf Liegen, Betten und Matratzen in mehreren Schlafräumen; außerdem gibt es eine große Küche, in welcher gelegentlich ein Hospitalero oder "Blas" selber kocht, einen Aufenthaltsraum mit Kamin und ein Oratorium. Die Unterkunft ist einfach, aber gastfreundlich; nebenan wird bereits an der Erweiterung der Herberge gebaut. Helfer und Hospitaleros möglichst mit Spanischkenntnissen gesucht!

♦ Im Pfarrhaus an der Landstraßenkreuzung, ☏ 923151083 und 630148303, ständig, Spende

Fuenterroble de Salvatierra - San Pedro de Rozadas

(28,7 km, Karte S. 137, Profil S. 136)

⇔ **Etappenplanung**: Aufgrund der Länge gibt es für diese Etappe wie auch für die nächste praktisch keine Alternative. Sollte in der kleinen Herberge in San Pedro de Rozadas aus welchen Gründen auch immer keine Übernachtung möglich sein, so finden Sie schnelle 5 km weiter in Morille eine Unterkunft.

Bis zum Landgut Dehesa del Mendigos nach 21,6 km gibt es kein **Trinkwasser**!

Von der Richtung aus betrachtet, aus der Sie gekommen sind, biegen Sie an der Kreuzung, an der sich das Pfarrhaus bzw. die Pilgerherberge befindet, links in die Landstraße Richtung Linares ein. Die Straße verlässt sogleich den Ort und nach 400 m stoßen Sie auf eine andere Landstraße, der Sie nun folgen. Nach 150 m kommen Sie zu einer Kreuzung. Auch hier geht es geradeaus weiter. Nach 800 m macht die Straße eine Linkskurve an deren Ende Sie rechts in eine Schotterpiste abbiegen. Nach 500 m geht es über eine Pistenkreuzung und Sie kommen schließlich auf einen einfachen Feldweg. 5 km geht es durch eine flache Weidelandschaft mit vereinzeltem Baumbestand. Nachdem Sie ausnahmsweise einen

Steineichenwald durchquert haben, kommen Sie zu einer Pistenkreuzung und gehen durch ein Weidetor (6,8 km).

Nach 150 m gehen Sie rechts auf einer anderen Piste und nach 50 m wieder links auf einem Pfad am Zaun entlang, wobei Sie gerade auf einen 300 m entfernten roten Hügel zustreben, bei dem es sich in Wahrheit um die Rückwand einer aufgestauten Wasserstelle handelt, an der Sie links vorbeigehen. Geradeaus ist jetzt ein Fahrweg auszumachen, der am Zaun entlangführt und nach 1,1 km in eine Piste einmündet, der Sie in gleicher Richtung 300 m bis zu einem Weidetor folgen. Die Piste führt hier nach links, Ihr Weg aber geradeaus auf einen Fahrweg, der bergauf und -ab und wieder -auf führt und nach 1 km in eine breite Piste übergeht. Nach 600 m geht es über eine große Pistenkreuzung geradeaus hinweg.

Nach 500 m müssen Sie aufpassen: Es gibt eine Pistengabelung, wo die gelben Pfeile anzeigen, dass Sie einen Pfad zwischen den beiden Pisten über den Hügel nehmen sollen. Letztlich mündet dieser Pfad aber nach 200 m nur wieder in die rechte der beiden Pisten ein. Nach weiteren 300 m beschreibt die Piste einen leichten Rechtsbogen; hier geht es halb links einen breiten Pfad hinauf über

Radpilger hinter Fuenterroble de Salvatierra (rj)

einen Hügel. Nach 250 m mündet der Pfad in eine Piste ein, auf der es 250 m bergab geht. Dann führt die Piste rechts in ein Landgut, Ihr Weg aber geradeaus auf einen Pfad steil bergauf in den Wald (11,8 km).

Pfeile sind hier im Wald schwer zu erkennen, und es gibt zahlreiche Pfade, aber eigentlich sollte die Richtung klar sein, denn es geht eine breite Schneise, eine Cañada, hinauf. Zwischen Büschen, Steineichen und Felsen, mal mehr, mal weniger steil, geht es hinauf, zuerst in der Nähe des linken Zaunes, dann nahe der rechten Mauer. Dabei bietet sich ein guter Ausblick auf die Ebene rechts unten.

Die ersten 1,7 km geht es steil und steinig bergauf und Sie passieren dabei drei Wegkreuze. Während der folgenden 1,4 km wird der Weg besser und flacher und Sie gehen unterhalb eines 2004 erbauten Windparks entlang. Nach dem Gipfelkreuz, der höchsten Stelle des 1.100 m hohen Berges Pico de la Dueña, das neben den großen Windmühlen fast unscheinbar erscheint, geht es dann 1 km teils steil hinab zu einer schmalen Landstraße. Sie folgen dieser und später dem links von ihr verlaufenden Weg, bis die Straße nach 3,8 km eine Linkskurve macht, wo Sie aber auf dem zu ihr parallel verlaufenden Weg geradeaus weiterlaufen, dem Sie 1,4 km zwischen Weidemauer und Straße folgen.

Schließlich betreten Sie wieder die Straße, um den Bach **Arroyo de los Mendigos** zu überqueren. Auf der Straße gehen Sie 200 m weiter zum Landgut Dehesa del Mendigos (21,6 km), wo Sie um Trinkwasser bitten können. Nach 4,8 km auf der Straße bzw. auf dem Weg links daneben geht es halb links zunächst rechts an einem Zaun entlang 1 km bergauf und 1 km bergab bis Sie schließlich den Ortsanfang von **San Pedro de Rozadas** (⇧ 977 m) erreichen.

Nach 200 m biegen Sie in die vierte Querstraße rechts ein. Nach 50 m gibt es eine Straßengabelung, wo Sie die rechte der beiden, die geradeaus führende Straße Calle Oriente nehmen, in der sich nach 50 m auf der linken Seite die Bar Moreno befindet (28,7 km), wo es den Schlüssel für die Herberge gibt und wo Sie auch essen und in Gästezimmern übernachten können.

Seit 2006 gibt es hier eine kleine Herberge. Diese liegt in dem Haus Nr. 14 in der Straße, in die man links bei der Bar einbiegt. Hier können sechs Personen übernachten und es finden sich Bad und Aufenthaltsraum.

♦ 20 m von der Bar Moreno entfernt, wo Mari Carmen den Schlüssel verwaltet, ☏ Bar Moreno 923344075, ständig, € 8

San Pedro de Rozadas - Salamanca

(24,1 km, Karte S. 137 Profil S. 136

Auf der Calle Oriente, die zur Bar geführt hat, geht es weiter nach oben bis zu ihrem Ende. Dann biegen Sie rechts in die Straße, die 250 m zum Ortsrand führt. Geradeaus gehen Sie auf einer Piste und treffen nach 500 m auf die schmale Landstraße. Sie überqueren die Landstraße und gehen geradeaus auf einer Piste weiter, der Sie nach 300 m in einer 90°-Kurve nach links folgen. 2,3 km danach führt die Piste leicht nach links, Ihr Weg aber geradeaus auf einer einfacheren Piste 500 m nach **Morille** (⇧ 937 m). Immer geradeaus geht es 300 m bis Sie kurz vor einer kleinen weißen Brücke an eine kleine Grünfläche kommen, auf deren gegenüberliegenden Seite bzw. linker Hand ein Haus mit der Nr. 4 steht. Hier gibt es den Schlüssel zur Herberge. Sie überqueren die Brücke und kommen nach 100 m auf die zentrale Plaza Don José Sánchez Alonso an derem anderen Ende sich das Rathaus befindet in dem die Herberge ist.

Im Gebäude des Rathauses gibt es eine 2004 eingerichtete, kleine aber gepflegte Herberge mit 6 Betten und einem Badezimmer mit warmer Dusche. Maria José, die wie oben beschrieben die Schlüssel hat, kümmert sich um die Pilger. Die Pilgerunterkunft befindet sich zwar im Gebäude des Rathauses, ist aber trotzdem schwer zu finden. Von der Calle Mayor, durch die auch die Vía de la Plata weiterführt, gehen Sie hinter dem Gebäude rechts durch den Hintereingang.

♦ Im hinteren linken Teil des Rathauses, Maria José: ☏ 923344018, Rathaus: ☏ 923344218, ständig, € 6

☺ Hier im Dorf soll übrigens im Jahre 2007 ein Informationszentrum zur Vía de la Plata entstehen.

Nach dem Hauptplatz geht es links am Rathausgebäude vorbei in die Calle Mayor. Nach 200 m ist das Ortsende erreicht, und die Straße wird zur Piste. 4,1 km geht es dann geradeaus, bergab, bergauf und wieder bergab, wobei Sie mehrere Weidetore durchqueren, bis Sie bei einem Bauernhof eine breite Piste überqueren (8,7 km).

Gegenüber geht es durch ein Tor auf einem steinigen Weg 500 m meist bergab an der Feldmauer entlang und dann links auf einen Fahrweg, der 1,2 km leicht ansteigt. Nach weiteren 800 m bergab und bergauf kommen Sie auf der inzwischen breit gewordenen Piste an einem Bauernhof vorbei, von dem aus sich ein schöner erster Blick auf Salamanca bietet.

Auf der breiten Piste geht es weiter. Nach 3,2 km kommen Sie an der Piste vorbei, die rechts in das Dorf **Miranda de Azán** führt, das aber rechter Hand liegen bleibt. Nach 400 m gibt es die nächste Pistenkreuzung, wo Sie weiter geradeaus über einen Bewässerungskanal hinweg auf eine zunächst steinige Piste gehen. Nach 3,3 km verläuft sich diese Piste am Ende einer Steigung kurz vor einer Felsenbarriere, aber große Pfeile zeigen an, wie Sie dieses Hindernis ohne Kletterei überwinden können. Nach 100 m sind Sie oben (18,2 km); vor Ihnen liegt Salamanca.

Ein breiter Weg bzw. Piste führt gerade auf Salamanca zu. Nach 1,9 km endet die Piste auf einer anderen, und Sie wechseln 50 m rechts hinüber auf eine parallele Piste, auf der Sie weiter auf die Stadt zustreben. Nach 800 m stoßen Sie auf eine 2006 noch im Bau befindliche Straße, die Sie halb links unterqueren. Bei dem folgenden Kreisverkehr biegen Sie rechts nach oben ab und erreichen so nach 500 m den Ortsanfang.

In die erste Straße die Passeo Cuarto Calzada biegen Sie nun links ab. Diese Straße endet nach 700 m, und zwangsläufig gehen Sie zunächst halb links und nach 50 m wieder halb rechts und über eine Bahnbrücke hinweg in die Calle Pico de Veleta. Diese Straße endet nach 150 m, und Sie gehen links in die Calle Camino de Miranda. Auch diese Straße endet wiederum nach 200 m; Sie gehen nun rechts auf die N-630 zu, aber nach nur 20 m wieder links auf eine Nebenstraße, die neben der Nationalstraße in weitem Linksbogen 500 m zur Plaza de Poniente führt (23 km).

Sie überqueren hier die Schnellstraße am Flussufer. Rechter Hand steht übrigens die Kirche Santiago del Arrabal, und die bunten Baumstämme davor sind von dem berühmten baskischen Maler Agustín Ibarrola bemalt worden.

Es geht über die 400 m lange Römerbrücke über den Fluss **Tormes**. Auf der Brücke sehen Sie einen der typischen 2.500 Jahre alten keltischen Granitstiere, und am anderen Ende der Brücke ist das Standbild des Lazarillo de Tormes, des Protagonisten eines kleinen Romans aus dem 16. Jh., einem der wichtigsten Zeugnisse der frühen spanischen Literaturgeschichte.

Hinter der Brücke gehen Sie halb rechts steil in die Altstadt hinauf. Der Jakobsweg geht nun eigentlich immer geradeaus nach oben. Sie nehmen hier aber der Einfachheit halber den genauso langen Weg über die Herberge. Nach 130 m geht es deshalb rechts ab und zunächst an einem kleinen Museum über den Spanischen Bürgerkrieg und dem Casa Lis - einem Jugendstilmuseum - vorbei. Wenn Sie später etwas mehr Zeit haben lohnt sich hier ein Besuch. Nach nur 100 m geht es dann rechts eine Gasse nach unten, der Sie folgen, bis Sie nach 70 m vor das Tor des Gartens Huerto de Calixto y Melibea kommen, wo sich einst ein berühmtes Liebesdrama ähnlich dem von Romeo und Julia abspielte. Die Eltern des berühmten verliebten Jünglings, der sich schließlich von der Mauer des schönen Gartens stürzte, lebten in dem Haus rechts des Gartens, in der heute die Herberge ist.

Eine Menge Touristen würden wegen der oben geschilderten geschichtlichen Bedeutung dieser Herberge viel Geld dafür bezahlen, um hier einmal übernachten zu dürfen - Sie haben gegen eine Spende das Privileg dazu - aber nur für eine Nacht. Die neu eingerichtete Herberge, in der ich nebenbei bemerkt im Sommer 2004 drei Monate lang ehrenamtlich als Herbergsvater tätig war, hat 16 Betten, einen großen Aufenthaltsraum, warme Duschen, Waschgelegenheit für Klei-

Salamanca mit der Römerbrücke bei Nacht (rk)

dung, eine Mikrowelle und etwas Essgeschirr. Es liegt Informationsmaterial über die Stadt, den Weg und die Abreise für Sie bereit. Auch können Sie hier einen Pilgerausweis bekommen. Das einzige Manko sind bisher die unregelmäßigen Öffnungszeiten, die stark davon abhängig sind, ob die über Hundert Mitglieder der hier ansässigen Jakobsbruderschaft Unterstützung von zusätzlichen Hospitaleros von außen bekommen. Sollte es mal wieder nicht laufen, so gibt es in Salamanca auch noch günstige Pensionen, die später beschrieben werden.

♦ Im Casa de la Calera neben dem Huerto de Calixto y Melibea, Victor: ☏ 652921185, Touristeninformation: ☏ 923268571, unsicher, Spende (meine Empfehlung als Hospitalero lautete damals übrigens immer € 5)

Von der Herberge gehen Sie zunächst 20 m zurück und gehen dann über verschiedene Gassen und Treppen immer rechts an der Kathedrale vorbei bis Sie schließlich nach 150 m die Plaza Anaya erreichen. Diesen schönen Platz überqueren Sie und gehen dann rechts in die Rua Mayor.

Nach weiteren 100 m befindet sich links das Fremdenverkehrsamt im sogenannten Muschelhaus (Casa de las Conchas), einem Adelshaus aus dem 15. Jh., das seinen Namen von den etwa 400 Santiago-Muscheln hat, die seine Fassade bedecken. Hier hilft Ihnen ein selten freundliche und kompetentes Team weiter. Links und dann rechts geht es zur Pension Barez und eigentlich auch auf dem Jakobsweg weiter. Sie nehmen aber besser eine kleine Abkürzung und gehen weiter 200 m durch die Rua Mayor bis zu einer Straßenkreuzung und dort links gegenüber in eine Straße, die 100 m zur Plaza Mayor führt, dem vielleicht schönsten Hauptplatz Spaniens (24,3 km).

Salamanca ⇧ 800 m, 186.000 Ew.

Rua Mayor in der Casa de las Conchas, ☏ 923268571, täglich ganztägig außer sonntagnachmittags

♦ Plaza Mayor, ☏ 923218342, täglich ganztägig außer sonntagnachmittags

Salamanca hat so viele Sehenswürdigkeiten, dass es sich lohnt hier mindestens einen Tag zu bleiben. Schon zur Römerzeit war das damalige Salmantica an der Vía de la Plata von Bedeutung. Später war Salamanca islamisch, bis es im Jahr 1085 von den Christen zurückerobert wurde. Salamancas Weltruhm geht vor allem auf die Gründung der Universität im Jahr 1218 zurück. Im 16. Jahrhundert erlebte die Universität ihre Blütezeit und verfügte über 70 Lehrstühle und hatte 12.000 Studenten. Damals festigte sie ihren Ruf als eine der ältesten und berühmtesten Lehrstätten der Welt. Noch heute ist Salamanca eine der bedeutendsten spanischen Universitätsstädte, besonders beliebt bei ausländischen Studenten, die hier Spanisch lernen wollen. Im Jahr 2002 war Salamanca Kulturhauptstadt Europas.

🛏 In Salamanca können Sie auch in zwei Jugendherbergen übernachten, die jedoch nicht günstiger und besser sind als preisgünstige Pensionen. Adressen können Sie in den Touristeninformationen erfragen. Als ein Beispiel möchte ich die Pension Barez nennen, wo Sie für € 12 übernachten können. Die Zimmer sind einfach aber gepflegt, die Lage ist zentral und die Atmosphäre ist freundlich. Es ist ratsam, vorher zu reservieren. Die Wegbeschreibung finden Sie oben.

- Calle Meléndez Nr. 19, in der Nähe des Muschelhauses, ☎ 923217495, Übernachtung € 12

✕ In der Rua Mayor und auch an vielen anderen Orten finden Sie zahlreiche Restaurants zu mehr oder weniger günstigen Preisen. Einige besondere Insidertipps möchte ich Ihnen hier aber nennen.

- Wer wirklich satt werden will, geht am besten in eine der Mensen der hiesigen Universitäten, wo Pilger jeden Alters durchaus akzeptiert werden. Nicht weit entfernt liegt z.B. die Mensa (Spanisch: Comedor) des Studentenwohnheimes Fray Luis de León am gleichnamigen Platz mit Menüs für € 3,45 (🚪 14:00 bis 15:45 und 21:00 bis 22:30).
- In der Straße Peña Primera Nr. 23 östlich der Plaza Mayor gibt es das kleine Lokal Taberna Celta mit Spezialitäten aus Asturien und Galicien. Der Eigentümer ist selbst ein Pilgerbruder und lädt jeden Tag eine oder zwei Pilger zu einem kostenlosen Essen ein. Es ist aber angeraten vorher zu fragen, ob man in diesen Genuss kommt, da die Spezialitäten auch ihren Preis haben, wenn man sie bezahlen muss.
- Die irische Bar Ó Harás, die gleich auf dem Weg aus der Stadt liegt, spendiert jedem Pilger das zweite Getränk, wenn er vorher dasselbe Getränk bestellt und voll bezahlt hat. Auch hier gilt: Pilgerausweis vorzeigen und vorher fragen.

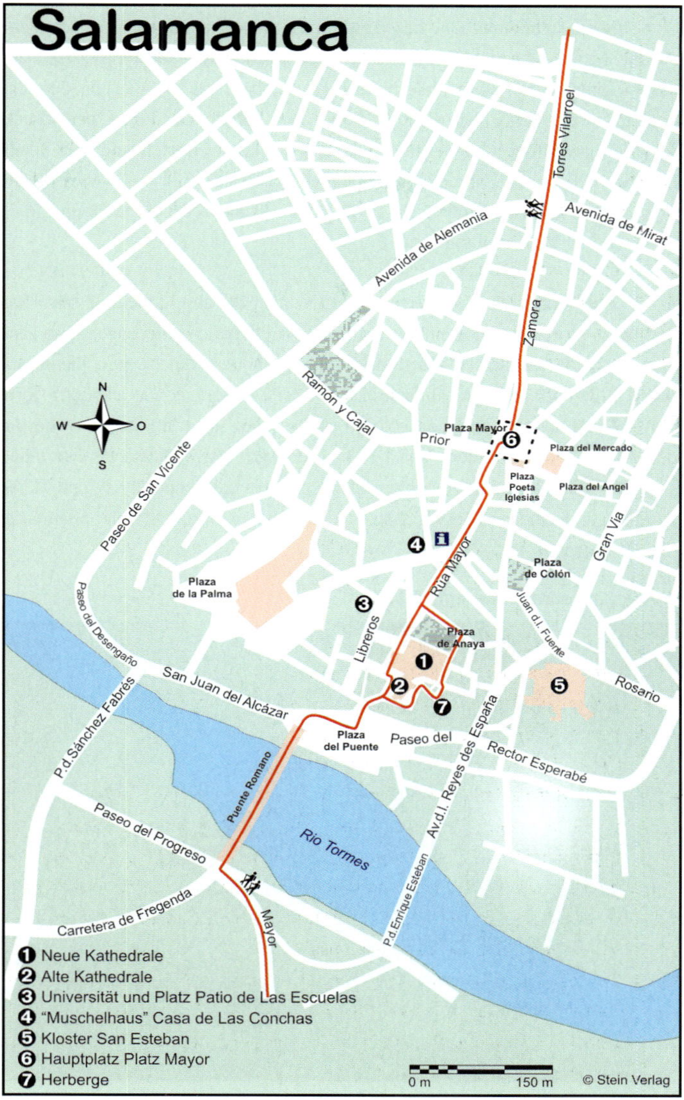
Salamanca
Torres Vilarroel
Avenida de Mirat
Avenida de Alemania
Zamora
Ramón y Cajal
N
W
O
S
Plaza Mayor
Prior
Plaza del Mercado
Plaza Poeta Iglesias
Plaza del Angel
Gran Via
Paseo de San Vicente
Rua Mayor
Plaza de Colón
Plaza de la Palma
Paseo del Desengaño
Libreros
Plaza de Anaya
Juan d.l. Fuente
Rosario
San Juan del Alcázar
P.d.Sánchez Fabrés
Plaza del Puente
Paseo del
Rector Esperabé
Av.d.l. Reyes des España
Puente Romano
Paseo del Progreso
Rio Tormes
P.d.Enrique Esteban
Carretera de Fregenda
Mayor
❶ Neue Kathedrale
❷ Alte Kathedrale
❸ Universität und Platz Patio de Las Escuelas
❹ "Muschelhaus" Casa de Las Conchas
❺ Kloster San Esteban
❻ Hauptplatz Platz Mayor
❼ Herberge
0 m
150 m
© Stein Verlag

✝ **Neue Kathedrale**: Eine der letzten spanischen Kathedralen, deren Bau erst Anfang des 16. Jh.s im spätgotischen Stil begonnen wurde. Allerdings zogen sich die Arbeiten an der Kathedrale bis ins 18. Jh. hin, was die Vielzahl der Stile erklärt, von der Gotik über die Renaissance zum Barock. Das Innere beeindruckt durch die großartige und elegante Anlage, am sehenswertesten sind aber außen die reich dekorierten Portale im sogenannten plateresken Stil.

♦ Sommer: täglich 9:00 bis 20:00, Winter: täglich 9:00 bis 13:00 und 16:00 bis 18:00, Eintritt frei

✝ **Alte Kathedrale**: Glücklicherweise riss man die alte Kathedrale beim Bau der neuen nicht ab, und wenn sie heute auch ein bisschen eingeengt ist, so kann man doch die wichtigsten Kunstwerke dieser schönen romanischen Kirche aus dem 12. Jh. entsprechend würdigen. Da ist zuerst der grazile Vierungsturm Torre del Gallo zu nennen, den man gut von außen sehen kann. Im Innern ist besonders das Altarbild aus dem Jahr 1445 sehenswert, das von Nicolás Florentino stammen soll. 53 großartige farbige Tafeln schildern das Leben Christi und Mariä, darüber ein beeindruckendes Jüngstes Gericht. Allein dieses Altarbild rechtfertigt den Eintrittspreis.

Beide Kathedralen vereint (rk)

♦ Sommer: täglich 10:00 bis 19:30, Winter: täglich 10:00 bis 12:30 und 16:00 bis 17:30, von Nov. bis Feb. So nachmittags geschlossen, € 3,50

⌘ **Staatliche Universität**: Der zauberhafte Platz Patio de las Escuelas befindet sich vor dem Haupteingang in das alte Universitätsgebäude. Besonders die überreich dekorierte Fassade ist sehenswert. Könige, Heilige, Päpste und mythologische Figuren tummeln sich in diesem fantastischen Relief, dessen berühmteste Figur jedoch ein Frosch ist, der auf einem Totenkopf sitzt. Suchen Sie ihn: Er befindet sich auf der rechten Reliefsäule. In der alten Universität gibt es natürlich allerlei zu sehen, aber am schönsten ist zweifellos der sogenannte Himmel von Salamanca (Cielo de Salamanca), ein riesiges, den Tierkreis darstellendes Deckenfresko, Ende des 15. Jh.s von Fernando Gallego geschaffen.

Übrigens: Es gibt hier auch noch eine Katholische Universität, die nicht ganz so groß und bekannt ist, dennoch lohnt sich ein kurzer Besuch.

⌘ **Plaza Mayor**: Von 1729 bis 1755 wurde dieser Platz im barocken Stil errichtet, und gemeinhin wird der er als der schönste und harmonischste aller spanischen Hauptplätze bezeichnet. Tagsüber und auch abends spielt sich hier ein reges Leben ab.

Rückfahrt von Salamanca nach Madrid: Die Pilger, die sich fürs erste mit der Wanderung von Sevilla nach Salamanca zufrieden geben, um später die zweite Hälfte des Weges nach Santiago zurückzulegen, werden zumeist mit dem Bus nach Madrid zurückfahren. Die Busse von Salamanca nach Madrid sind von der Gesellschaft Autorés (Salamanca ☎ 923232266) und fahren vom Busbahnhof in der Calle Filiberto Villalobos Nr. 37 ab (Busbahnhof ☎ 923236717). Die Busse fahren stündlich zur vollen Stunde, die Fahrt dauert 2½ Std. und kostet € 16. Ich würde Ihnen aber empfehlen, auf dem Weg dorthin in Avila Stopp zu machen.

☺ **Spanisch lernen auf dem Jakobsweg**: Sollten Sie genug Zeit haben und Ihren Aufenthalt auf der Vía de la Plata mit einem Spanischsprachkurs beginnen, beenden oder unterbrechen wollen, so finden Sie hier eine Vielzahl von Schulen und Instituten und auch zwei sehr renommierte Universitäten. Die Katholische Universität bietet Pilgern mit Pilgerausweis hier Sonderpreise an. Es gibt aber auch viele andere günstige Adressen.

Salamanca - Calzada de Valdunciel

(15,8 km, Karte S. 156)

Sie verlassen die Plaza Mayor nördlich durch den Durchgang unter dem Hauptgebäude und gehen in die Calle Zamora. Nach 600 m Fußgängerzone geht es über einen großen Kreisverkehr (man beachte hier das lustige rennende Männchen der Ampel!) hinweg geradeaus in die Straße Paseo del Doctor Torres Villarroel. Nach 700 m kommen Sie zum nächsten Kreisverkehr, hinter dem sich die Stierkampfarena befindet und gehen halb links auf die N-630 Richtung Zamora. Nach 900 m ist der Stadtausgang erreicht, und nach 1,8 km immer auf Fußwegen neben der Straße kommen Sie unter einer Autobahn hindurch.

Nach 1 km zweigt halb links eine Piste ab, die 1,1 km geradeaus nach **Aldeaseca de Armuña** führt, das Sie geradeaus durch die Calle Ruta de la Plata betreten. Nach 300 m biegen Sie links in die Calle Campillo und gehen 20 m hinauf zur Kirche (6,4 km); vor ihr gehen Sie rechts und nach 20 m gleich wieder links an ihr vorbei. 100 m geht es an der Kirche und am Ortsrand entlang, und dann biegen Sie rechts in eine Piste ab.

Achtung: Nach 400 m gibt es eine Weggabelung, und Sie nehmen den schlechteren Feldweg halb links. Links am Wegrand liegen Steine mit einem gelben Pfeil darauf, was natürlich leicht übersehen oder verändert werden kann.

Dem Feldweg folgen Sie in mehreren Kurven, bis er nach 700 m plötzlich in eine gute Schotterpiste übergeht, die wiederum nach 900 m auf eine andere Piste stößt. Sie gehen rechts und 2,7 km geradeaus bis zum Ortsanfang von **Castellanos de Villiquera**. Dort, wo die Piste auf den Ort trifft, gehen zwei parallele Straßen geradeaus weiter; Sie nehmen die linke, die Calle de la Iglesia, die 150 m zur Kirche führt (11,4 km).

Vor der Kirche biegen Sie links in die Calle Calzada ein, die nach 200 m am Ortsrand endet. Am Haus, auf das Sie am Ende stoßen, gehen Sie rechts vorbei auf eine Piste, die 3,7 km nach **Calzada de Valdunciel** (⇧ 801 m) führt. Geradeaus geht es auf der Dorfstraße 300 m zum Hauptplatz Plaza de la Constitución, an dessen Ende sich das Rathaus befindet (15,6 km).

Den Schlüssel zur Herberge hat die Kulturstadträtin Elena, die links neben dem Rathaus (Casa Consistorial) im Haus Nr. 14 wohnt.

Zur Herberge gehen Sie auf der Vía de la Plata weiter, und zwar in der gleichen Richtung wie bisher durch die Calle Ruta de la Plata 200 m bis zum Ortsausgang, wo eine ganze Galerie von Resten römischer Meilensteine aufgebaut ist. Geradeaus führt die Vía de la Plata weiter, aber rechts geht es zur Pilgerherberge, wenn Sie einfach 30 m um das letzte Haus herumgehen. Auf dem Haus steht Albergue de Peregrinos (15,8 km).

Es ist eine nette, gepflegte Herberge mit 8 hervorragenden Liegen und Decken. Sie hat eine Küche mit Mikrowelle aber ohne Geschirr, einen Aufenthaltsraum mit Heizung und Kamin und eine kleine Terrasse. Die Duschen sind schön warm, aber nur wenn Sie den Boiler rechtzeitig anstellen. Der Schlüssel muss nicht zurückgebracht werden, sondern er wird einfach in den Briefkasten der Pilgerherberge gesteckt.

♦ Am Ortsende Calle La Cilla Ecke Calle Ruta de la Plata, ☏ 923310024, ständig, € 3

Calzada de Valdunciel - El Cubo de la Tierra del Vino (19,8 km, Karte S. 156)

Von der Herberge bzw. vom Ortsausgang bei den römischen Meilensteinen gehen Sie nördlich auf eine Piste. Nach 500 m ignorieren Sie einen Abzweig rechts und gehen an einer Wasserstelle vorbei, weitere 600 m geradeaus bis zu einer Pistenkreuzung und dort halb rechts. Nach 1,4 km wird die Piste zu einem einfachen Feldweg, der nach weiteren 250 m zum Pfad wird und sich nach rechts wendet, wo er nach 150 m auf die N-630 stößt (2,9 km).

Auf der Nationalstraße gehen Sie links und müssen ihr leider eine ganze Zeit lang folgen, denn es gibt nur die ersten 500 m einen Pfad neben der Straße. Nach insgesamt 5 km kommen Sie an einem Parkplatz vorbei, der eigentlich eine Wiegestation ist. Erst nach weiteren 500 m können Sie die Straße dann rechts verlassen (Achten Sie gut auf die gelben Pfeile!), indem Sie eine Piste 50 m nach rechts gehen und dann wieder links abbiegen, um auf einer Piste in etwa 50 m Abstand zur Nationalstraße 3,2 km weit zu gehen. Hier müssen Sie erneut gut aufpassen: Wo die Piste vor einer Haftanstalt zum Pfad geworden ist und beginnt, hoch über der N-630 zu verlaufen, müssen Sie rechtzeitig auf die andere Seite der Nationalstraße hinüberwechseln (11,6 km).

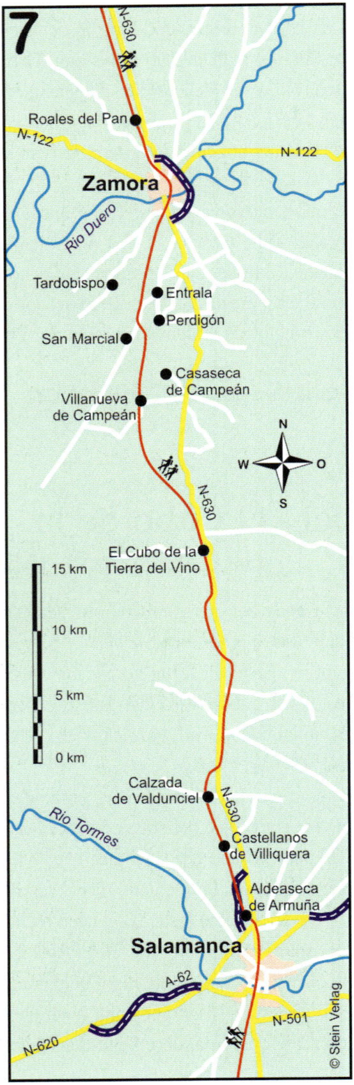

Dort beginnt ein Feldweg, der sich nach 300 m etwas von der Nationalstraße entfernt und bald parallel zu ihr in etwa 200 m Abstand verläuft. Nach 1,5 km mündet der Feldweg bei einer Häusergruppe in eine Piste, auf der es geradeaus weitergeht. Nach 200 m führt die Piste nach links, Ihr Weg aber jetzt als breiter Feldweg weiter geradeaus, parallel zur N-630. Nach 100 m durchqueren Sie ein Weidetor. Nach 1,3 km kommen Sie wieder durch eine Häusergruppe und gehen noch 500 m geradeaus, bis der Feldweg auf eine Piste stößt, auf der Sie rechts 50 m zur Nationalstraße gehen. Sie wenden sich nach links und gehen zunächst 400 m auf den Resten der alten N-630. Dann müssen Sie wieder die neue N-630 betreten (16 km).

Nach 1,1 km passieren Sie die Provinzgrenze zwischen Salamanca und Zamora. 300 m danach können Sie linker Hand kurz 200 m über die Auffahrt zu einem Haus ausweichen, 150 m danach, und bevor die linke Leitplanke beginnt, können Sie die Nationalstraße auf der linken Seite verlassen. Zuerst geht es dabei 50 m querfeldein, dann wird der Pfad bald gut begehbar, und es geht 200 m bergab und weitere 200 m auf den Resten der alten Landstraße wieder bergauf und zurück zur Nationalstraße (18,2 km). Nach 200 m, vor dem ersten Schild, das die Autofahrer vor einer Rechtskurve warnt, gehen Sie geradeaus auf einen Pfad, der nach 100 m den Belag der alten Straße erreicht, die wiederum nach 200 m in die Zubringerstraße übergeht, die hier in einer Kurve von der N-630 kommt.

Geradeaus erreichen Sie nach 600 m den Ortsanfang von **El Cubo de la Tierra del Vino** (oft auch nur El Cubo del Vino genannt) (⇧ 839 m) , nach 400 m den Hauptplatz Plaza del Conde Retamoso, wo Sie den Schlüssel zur Herberge bekommen und nach 100 m die Kirche, in der sich die Pilgerherberge befindet (19,8 km).

Einfache gepflegte Herberge mit 9 Betten in 2 kleinen Zimmern sowie warmen Duschen; Sie können auch unter dem Kirchenportal schlafen. Den Schlüssel gibt es im Wohnhaus des Pfarrers am Hauptplatz Nr. 8 oder bei Señora Tina am Hauptplatz Nr. 6.

♦ Im Gebäude der Kirche am Ortsausgang Richtung Zamora, ☏ 980577311, ständig, € 4

Die Pension Casa Carmen hat 12 Betten in verschieden großen Zimmern zu angemessenen Preisen. Carmen und ihre Familie, die die Pilger im eigenen liebevoll privat gestalteten Haus unterbringen, bieten Übernachtung mit Frühstück sowie Halb- und Vollpension an, deren Preise über den Daumen gepeilt aber fair berechnet werden. Es gibt eine Küche und einen großen Hof. Der Weg führt kurz vor dem Hauptplatz links in die Calle García de la Serna und dann bis kurz vor deren Ende bis zur Hausnr. 3.

♦ Calle García de la Serna Nr. 3, ☏ 980577418, Übernachtung mit Frühstück ca. € 12, Vollpension ca. € 22

Nach glaubwürdiger Aussage der Bürgermeisterin soll noch 2007 in der alten Dorfschule, die heute schon als Notunterkunft genutzt wird, eine weitere Pilgerherberge mit ca. 20 Betten, Badezimmern und Küche entstehen. Mann trifft auf diese, wenn man zunächst der obigen Wegbeschreibung zur Pension Carmen folgt und von dort noch ca. weitere 50 m in die Calle del Toro und dann halb links in die Calle de las Eras de Arriba bis zur Hausnr. 2 geht.

♦ Calle de las Eras de Arriba Nr. 2. ☏ 980577301. Näheres war bis Redaktionsschluss noch nicht bekannt.

El Cubo de la Tierra del Vino - Villanueva de Campeán

(13,3 km, Karte S. 156)

⇔ **Etappenplanung**: Die meisten Pilger gehen trotz der großen Entfernung (32 km) direkt bis Zamora weiter.

Durch den Ort geht es auf der Hauptstraße an der Kirche vorbei (0 km) zum Dorfende und geradeaus auf die Zubringerstraße zur N-630, die Sie aber nach nur 100 m kurz nach einer Brücke links auf eine breite Schotterpiste verlassen. 5,4 km geht es nun auf links der Eisenbahngleise entlang; dann stößt der Weg kurz vor einem Bahnübergang auf eine breite Piste, in die Sie links einbiegen und auf der Sie sich von den Gleisen entfernen. Nach nur 100 m biegen Sie wieder rechts in eine andere breite Piste ein.

Nach 2,4 km macht die Piste auf der Höhe einen weiten Rechtsbogen von etwa 300 m, und dann geht es 800 m zumeist bergab und über eine Kreuzung mit einer breiten Piste hinweg. 3,9 km geht es weiter immer geradeaus, dann über eine schmale Landstraße und auf der Calle Calzada betreten Sie **Villanueva de Campeán** (⇧ 766 m). Nach 300 m kommen Sie zu einer Kreuzung mit der Bar Vía de la Plata, wo es die Schlüssel für die Herberge und Essen gibt. Geradeaus verläuft der Jakobsweg. Rechts geht es zur Herberge (13,3 km).

Pilger auf dem Weg nach Zamora (mk)

Vor der Bar gehen Sie vom Weg aus gesehen rechts in die Calle de Señor und nach 70 m links in die Calle Jon de Señor. Diese macht sofort eine Rechtskurve in der sich rechter Hand nach 20 m die Herberge befindet. Die schöne Herberge, die 2004 in Betrieb genommen wurde, hat 10 Betten mit Decken, einen Aufenthaltsraum mit Spülgelegenheit und 2 Badezimmer mit warmen Duschen.

♦ Calle Jon de Señor Nr. 4, Bar Vía de la Plata, ☏ 980560028, 980560365 und 630980967, ständig, € 3

Villanueva de Campeán - Zamora

(19,5 km, Karte S. 156)

⇔ **Etappenplanung**: Wie gesagt gehen die meisten Pilger trotz der großen Entfernung (32 km) direkt von El Cubo de la Tierra del Vino nach Zamora, zumal Villanueva de Campeán recht langweilig und Zamora natürlich ein interessanteres Etappenziel ist. Darum ist hier als Endpunkt der vorigen und Ausgangspunkt der jetzigen Etappe die Straßenkreuzung angegeben, wo man zur Pilgerherberge abzweigt.

Allerdings sollten Sie bei Ihrer Etappenplanung berücksichtigen, dass die Übernachtung in der Herberge von Zamora nicht gesichert ist - beachten Sie die entsprechenden Hinweise unter der Stadtbeschreibung von Zamora und rufen Sie vorher in Zamora an! Deshalb ziehen Sie es vielleicht vor nicht in Zamora, sondern im 6,2 km entfernten Roales del Pan in der Notunterkunft zu übernachten. In diesem Fall wird die Übernachtung hier in Villanueva de Campeán wieder interessant.

Von der Kreuzung der Calle Calzada mit der Calle Camino de Santiago (0 km) geht es durch die Calle Calzada weiter 300 m bis zum Ortsende und dort geradeaus auf eine Piste über die Felder. Achtung: Nach 3,8 km, kurz vor dem nächsten Ort, zeigen gelbe Pfeile an einer Pistenkreuzung an, dass Sie nach rechts abbiegen müssen. Nach 700 m geht es dann bei einer Pistenkreuzung wieder links. Diese Piste endet wiederum nach 1,1 km auf einer anderen breiten Piste. Aber Achtung: Sie gehen zwar zuerst nach links, aber nach nur 20 m wieder nach rechts auf einen Feldweg. Auf diesem Feldweg geht es 1,3 km leicht bergauf. Oben stößt der Weg auf eine Piste, auf der Sie links 100 m bis zur Landstraße gehen (7,3 km). Von der Höhe sehen Sie schon Zamora.

Auf der Straße gehen Sie rechts und 1,1 km leicht bergab. Wo die Straße einen Rechtsbogen macht, verlassen Sie sie kurz vor dem Landstraßenabzweig Richtung Tardobispo geradeaus auf einen Feldweg. Nach 300 m auf dem Feldweg bergab überqueren Sie eben dieses Landsträßchen Richtung Tardobispo, und auf dem Feldweg geht es weiter auf Zamora zu. 2,2 km gehen Sie auf wechselnden Wegen - mal breit, mal schmal - immer geradeaus, bis der Weg auf einer breiten Piste endet.

Es geht links 350 m bis zu einer Pistenkreuzung und dort rechts auf Zamora zu. Nach 900 m kommen Sie zu einer Pistenkreuzung und gehen rechts. Nach 2 km überqueren Sie eine breite Landstraße (14,1 km), die in ein Gewerbegebiet führt, und gehen 900 m in weitem Rechtsbogen bis zur Einmündung in eine breite Piste, auf der Sie rechts gehen. Der Piste folgen Sie 300 m im Linksbogen über einen Bach und durch eine Häusergruppe. Dann gehen Sie auf der Piste 1,6 km gerade auf Zamora zu, dessen Kathedrale schon bald genau vor Ihnen zu sehen ist. Am Stadtrand überqueren Sie eine Landstraße, und gegenüber geht es eine kleine Straße 150 m bergab zu einem Kreisverkehr, den Sie überqueren, um geradeaus in die Calle de Fermoselle zu gehen, die nach 500 m das Ufer des Flusses Duero erreicht; gegenüber erhebt sich malerisch die Kathedrale über die Altstadt. Sie folgen der Straße in ihre Rechtskurve und gehen nun schöne 550 m am

Blick über den Duero auf die Kathedrale von Zamora (rk)

Flussufer entlang, bis Sie den Duero links über die 300 m lange mittelalterliche Brücke überqueren. Nach der Brücke laufen Sie geradeaus und dann rechts in die Calle de Puente. Nach 70 m kommen Sie an der Plaza Santa Lucia und umrunden die gleichnamige Kirche in einer Linkskurve. Von hier aus geht es linker Hand in die Calle San Cipiano hinauf. Das dritte Haus rechts ist gemäß den öffentlichen Ankündigungen die (zukünftige) Herberge (18,7 km). Sollte diese noch nicht geöffnet sein, so finden Sie Richtung Ortsausgang evtl. eine andere Möglichkeit.

Nach feierlichen öffentlichen Verlautbarungen und großspurigen Pressemitteilungen sollte hier bereits 2005 die lang ersehnte Herberge für Pilger entstehen. Im Frühjahr 2007 soll es nach erneuten Beteuerungen, die allerdings diesmal glaubwürdiger klangen, wieder einmal Zeit für die Einweihung sein. Die geplante Herberge hat 20 Liegen, Küche, Waschraum und Aufenthaltsraum mit Bibliothek - kurz, ein wahres Pilgerparadies Der Preis soll im üblichen Rahmen für öffentliche städtische Herbergen liegen, ☏ 980533694 (Touristeninfo).

Die Straße macht nun eine Rechtskurve zur Kirche San Cipriano. Nach 20 m geht es rechts in die Calle Eduardo de Barrón ab. Nach 30 m treffen Sie dann auf den Placio Claudio Moyano, den Sie überqueren. Sie stoßen auf die Plaza Viriato und davor geht es rechts auf die Calle Ramos de Carrión ab, der Sie am eben genannten Platz vorbei 150 m folgen, bis Sie schließlich zur Plaza Mayor kommen. Gehen Sie geradeaus weiter, so kommen Sie zum Hostal/Restaurant El Jardin, wo Sie essen und übernachten können.

Zur Herberge geht es jetzt aber links. Vorbei an der Kirche de San Juan überqueren Sie die Plaza Mayor und gehen rechts am Rathaus vorbei in die Calle Costanilla. Diese verbreitert sich zunächst zu einem kleinen Platz bis sie schließlich nach 130 m endet. Hier gehen Sie links in die Calle de la Feria und nach 100 m endet diese auch. Sie gehen über eine breite Straße und danach 150 m auf der Calle Puebla de Sanabria, bis Sie an der Plaza San Lázaro scharf rechts abbiegen. Nach 100 m finden Sie linker Hand ein Gebäude mit der Aufschrift Residencia Juvenil Doña Urraca, wo Sie hoffentlich unterkommen können, wenn die neue Pilgerherberge noch nicht geöffnet ist (19,5 km).

Die Residencia Juvenil Doña Urraca ist nicht, wie Sie vermuten könnten eine Jugendherberge, sondern ein Studentenwohnheim das, wenn es nicht voll mit

Studenten belegt ist, auch Pilger aufnimmt. Sicher ist dies jedenfalls nicht und es ist auch hier anzuraten, dass Sie vorher anrufen und sich erkundigen. Sollten Sie einen Platz bekommen, so dürfen Sie sich freuen, denn nach überstandenen Anmeldeformalitäten bekommen Sie hier für einen relativ guten Preis für eine Nacht ein Bett in einem Ein- oder Zweibettzimmer mit eigenem Bad. Am nächsten Morgen erwartet Sie dazu auch noch ein Frühstück, das wochentags während des Semesters um 7:45 und sonst um 10:00 angeboten wird. Wenn Sie auch hier Pech haben, so gibt es auch günstige Pensionen.

♦ Calle Villalpando 7, ☏ 980512671, wenn Platz frei ist, Pilger bis 30 Jahre zahlen € 8,25 Pilger ab 30 Jahre € 11,25 für Übernachtung und Frühstück

Zamora

⇧ 649 m, 68.000 Ew.

☺ Es ist hier auf jeden Fall ratsam, den freundlichen und kompetenten Damen in den genannten Touristeninformationen einen Besuch abzustatten, um sich Infos über die Stadt geben zu lassen.

i Plaza Arias Gonzalo 6, ☏ 980533694, täglich vor- und nachmittags

♦ Calle Santa Clara 20, ☏ 980531845, täglich vor- und nachmittags

Zamora ist eine angenehme, überschaubare Stadt, die im Hochmittelalter ihre Blütezeit erlebte und aus dieser Zeit viele Baudenkmäler im romanischen Stil bewahrt, weshalb die Stadt auch "Museum der Romanik" genannt wird.

Die Prozessionen der Karwoche sind berühmt für ihre Feierlichkeit, für ihre Originalität und für den künstlerischen Wert der Prozessionsfiguren, aber das Ambiente ist keinesfalls mit dem Volksfestcharakter in Sevilla zu vergleichen. In der Osterwoche ist es sehr schwer, in Zamora eine Unterkunft zu finden.

✞ **Kathedrale und Kathedralmuseum**: Mitte des 12. Jahrhunderts im romanischen Stil erbaut, hat die Kathedrale bis heute kaum Veränderungen erfahren, mal abgesehen von der klassizistischen Nordfassade, die mit dem sie umgebenden Platz harmonisiert. Am sehenswertesten ist der Vierungsturm, der wie der der Alten Kathedrale von Salamanca eindeutig byzantinischen Einfluss aufweist.

♦ April bis September täglich außer Mo 11:00 bis 14:00 und 17:00 bis 20:00, Oktober bis März täglich außer Mo 11:00 bis 14:00 und 16:00 bis 18:00, € 3

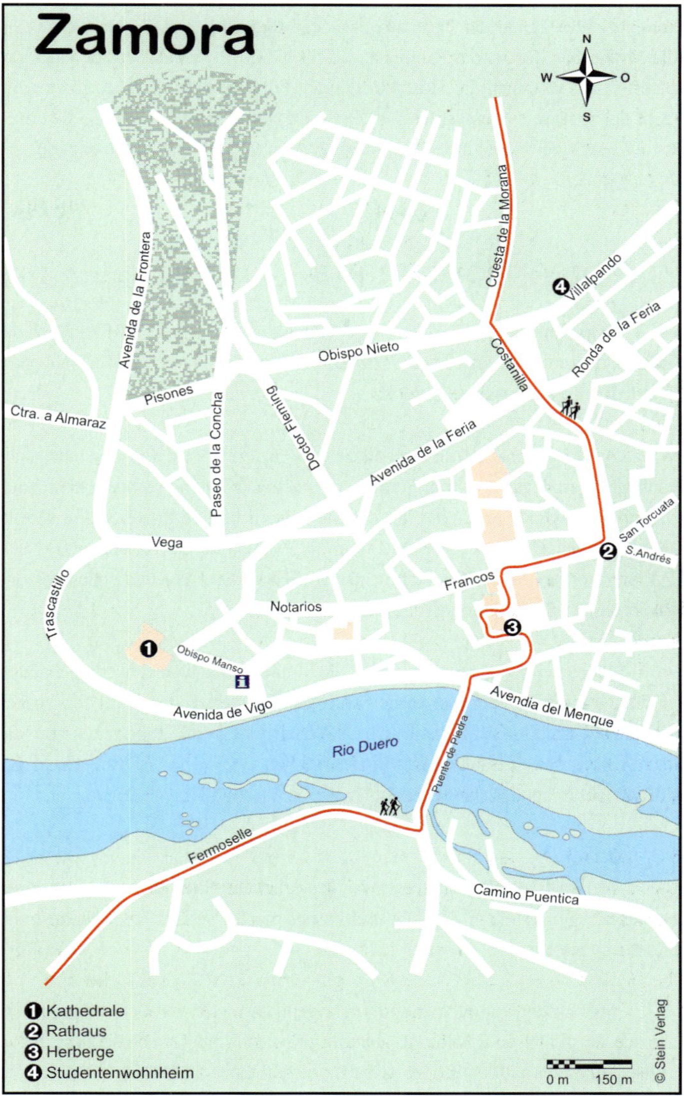
Zamora
N
W
O
S
Cuesta de la Morana
Villalpando
Ronda de la Feria
Costanilla
Obispo Nieto
Avenida de la Frontera
Pisones
Ctra. a Almaraz
Paseo de la Concha
Doctor Fleming
Avenida de la Feria
Vega
San Torcuata
S.Andrés
Francos
Trascastillo
Notarios
Obispo Manso
Avenida de Vigo
Avendia del Menque
Rio Duero
Puente de Piedra
Fermoselle
Camino Puentica
1 Kathedrale
2 Rathaus
3 Herberge
4 Studentenwohnheim
0 m
150 m
© Stein Verlag

Gehen Sie bei der Plaza Mayor weiter geradeaus und später halb links in die Straße San Torcuato so kommen Sie nach 600 m schließlich zur Plaza del Maestro, wo sich auch das Hostal/Restaurant El Jardin befindet. Hier können Sie nicht nur preiswert übernachten sondern auch günstig essen.

♦ Plaza del Maestro 8, ☏ 980531827 und 980535009, Übernachtung p.P. € 12

Zamora - Montamarta (17,6 km, Karte S. 167)

⇔ **Etappenplanung**: Die oben angegebene Entfernung von 17,6 km gibt die Entfernung zum Ortszentrum an. Die Abzweigung zur Herberge in Montamarta liegt jedoch 2 km vor diesem Punkt.

Ausgangspunkt ist hier der Plaza San Lázaro wo Sie von der Innenstadt kommend geradeaus und vom Studentenheim aus kommend rechts gehen. Nach 150 m gibt es eine Kreuzung, an der Sie halb rechts die breite Straße Cuesta Morana hinaufgehen, die nach 250 m in die Avenida de Galicia übergeht. Nach 1,3 km erreichen Sie am Stadtrand einen großen Kreisverkehr und gehen geradeaus in die N-631 Richtung Benavente.

3,1 km gehen Sie geradeaus, wobei die Straße ständig von Gewerbegebäuden gesäumt ist; dann gehen Sie an der Kreuzung, an der rechts Valcabado ausgeschildert ist, halb links fast parallel zur Nationalstraße in die Zubringerstraße, die nach 300 m den Ortsanfang von **Roales del Pan** erreicht (⇧ 698 m). 800 m geht es auf der Calle General Franco zum Hauptplatz mit Rathaus und Kirche.

☺ In Roales del Pan gibt es zwar **keine Lebensmittel zu kaufen,** aber am Hauptplatz gibt es einen Brunnen und an der parallel verlaufenden Hauptstraße findet sich ein Bar.

600 m vom Hauptplatz entfernt, eigentlich wieder auf dem Weg zurück, nämlich an der N-631 Richtung Zamora, lässt man im Gemeinderaum (Salón Municipal) Pilger auf dem Boden schlafen; es gibt eine kalte Dusche. Melden Sie

sich im Rathaus oder fragen Sie im Ort nach dem Bürgermeister (alcalde) oder nach dem Amtsdiener (alguacil), die Ihnen den Raum aufschließen können, ☏ 980538670.

Über den Hauptplatz hinweg geht es auf der Dorfstraße noch 100 m bis zum Ortsende und dort geradeaus auf eine Piste. Nach 500 m gehen Sie an einer Pistenkreuzung rechts und nach 200 m wieder links. Nun gehen Sie 3,6 km parallel zur etwa 100 m entfernten Nationalstraße. Dann kommt eine Pistenkreuzung, die Sie halb links überqueren, aber die Richtung wird bald korrigiert, und weitere 4,1 km geht es parallel zur N-630. Schließlich wendet sich die Piste nach links, weshalb Sie an einer Pistenkreuzung rechts abbiegen und weiter parallel zur Nationalstraße gehen. Nach 1,5 km geht es über eine Pistenkreuzung leicht links hinweg (15,9 km); rechter Hand gibt es an der N-630 Das Restaurant/Pension El Asturiano (☏ 980550182, € 12, 🛏 ✕) und weiter zur 2006 errichteten Herberge.

Wollen Sie in der Herberge von Montamarta übernachten, so führt Sie der Weg zunächst nicht auf dem Jakobsweg weiter ins Dorf, sondern von der oben genannten Stelle aus vorbei an dem eben genannten Restaurant El Asturiano und dann ca. 500 m links auf der N-630 weiter. Die 2006 eröffnete Herberge befindet sich dann vor dem Ortseingang rechts. Sie bietet 20 Betten, nach Geschlechtern getrennte Badezimmer, eine 2006 noch spärlich eingerichtete Küche, einen Aufenthaltsraum, Trockenraum und eine Picknickstelle vor dem Haus. Sollte die Herberge nicht offen sein, so bekommen Sie den Schüssel bei J e s u s (!), der unter ☏ 618584737 zu erreichen ist.

- An der N-630 vor dem Ortseingang, immer, Schlüssel bei Jesus ☏ 618584737 oder im Rathaus ☏ 980550112, € 4

Gehen Sie nicht zur Herberge, so führt Sie der Weg wie folgt weiter: Nach 700 m geht es zwischen den Gebäuden eines beidseitig der Piste angelegten Bauernhofs hindurch und danach rechts auf eine Piste, die nach 200 m wieder nach halb links zieht. Nach 400 m betreten Sie **Montamarta** (⇧ 687 m). Geradeaus überqueren Sie nach 600 m einen kleinen Platz mit dem Schild der Vía de la Plata (17,6 km). Geradeaus geht die Vía de la Plata weiter; rechter Hand befindet sich das Ortszentrum.

Montamarta - Riego del Camino

(16,6 km, Karte S. 167)

Geradeaus geht es 150 m bis zum Ortsende und auf einer Piste 300 m rechts zur Friedhofskirche bzw. unterhalb an ihr vorbei. Nach weiteren 200 m auf dieser Piste biegen Sie halb links auf die zweite der zunächst parallel verlaufenden Pisten ein.

Die Senke unterhalb der Friedhofskirche kann in seltenen Fällen vom Wasser des Stausees von Ricobayo überschwemmt werden, so dass Sie dann auf die Nationalstraße ausweichen müssen, ohne jedoch zu vergessen, gleich links in die genannte Piste einzubiegen.

Die Piste führt zunächst 300 m steil bergauf und wendet sich allmählich nach rechts. Nach weiteren 3 km parallel zur N-630 wird die Piste bei einer Steigung überraschend unregelmäßig und steinig und führt bergauf in eine Buschlandschaft. Passen Sie jetzt gut auf: Bevor Sie ein zusammenhängendes Waldstück erreichen, und der Weg sich nach links wendet, verlassen Sie ihn rechts auf einen Pfad. Auf den Steinen sind einige gelbe Pfeile zu erkennen; außerdem zeigen Steinhäufchen den Weg an.

Der Pfad führt 200 m zur N-630 (4,9 km), die Sie überqueren. Genau gegenüber geht es in eine zunächst asphaltierte Piste, der Sie nach 100 m in eine Linkskurve folgen, sie dann aber nach weiteren 100 m in der nächsten Rechtskurve verlassen, um stattdessen geradeaus auf einem Feldweg parallel zur N-630 zu gehen. Nach 700 m überqueren Sie die Nationalstraße erneut und gehen gegenüber auf einen breiten Feldweg, der von der Straße wegführt.

Nach 400 m überqueren Sie eine Pistenkreuzung; 50 m danach gibt es eine Pistengabelung, und Sie gehen halb rechts 200 m leicht bergauf. Nach 150 m wird der Blick auf den Stausee von Ricobayo und auf die noch weit entfernte Burgruine Castrotorafe frei. Von dieser Höhe gehen Sie nun 300 m bergab zu den unteren Häusern einer Siedlung. Achtung! Nach 60 m teilt sich der Weg, und Sie haben zwei Möglichkeiten weiterzulaufen:

Bei schlechtem Wetter- oder Lichtverhältnissen wählen Sie besser den oberen direkten Weg durch eine Siedlung und gelangen nach 900 m zur N-630

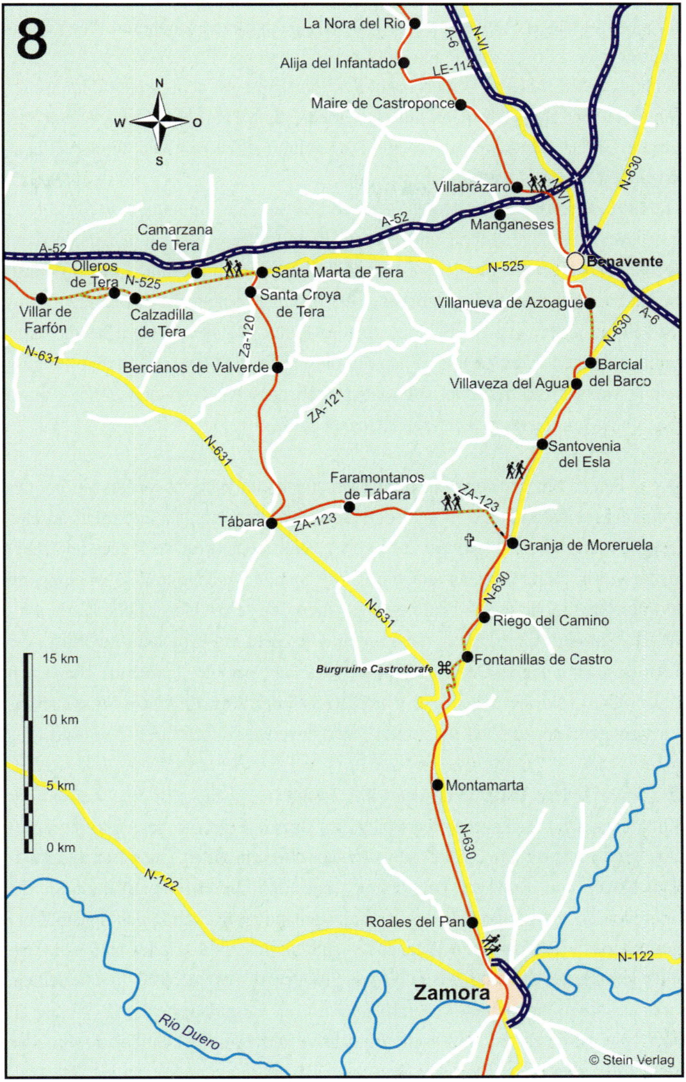
8
N
W
O
S
La Nora del Rio
Alija del Infantado
Maire de Castroponce
Villabrázaro
Manganeses
Benavente
Camarzana de Tera
Olleros de Tera
Santa Marta de Tera
Santa Croya de Tera
Villar de Farfón
Calzadilla de Tera
Villanueva de Azoague
Bercianos de Valverde
Barcial del Barco
Villaveza del Agua
Santovenia del Esla
Faramontanos de Tábara
Tábara
Granja de Moreruela
Riego del Camino
Fontanillas de Castro
Burgruine Castrotorafe
Montamarta
Roales del Pan
Zamora
Rio Duero
A-6
N-VI
LE-114
A-52
N-525
N-630
N-631
Za-120
ZA-121
ZA-123
N-122
15 km
10 km
5 km
0 km
© Stein Verlag

der Sie links folgen. Ansonsten empfehle ich den **mittleren schöneren** Weg zu laufen, der nach 250 m zum Pfad wird, aber durch einige Pfeile gekennzeichnet ist. Nach weiteren 250 m verliert sich der Pfad und es geht querfeldein weiter geradeaus, bis Sie nach 50 m auf eine unbefestigte Fahrbahn in der Wiese treffen, der Sie nach rechts folgen. Nach 300 m führt diese Fahrbahn in einem rechten Bogen hinauf in die Siedlung.

Nach weiteren 150 m bergauf gelangen Sie an eine Kreuzung, wo Sie auf die erste Wegalternative treffen und links in Richtung N-630 gehen, wo Sie dann ebenfalls links gehen. Sie gehen 1 km bis über die Brücke, und 100 m danach biegen Sie links auf eine Piste ab, die nach 300 m an einem allein stehenden Haus vorbeiführt. Dann geht es bergab, aber nach nur 50 m verlassen Sie die Piste rechts auf einen Fahrweg und gehen auf diesem Weg 500 m bis an eine Weggabelung wo sich wieder **zwei Alternativrouten** anbieten, von denen beide etwa gleich lang und gleich schlecht auszeichnet sind:

❶ Folgen Sie dem **oberen, unproblematischeren Weg**, so gehen Sie bei der Kreuzung rechts und 350 m geht der Weg leicht bergauf, bis Sie erneut an eine Weggabelung kommen, wo Sie links gehen. Nun geht es etwas steiler und dann wieder etwas ebener bergauf. Nach 550 m kommen Sie an eine Weggabelung, an der Sie eine gute Sicht auf die Burgruine haben. Sie gehen hier nicht links ab, sondern folgen dem Weg 250 m nach unten. Hier geht ein Weg links zur Burg, die zum Besuch einlädt. Der Jakobsweg führt aber weiter geradeaus auf einen schlechteren Feldweg. Nach 150 m verliert sich der Weg auf einem undefinierbaren steinigen Gelände, wo die zweite Alternative wieder auf Ihren Weg trifft.

❷ Die **untere Variante** ist dann interessant, wenn Sie z.B. eine Zeit an der stimmungsvollen Stelle verweilen wollen, wo das Ufer des Stausees und die Burgruine zusammentreffen. Sie müssen sich hier aber ein gutes Stück weit querfeldein schlagen und deswegen empfehle ich eher den oberen Weg. Wählen Sie die untere Variante, so folgen Sie bei der oben genannten Kreuzung dem linken Weg, kreuzen nach 200 m einen Weg und befinden sich nach wieder 650 m direkt unter der Burg. Von hier aus schlagen Sie sich rechts ca. 800 m querfeldein zunächst durch ein kleines Tal und später an der Burgmauer entlang, bis Sie zu einer Piste kommen die links in die Burg führt und zum Besuch einlädt. Geradeaus geht es aber querfeldein, bis Sie schließlich auf die erste Wegvariante stoßen.

Burgruine Castrotorafe (rk)

⌘ **Burgruine Castrotorafe**: Dieses aus dem 12. Jahrhundert stammende Wehrdorf war Sitz des Ordens der Jakobusritter. Machen Sie einen kleinen Abstecher und lassen Sie sich von der enormen Größe der Burg beeindrucken.

Gemeinsamer Weg: Vom oberen Weg kommend biegen Sie querfeldein nach rechts und kommen nach 500 m schließlich an einen Zaun, an dem Sie linker Hand entlanglaufen. Es wird ein Pfad erkennbar, aus dem dann später ein Fahrweg wird. Nach 550 m erreicht der Weg eine Tankstelle an der N-630 ✕. Links geht es auf der Standspur neben der Nationalstraße 500 m nach **Fontanillas de Castro** (⇧ 718 m) , und nach 100 m in die erste Dorfstraße links, die Travesía del Cementerio. Nach 100 m biegen Sie rechts in die Calle del Cementerio ein und erreichen nach 100 m den hübschen kleinen Kirchplatz (12,7 km).

Am Ortsanfang an der N-630 gibt es einen Gemeinderaum, in dem Pilger auf dem Boden schlafen können; es gibt nur Toilette und Waschbecken. Den Schlüssel hat der Amtsdiener (alguacil) Agustín, der in der Calle del Río Nr. 6 wohnt. Vor der Kirche links und gleich wieder links in die Calle del Río, wo er im zweiten Haus rechts wohnt, ☏ 980555620.

Über den Kirchplatz bzw. um die Kirche herum gehen Sie geradeaus 100 m die Calle del Río bergab und dann links auf eine Straße, der Sie 400 m am Ortsrand entlang folgen, bis sie am Ende des Dorfes an einer Pistenkreuzung endet. Hier geht es rechts auf eine Piste. Nach 1 km kommen Sie zu einer Pistengabelung und gehen halb rechts. Nach 1,3 km gibt es wieder eine Pistengabelung und Sie gehen erneut halb rechts. Nach 300 m macht die breite Piste einen weiten Linksbogen, und Sie verlassen sie halb rechts auf eine einfachere Piste, die 500 m nach **Riego del Camino** führt (⇧ 730 m) und dort auf die N-630 stößt. Gegenüber geht es ins Dorf, aber die Vía de la Plata führt links auf der Nationalstraße weiter und nach 150 m an der Bar vorbei. Nach weiteren 50 m biegt dann der Jakobsweg halb links in eine Betonpiste ein, rechts geht es in das Dorf zur Herberge (16,6 km).

Scharf rechts geht es in die Calle de Monte, nach 60 m halb rechts und wieder nach 20 m halb links in die Calle de Braulio Prerez. 50 m danach halb rechts, wo Sie bei der Hausnummer 10 am einzigen Laden im Dorf vorbeikommen. Nach 25 m laufen Sie wieder halb links und treffen nach 60 m auf die Calle de España. Wollen Sie den Schlüssel abholen, so gehen Sie 110 m rechts bis zum Haus der kleinen, pilgerbegeisterten Bürgermeisterin Dorita mit der Hausnr. 3. Zur Herberge geht es dagegen von dem Punkt, wo Sie auf die Calle de España getroffen sind, 30 m links zum Haus mit der Nr. 32, vor dem ein gelber Briefkasten hängt. Die Herberge, auf die Dorita so stolz ist, verfügt über 15 Betten in 3 Zimmern, Duschen, Waschraum und Küche mit Mikrowelle.

♦ Calle de España Nr. 32, Schlüssel bei der Bürgermeisterin in Calle de España Nr. 3, ☏ 980593570, ständig, Spende

Riego del Camino - Granja de Moreruela

(7,1 km, Karte S. 167)

Von der Piste, die von der N-630 aus dem Dorf führt, geht es 200 m zum Ortsende. Dort gibt es eine Pistenkreuzung, und Sie gehen rechts. 5,8 km geht es immer geradeaus Richtung Granja de Moreruela; dann überqueren Sie eine kleine Landstraße. Hier geht es links 3 km zum berühmten Kloster von Moreruela, aber Ihr Weg führt über die Straße hinweg weiter auf der Piste, die nach 300 m die erste Dorfstraße von **Granja de Moreruela** erreicht (⇧ 730 m) 🏠 ✕ 🛒, die Calle José Rodríguez Joaquin, der Sie rechts 300 m bis zur Nationalstraße folgen, die hier den Ort durchquert. Rechts geht es 100 m zur Pilgerherberge, einem roten Backsteingebäude, das links an der Straße steht (7,1 km).

🏠 Gute neu eingerichtete Herberge in einem frei stehenden Haus aus rotem Backstein mit 10 Betten. Es gibt Duschen und im gleichen Gebäude soll später ein kleines Lokal eingerichtet werden, wo die Pilger bewirtet werden. Den Schlüssel gibt es in der Bar Espiga, 300 m weiter nördlich an der Nationalstraße oder in der Bar Peregrino, die am Jakobsweg Richtung Ourense nahe dem oberen Ortsausgang liegt.

♦ Am südlichen Ortsanfang, Bar Espiga ☏ 980587133,
Bar Peregrino ☏ 980587079, 🚪 ständig, € 3

✝ **Kloster Moreruela**: Das älteste spanische Zisterzienserkloster, von 1131, ist heute nur noch eine imponierende Ruine, die Adel und Größe ausstrahlt.

♦ 4 km vom Ort entfernt über eine kleine Landstraße in westlicher Richtung, 🚪 im Winter: Mi bis So 10:00 bis 14:00 und 16:00 bis 19:00, im Sommer: 10:00 bis 14:00 und 17:00 bis 20:00, Mo und Di geschlossen, Eintritt frei

⌘ **Informationszentrum über den Zisterzienserorden (Centro de Interpretación del Cister)**: 50 m südlich der Pilgerherberge gelegen befindet sich dieses moderne Gebäude, dass sehr didaktisch über den Zisterzienserorden im Allgemeinen und über das Kloster von Moreruela im Besonderen informiert.

♦ Am südlichen Ortsanfang an der N-630, 🚪 Mi bis So 10:00 bis 14:00 und 17:00 bis 20:30, Mo und Di geschlossen, Eintritt frei

Granja de Moreruela - Benavente

(26,7 km, Karte S. 167)

⇔ **Etappenplanung**: Es ist schon darauf hingewiesen worden, dass es auf der Vía de la Plata 3,6 km hinter Granja de Moreruela eine nicht ganz billige, aber gute Übernachtungsmöglichkeit für Pilger im Hostal Oviedo-Ruta de la Plata gibt.

In Benavente gibt es seit 2004 eine kostenlose Pilgerherberge.

Von der Herberge gehen Sie auf der Nationalstraße 200 m nördlich bis zur Kirche und biegen vor ihr links in die Calle Doctor González Galindo ein. Nach 50 m teilt sich der Weg! Geradeaus geht es auf den ☞ Mozarabischen Jakobsweg Richtung Ourense und Santiago, rechts geht es die Vía de la Plata entlang Richtung Astorga. Es geht also rechts die Calle San Juan hinauf, die 300 m den gelben Pfeilen folgend bis zum Ortsende ansteigt. Dort geht es geradeaus auf eine Piste, aber nach 250 m biegen Sie halb rechts in eine andere Piste ab und nach nur 20 m noch einmal rechts in eine andere Piste. Nach 100 m geht es aber dann scharf links, um auf einer breiten Piste die richtige Richtung wieder aufzunehmen. Nach 1,9 km stoßen Sie auf eine kleine Landstraße, auf der Sie rechts gehen. Nach 200 m, kurz vor der N-630, gehen Sie links auf eine unregelmäßige Piste, die bald links neben der Nationalstraße verläuft. Nach 600 m befindet sich rechter Hand das Hostal Oviedo-Ruta de la Plata (3,6 km).

Sonderpreis für Pilger von € 12 pro Person, Mittags- und Abendmenüs kosten € 10, Waschmaschine kann kostenlos benutzt werden.

♦ Hostal Oviedo-Ruta de la Plata an der N-630, ☏ 980586080, ständig

Weiter geht es auf der Piste neben der N-630, bis sie nach 1,8 km endet, so dass Sie auf der rechts liegenden Nationalstraße bzw. auf einem Weg links daneben weitergehen müssen. So erreichen Sie nach 3 km den Ortsanfang und nach weiteren 300 m das Zentrum von **Santovenia del Esla** (8,7 km).

Auf der schmalen Haupt- und Nationalstraße geht es geradeaus durch den Ort, aber nach 300 m können Sie die Straße kurz vor dem Ortsende halb rechts verlassen, indem Sie 50 m zu einem üppigen Brunnen gehen, dessen Wasser leider nicht trinkbar ist. Daran vorbei geht es halb rechts auf eine Piste, die 900 m in weitem Linksbogen hinauf zum Friedhof an der N-630 führt. Dort geht es rechts auf einen Weg neben der N-630, der 4,1 km zum Ortsanfang von **Villaveza del Agua** führt (14,1 km). Sie durchqueren den Ort 600 m, und kurz vor Ortsende gehen Sie halb links auf die Piste, die links am Restaurant vorbeiführt. Diese Piste verläuft mehr oder weniger parallel zur N-630. Nach 1,9 km befinden Sie sich unterhalb der Kirche von **Barcial del Barco** (16,6 km).

☺ **Wegalternative**: Die markierte Vía de la Plata führt hier halb rechts steil hinauf ins Dorf, aber ich habe zufällig für die nächsten 2,3 km eine erheblich interessantere Wegalternative gefunden, denn während der markierte Weg 1 km auf Asphalt und dann 1,3 km unvermeidlich auf den unangenehmen Steinen einer stillgelegten Bahntrasse verläuft, vermeidet meine Alternative all das und ist landschaftlich schöner; die Distanz ist übrigens genau gleich.

🚲 Radfahrer folgen in jedem Fall meiner Wegalternative, denn die Steine der Bahntrasse sind unmöglich zu befahren.

🚶 Sie betreten den Ort nicht, sondern gehen auf der Piste geradeaus am Ort vorbei und kommen nach 1,3 km zu einem kleinen asphaltierten Kreisverkehr vor einem Staubecken. Gegenüber geht es halb links am Zaun entlang, und nach 100 m biegen Sie vor einem Tor links auf eine Piste ab. Nach 200 m gehen Sie wieder scharf rechts auf einen breiten Waldweg, der ans idyllische Ufer des Flusses **Esla** führt. 300 m weiter nach Überqueren der kleinen Schleusenanlage, kommen Sie zu einer Wegkreuzung und biegen halb links auf einen Pfad, der 400 m die Böschung hinaufführt (Radfahrer müssen teils schieben). Dann erreichen Sie die stillgelegten Bahngleise, wo von hinten der markierte Weg dazukommt (18,9 km).

Blick auf den Fluss Esla (rk)

Eisenbahnbrücke über den Fluss Esla (mk)

200 m gehen Sie links neben den Gleisen und überqueren diese dann, um auf der anderen Seite die Böschung hinunterzugehen. Auf dem Pfad kommen Sie nach 100 m an einem Häuschen vorbei und gehen noch 200 m weiter. Danach gehen Sie auf einer Piste 300 m geradeaus, bis Sie auf eine andere Piste stoßen, auf der Sie links gehen. Nach 300 m unterqueren Sie die Bahntrasse, und gleich danach gehen Sie wieder rechts auf eine andere Piste. Nach 400 m geht es geradeaus in einen Pappelwald bzw. auf einen Waldweg zwischen dem Wald und der Bahntrasse. Nach 350 m gehen Sie einen Pfad halb rechts hinauf zur Eisenbahnbrücke - die Gleise sind stillgelegt - auf der Sie 250 m den breiten Fluss Esla überqueren.

☺ **Genießen Sie diesen Abschnitt**, denn er ist wirklich wildromantisch!

Auf der anderen Seite verlassen Sie die Bahnbrücke rechts, wo es einen Pfad 50 m die Böschung hinuntergeht. Unten führt ein breiter Weg geradeaus am Flussufer entlang. Nach 300 m mündet dieser Weg in eine Piste ein, 100 m geht es am Ufer weiter, und dann führt die Hauptpiste nach links an einem Bewässerungskanal entlang.

Nach 600 m kommen Sie zu einer Pistenkreuzung und gehen links auf eine breite Piste, die nach 350 m die ersten Häuser und nach weiteren 150 m die Plaza Mayor von **Villanueva de Azogue** 🍷 erreicht (22,6 km).

Es geht geradeaus durch das Dorf. Nach 300 m stoßen Sie auf die Landstraße, auf der Sie halb rechts das Dorf verlassen. Die Landstraße bleibt jedoch von Gebäuden flankiert, denn es geht durch ein Gewerbegebiet. Nach 1,1 km kommen Sie an einer alten Zuckerfabrik vorbei (hier an Arbeitstagen 🍴), und nach weiteren 800 m erreichen Sie eine große Landstraßenkreuzung mit Kreisverkehr. Gegenüber geht es in die erste Straße von Benavente.

Nach 300 m gehen Sie an der zweiten großen Kreuzung nicht rechts Richtung Zentrum, sondern links Richtung Parador de Turismo, denn dieser Weg ist erheblich schöner und sogar kürzer. Nach 250 m biegen Sie rechts in eine Straße ab, nach 150 m wieder halb rechts und nach 150 m halb links und folgen dabei immer den Schildern Richtung Parador-Hotel. Schließlich geht es 300 m bergauf bis vor den Eingang des Paradors, von dessen Höhe Sie eine prächtige Aussicht genießen.

☺ **Burg und Parador von Benavente**: Der Parador befindet sich in den restaurierten Mauern der mittelalterlichen Burg von Benavente. Schauen Sie ruhig mal rein und trinken Sie etwas an der Bar, denn es handelt sich um ein öffentlich zugängliches Hotel!

Vom Parador gehen Sie rechts durch die breite Fußgängerallee, die nach 200 m in die Calle de la Mota übergeht, die wiederum nach 150 m in einen hübschen runden Platz mündet. Hier geht es halb rechts in die Fußgängerzone und 100 m zur hübschen romanischen Kirche Santa María del Azoque.

An ihr vorbei gibt es drei Straßen, die mehr oder weniger geradeaus führen und von denen Sie die mittlere, Calle de los Herreros, wählen, bei der es sich um eine Fußgängerstraße handelt. Nach 300 m befindet sich rechter Hand die Plaza Mayor und die sehenswerte romanische Kirche San Juan del Mercado (26,7 km).

Benavente ⇧ 744 m, 14.500 Ew.

Plaza de España 1, ☏ 980634211, Mo bis Fr vor- und nachmittags, Sa nur vormittags, So geschlossen

Im alten Bahnhof in der Nähe des Paradors gibt es eine kostenlose Herberge mit 12 Liegen, Bad und Duschen. Den Schlüssel bekommen Sie im Haus rechts von der Herberge, wo man diesen am besten zwischen 14:00 und 15:00 oder 20:00 und 21:00 abholen kann. Man kann ihn aber auch bei der Polizei bekommen.

♦ Im alten Bahnhof in der Carretera de la Estación, ☏ Polizei 980631349, ständig, gratis

Benavente - Villabrázaro

(7,3/7,9 km, Karte S. 167)

Durch die oben beschriebene Calle Obispo Regueras gehen Sie noch 100 m weiter bis zu ihrem Ende an einem großen Platz. Hier gehen Sie links in die ausgeschilderte Landstraße Carretera Manganeses. Diese erreichen Sie in Wahrheit aber erst, nachdem Sie nach 700 m Gefällestrecke einen Kreisverkehr am Stadtrand erreicht haben, den Sie geradeaus überqueren. Sie gehen hier in die Landstraße ZA-P-1511. Nach 500 m ist das definitive Ortsende erreicht, und geradeaus geht es auf der ruhigen Landstraße nach 2,3 km unter einer Eisenbahnbrücke hindurch. Weitere 1,5 km geht es auf Wegen rechts oder links neben der Landstraße.

Wo sich die Landstraße gegen Ende einer langen Geraden nach links wendet, verlassen Sie sie halb rechts auf eine Schotterpiste, die bergauf führt. Erst nach 200 m gibt es einen gelben Pfeil an einem Baum, und nach weiteren 200 m kommen Sie zu einer Weggabelung, wo Sie halb rechts die Bahngleise überqueren. 550 m gehen Sie auf dieser Piste neben den Gleisen, und schließlich überqueren Sie die Gleise erneut.

350 m danach geht es unter der Autobahn hindurch, und nach 500 m erreichen Sie am Ortseingangsschild von **Villabrázaro** (⇧ 716 m) eine Straße, der Sie rechts 400 m bis zum eigentlichen Ortsanfang folgen (7,3 km), wo sich direkt geradeaus die Bar Real befindet.

In der Bar Real gibt es den Schlüssel für die Pilgerherberge. Sollte wider Erwarten einmal geschlossen sein, können Sie auch nach dem Amtsdiener (alguacil) Ángel Alonso fragen. Zur Herberge gehen Sie halb rechts an der Bar Real vorbei die Straße hinauf, die nach 300 m eine breite Straße überquert. Gegenüber geht es leicht links weiter, und nach 300 m ist es auf der rechten Seite das letzte Haus, das Kulturhaus (Casa de Cultura), aber nicht die letzte, sondern die vorletzte Tür.

Es ist eine sehr einfache Herberge mit 13 Liegen, noch mehr Platz auf dem Boden und warmen Duschen,

♦ Am nördlichen Ortsrand im Kulturhaus (Casa de Cultura), Bar Real ☏ 980642596, Amtsdiener (alguacil) Ángel Alonso ☏ 980642630 und 655923189, ständig, gratis

Da der Schlüssel normalerweise zur Bar Real zurückgebracht werden muss, ist die Bar Real als Endpunkt der vorigen und als Ausgangspunkt der neuen Etappe angegeben. Sollten Sie aber die Möglichkeit haben, gleich loszugehen, weil möglicherweise jemand anders den Schlüssel abgibt, dann müssen Sie nicht mehr zurück in den Ort, sondern gehen gerade aus dem Dorf auf eine Piste, die 500 m im Linksbogen zur Landstraße führt, wo von links der Weg hinzukommt, der vor 800 m von der Bar Real ausgegangen ist. Auf der Straße geht es dann weiter nach Norden.

Villabrázaro - Alija del Infantado

(15,4 km, Karte S. 167)

Links an der Bar Real vorbei gehen Sie durch die Hauptstraße 300 m zum Hauptplatz mit der Kirche und weiter 200 m bis zum Ortsende, wo es geradeaus auf die Landstraße geht. Nach 300 m passieren Sie das Ortsausgangsschild, wo von rechts der direkte Weg von der Herberge dazukommt. Nach 4,2 km auf dieser sehr schmalen und praktisch unbefahrenen Straße gehen Sie über eine Straßenkreuzung hinweg. 400 m danach mündet die Straße in die ebenfalls schmale Landstraße ZA-P-2553 ein, auf der es in gleicher Richtung weitergeht. Nach 2,4 km überqueren Sie einen Bach.

Bodegas: Hier sehen Sie zahlreiche Weinkeller, sogenannte Bodegas, die einerseits der Weinlagerung dienen und andererseits dazu, drinnen Feste zu feiern, denn im Sommer ist es kühler und im Winter wärmer als draußen. Es sieht kurios aus, wie die Hügel durchlöchert sind und oben Schornsteine und Belüftungsschächte herausschauen.

☺ Wenn Sie Glück haben und jemanden sehen, fragen Sie mal, ob Sie reinschauen dürfen! Man zeigt es Ihnen sicher gerne.

Ansonsten geht es 700 m weiter auf der Straße zum Ortsanfang von **Maire de Castroponce** (8,5 km). 400 m geht es durch den rechten Ortsteil - das Zentrum bleibt links liegen - und weiter auf der schmalen Landstraße 2,5 km bis zur malerischen Brücke über den Fluss **Órbigo**. Der Weg führt über die 100 m

Die Bodegas (Weinkeller) von Maire de Castroponce (mk)

Blick auf Alija del Infantado (mk)

lange mittelalterliche Brücke, aber die schöne Lage lädt zur Rast ein, denn im Fluss kann man baden und im dort befindlichen Hostal Puente de Vizana 🛏 ✕ kann man essen (11,2 km). Der Fluss bildet die Provinzgrenze zwischen Zamora und León, und auf der etwas größeren Landstraße LE-114 gehen Sie links 2,2 km bis zum Ortsanfang von **Alija del Infantado**. Genau vor dem Ortsschild sollten Sie aber halb rechts auf einer Piste am Fußballplatz entlanggehen. Nach 400 m gehen Sie an einer Weggabelung halb rechts und 800 m auf dieser Piste am rechten Ortsrand entlang bis zu den restaurierten Resten der mittelalterlichen Burg, die hier Palacio (Palast) genannt wird (14,9 km).

☺ **Weiterweg**: Eigentlich führt die Vía de la Plata geradeaus weiter, um nach 1,2 km in die Landstraße einzumünden, während diejenigen, die hier zur Herberge wollen, links in den Ort gehen müssen. Jeder sollte aber zumindest kurz diesen interessanten Ort besuchen.

Also biegen Sie vor der Burg links ab und betreten sofort den Hauptplatz Plaza Mayor, der sich hier kurioserweise nicht im Ortszentrum, sondern am Ortsrand befindet. Zwischen Burg und Platz gehen Sie in die Calle El Rollo, die nach 500 m auf die Hauptstraße trifft (15,4 km).

Direkt gegenüber befindet sich das Fremdenverkehrsamt, rechts daneben geht es die gegenüber befindliche Querstraße hinauf zur Pilgerherberge und rechts auf der Hauptstraße aus dem Ort hinaus.

Alija del Infantado ✕ ⊞ ⇧ 743 m, 1.200 Ew.

An der Hauptstraße Ecke Calle El Rollo, kein ☏, nur im Sommer

Sie gehen die Calle Francisco Martínez 150 m hinauf in den beeindruckenden Ortsteil mit zahlreichen großen Bodegas. Oben gehen Sie links und finden die Herberge nach 50 m auf der linken Seite (15,6 km). Refugio de Peregrinos steht an der Tür. Die Herberge ist einfach, hat immerhin 10 Liegen, aber nur kalte Duschen. Den Schlüssel hat Señora Maruca, die in der Calle Alta Nr. 7 wohnt. Dahin gelangen Sie, indem Sie von der Calle Francisco Martínez kurz vor den Bodegas rechts hinauf 70 m zur Kirche San Esteban gehen und dort links in die Calle Alta, wo Señora Maruca nach 50 m links wohnt.

♦ ständig, Spende

Alija del Infantado - La Bañeza

(20,8 km, Karte S. 181)

Vom Fremdenverkehrsamt (0 km) geht es auf der Hauptstraße nördlich 900 m bis zum Ortsende. Am Ortsausgangsschild kommt der Weg von rechts dazu, den Sie von der Burg aus hätten nehmen können, ohne den Ort zu betreten. Weiter geht es auf der Landstraße LE-114.

Nach 1,9 km biegen Sie bei einer Kreuzung rechts in die Landstraße ab, die nach **La Nora** führt, das Sie aber nicht erreichen, denn nach nur 100 m, nach Überquerung der Brücke über den schmalen Fluss **Jamuz**, gehen Sie links auf eine Piste.

Auf dieser schönen Piste gehen Sie direkt am Ufer des über und über mit Schilf bewachsenen Flusses, wobei Ihr Weg von erfrischenden Pappelwäldern flankiert ist. Schließlich erreichen Sie nach 5,4 km den Ort **Quintana del Marco** (8,3 km).

Geradeaus überqueren Sie die Straßenkreuzung und folgen einer Straße am kanalisierten Fluss Jamuz entlang 300 m bis zum Ortsende. Rechter Hand steht der mittelalterliche Wehrturm des Ortes. Geradeaus geht es auf eine Piste; nach 3,2 km bleibt linker Hand das Dorf **Villanueva de Jamuz** mit seiner mittelalterlichen Burgruine liegen.

Nach 2,1 km am Fluss entlang war die Piste zeitweise wegen der Baustelle eines Bewässerungskanals unterbrochen, so dass Sie diese Stelle rechts umgehen mussten. Danach geht es noch 300 m am Fluss entlang, bis die Piste plötzlich vor einer Pappelpflanzung endet. Hier biegen Sie rechts auf einen Pfad und nach 50 m wieder links auf einen Feldweg, um in der gleichen Richtung wie vorher, aber nicht mehr am Flussufer entlang, weiterzugehen.

1,2 km geht es geradeaus, dann mündet dieser Feldweg in eine Piste, der Sie in gleicher Richtung folgen. Nach 200 m biegen Sie dagegen bei einer Brücke rechts auf eine andere Piste ab. Nach 200 m gehen Sie wieder links auf eine Piste, und auf diese Weise umgehen Sie das Dorf **Santa Elena de Jamuz**, dessen Ortsanfang Sie nach 600 m erreichen (16,5 km).

Hier geht es rechts auf die Landstraße. Nach 3 km, kurz vor den ersten Häusern von La Bañeza, biegen Sie rechts ab auf eine Straße, die die Bahntrasse überquert und nach 300 m den Ort als Calle Santa Elena betritt. Nach 600 m führt diese Straße halb rechts bergab, Sie gehen aber links und nach 20 m gleich wie-

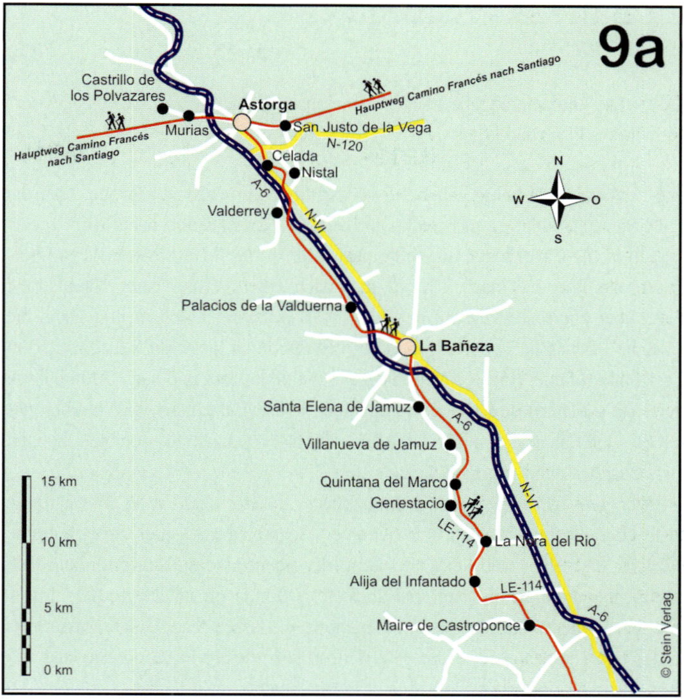

der rechts in die Calle San Julián, um in der gleichen Richtung wie bisher weiterzugehen. Nach 350 m biegen Sie rechts in die Calle San Roque ein, und nach 50 m finden Sie auf der linken Seite die Pilgerherberge Monte Urba (20,8 km).

La Bañeza ⇧ 771 m, 10.000 Ew.

Sehr gute, große und geräumige Herberge mit 30 Betten, Wohn- und Esszimmer, Küche und warmen Duschen. Die Herberge wird vom Pfarrbüro der Kirche El Salvador verwaltet und von den Damen Maxi und Mari betreut.

♦ Calle Bello Horizonte Ecke Calle San Roque, Pfarrbüro ☏ 987640992, Maxi ☏ 987655504, Mari ☏ 987641776 (Mari wohnt gegenüber im Haus Nr. 20), ständig, Spende

La Bañeza - Astorga

(ca. 25 km, Karte S. 181)

☺ **Die Kilometerangabe** ist hier ausnahmsweise nicht exakt, weil es in Astorga mehrere Pilgerherbergen gibt.

Von der Herberge gehen Sie 50 m zurück zur Calle San Roque, über die Calle San Julián hinweg halb rechts in die Calle San Blas und nach 50 m rechts bergab in die Calle Santa Lucía, die nach 300 m die Calle Lope de Vega überquert, die ihrerseits nach 150 m und nach Überquerung einer Hauptstraße gegenüber zur Calle Salvador wird. Nach 50 m befindet sich rechter Hand die hübsche Pfarrkirche El Salvador. Weiter geht es durch die Calle Salvador 150 m bis zu ihrem Ende, dort rechts in die Calle Vía de la Plata und nach 50 m links in die Calle J. Marcos de Segovia, die Richtung Villalis führt. Nach 450 m überqueren Sie eine Bahntrasse, und nach 600 m auf dieser Landstraße kommen Sie zum Ortsausgangsschild von La Bañeza.

Hier geht es rechts auf eine Asphaltpiste, die nach 150 m in eine einfache Piste übergeht und nach 250 m bei einer Wegkreuzung wieder die Bahntrasse erreicht. Sie gehen halb links 100 m an der Bahntrasse entlang und dann halb rechts einen Pfad 50 m hinauf, um über die 100 m lange stillgelegte Bahnbrücke den Fluss **Duerna** zu überqueren. Gegenüber verlassen Sie die Bahntrasse links und gehen geradeaus auf einem Pfad 150 m bis zu einer Piste, der Sie links folgen. Nach 100 m gehen Sie bei einer Pistengabelung halb rechts.

Nach 550 m stößt diese Piste auf die Autobahn, vorher aber auf eine Piste, der Sie nach links 100 m bis zum Flussufer folgen. Es geht rechts 50 m unter der Autobahn hindurch, dann wieder rechts, und nach 200 m führt die Piste wieder nach links, um die Originalrichtung wieder aufzunehmen.

Jetzt müssen Sie gut mitzählen: Nach 550 m biegen Sie in die vierte Piste links ab, nach 200 m dann wieder in die erste Piste rechts. Nun geht es immer geradeaus 1,4 km bis zum Ortsanfang von **Palacios de Valduerna**, wo die Piste auf eine Mauer stößt. Sie gehen in eine Piste rechts und nach 100 m wieder links und folgen dann den gelben Pfeilen 150 m bis zur Kirche. Hier gehen Sie scharf links 50 m bis zum Hauptplatz Plaza de la Constitución mit dem Rathaus (6,1 km). Die Hauptstraße gehen Sie halb links weiter 500 m bis zum Ortsende, wo Sie halb rechts in eine Straße einbiegen, die 300 m zum Friedhof führt.

Genau davor gehen Sie halb rechts auf eine Piste. Nach 500 m gibt es eine Weggabelung, und Sie folgen der Hauptpiste ganz leicht links. Nun geht es 5,8 km genau geradeaus zwischen Feldern und Buschwerk. Leider gibt es hier keine gelben Pfeile, aber zur Sicherheit sei angemerkt, dass die Piste parallel zur Nationalstraße verläuft, die aber weit rechts liegt, wie auch die Ortschaften, so dass Ruhe und Einsamkeit des Weges kaum beeinträchtigt werden.

Schließlich erreichen Sie eine kleine Landstraße (13,2 km), auf der Sie halb rechts gehen. Nach 600 m macht die Straße eine leichte Rechtskurve, Ihr Weg führt aber geradeaus auf eine breite Piste, die nach 2,6 km die Autobahn erreicht und in gleicher Richtung an ihr entlangführt, bis Sie nach 600 m rechts durch einen Tunnel gehen (17 km). Hinter dem Tunnel gehen Sie gerade von der Autobahn weg, biegen dann aber nach 100 m links auf einen Weg ab, so dass Sie sich jetzt genau zwischen der Autobahn und der Nationalstraße befinden. Auf diesem Weg gehen Sie zwischen den beiden Straßen 350 m zum Autobahnzubringer.

☺ **Gehen Sie hier rechts**! Folgen Sie nicht den gelben Pfeilen, die geradeaus zeigen, denn der Weg ist bald verschüttet, und es hätte sich sowieso nur darum gehandelt, 300 m Asphalt zu vermeiden.

Sie gehen also 50 m rechts zur Nationalstraße N-VI und dort links, um nach 250 m wieder rechts in die Landstraße Richtung Estación de Valderrey abzubiegen. Nach 150 m biegen Sie hinter einer Fabrik wieder links auf eine Piste ab. 800 m geht es geradeaus, wobei der Weg immer schmaler wird und schließlich als Pfad die alte Römerbrücke über den Fluss **Turienzo** überquert.

Gegenüber geht es auf einem Feldweg nach 100 m an einer frei stehenden blau-weißen Lagerhalle vorbei, die schon vorher von Weitem zu sehen war. Nach 800 m auf einem schönen einsamen Feldweg überqueren Sie die stillgelegte Bahntrasse, und gehen direkt dahinter links auf eine Piste, die 1 km die Gleise entlangführt. Am Ende stößt diese Piste auf eine Asphaltpiste, der Sie wieder links über die Bahntrasse folgen, um dann aber nach knapp 100 m wieder rechts auf eine einfache Piste abzubiegen. 400 m geht es geradeaus bis zur Einmündung in die N-VI am Ortsausgang von **Celada de la Vega**, hier 🛏 ✕ (21,1 km).

Geradeaus gehen Sie nun auf der N-VI 2,5 km bis zum Ortsschild von Astorga, noch weitere 700 m auf der N-VI, und wo die eigentliche Stadt beginnt, an der Plaza San Roque, gehen Sie halb rechts in eine Straße, die nach 200 m vor

Stufen endet. Diese Treppe gehen Sie 50 m hinauf und unter der Brücke der Stadtmauer hindurch 50 m die Straße Bajada del Postigo hinauf (24,6 km).

Seit 2006 gibt es hier eine neue Herberge, die Sie erreichen, wenn Sie nun 200 m rechts durch die Calle del Jardín zur Plaza San Francisco gehen. Die Herberge befindet sich in dem Haus mit der Nr. 3, hat 145 Betten in Zimmern zu 6, 4 und 2 Betten. Die Übernachtung kostet in den großen Zimmern € 4 und in den Zweibettzimmern € 6. Es gibt eine Küche, einen Waschraum mit Waschmaschine und Trockner, jede Menge Duschen und ein Esszimmer. Über die Atmosphäre des Gebäudes lässt sich allerdings streiten.

- Plaza San Francisco Nr. 3, immer, ☏ 987616034, € 4 bis 6

Zur offiziellen Winterherberge gehen Sie von der eben beschriebenen Herberge aus bis zum Ausgang des Parks und links in die Calle Matías Rodríguez, wo sich die Herberge gleich auf der linken Straßenseite befindet (24,8 km). Es ist eine einfache Herberge mit 36 Liegen.

- Calle Matías Rodríguez 26, ☏ 987618281, von Oktober bis Ostern. Wenn geschlossen ist, bekommen Sie den Schlüssel im Hospital Centro Las Cinco Llagas, das sich am Parkausgang rechter Hand befindet. Übernachtung € 4

Zur neuen Privatherberge gehen Sie geradeaus durch die Calle Bañeza 150 m bis zur Plaza Mayor mit dem Rathaus und weitere 550 m bis zur Kathedrale. Vom Hauptportal gehen Sie links in die Calle Portería, in der sich die Herberge nach 100 m auf der linken Seite befindet (25,4 km).

Es handelt sich um eine ausgezeichnete und stimmungsvolle Herberge in einem 300 Jahre alten restaurierten Adelshaus. Es gibt 110 Betten, ausgezeichnete Badezimmer mit heißen Duschen und einen wunderschönen Innenhof.

- Calle Portería 6, ☏ 987618532, ständig, Übernachtung € 6, Frühstücksbuffet € 3

Astorga ⇧ 868 m, 13.500 Ew.

Plaza Eduardo de Castro, ☏ 987618222, ganzjährig, Mo und Di geschlossen

Astorga war schon zu Römerzeiten als Asturica Augusta eine bedeutende Stadt, was an zahlreichen baulichen Resten zu sehen ist. Im Mittelalter war die Stadt eine wichtige Station auf dem Jakobsweg.

✞ **Kathedrale**: Sie stammt aus dem 15. bis 18. Jahrhundert; sehenswert sind die Hauptfassade sowie der Hauptaltar und der Chor im Renaissancestil.

♦ täglich 9:00 bis 12:00 und 17:00 bis 18:30

⌘ **Bischofspalast**: Von Antonio Gaudí von 1889 bis 1913 in seinem unverkennbaren neugotischen Jugendstil geschaffen. Heute dient der Palast als Museum und birgt u.a. das Museum der Jakobswege (Museo de los Caminos).

♦ Juli bis September 10:00 bis 14:00 und 16:00 bis 20:00, Oktober bis Juni 11:00 bis 14:00 und 16:00 bis 18:00, So nachmittags und Mo geschlossen, € 2,50

⌘ **Römisches Museum**: Kernstück ist ein 50 m langer, 5,30 m breiter und 4,75 m hoher römischer Tunnel, dessen Funktion nicht völlig geklärt ist. Fundstücke und didaktische Erklärungen sind ausgestellt.

♦ im Sommer 11:00 bis 14:00 und 16:00 bis 20:00, im Winter 10:00 bis 13:00 und 16:00 bis 18:00, So nachmittags und Mo geschlossen, € 2,50

☺ **Jakobsweg**: Die meisten Pilger, die der Vía de la Plata nach Astorga folgen, werden dies tun, um dann auf dem Haupt-Jakobsweg, dem Camino Francés, die Pilgerschaft fortzusetzen. Hier schließt sich das OutdoorHandbuch Band 23 **Spanien: Jakobsweg Camino Francés** von Michael Kasper & Michael Moll an (☞ Reise-Infos von A bis Z, Literaturtipps).

Rückfahrt nach Madrid: Wer mit dem Bus nach Madrid zurückfährt, um von dort heimzufliegen, hat es nicht weit zum Busbahnhof: Von welcher Herberge auch immer, gehen Sie zur Kathedrale und 200 m nördlich von ihr befindet sich der Busbahnhof. Die Busgesellschaft Alsa hat täglich Busse um 2:15, 10:15, 15:30, 16:30 und 18:40; die Fahrt dauert 3:45 Std. und kostet € 19,63 (Busbahnhof und Alsa ☏ 987619100).

Hinter Tábara (rk)

☺ **Terminologie**: Um Kritik vorzubeugen, sei noch einmal wiederholt, was schon in der Einleitung dargelegt wurde, nämlich dass der Mozarabische Jakobsweg eigentlich von Granada über Córdoba nach Mérida führt, sich dort mit der Vía de la Plata verbindet, um sich später wieder von ihr zu trennen und nach Santiago de Compostela zu führen.

Hier wird dagegen nur der letzte Teil des Mozarabischen Jakobsweges ab Granja de Moreruela beschrieben.

Granja de Moreruela - Tábara

(26,7 km, Karte S. 167)

Von der Herberge gehen Sie auf der Nationalstraße 200 m nördlich bis zur Kirche und biegen vor ihr links in die Calle Doctor González Galindo ein. Nach 50 m teilt sich der Weg! Rechts geht es die Vía de la Plata entlang Richtung Astorga, geradeaus auf den Mozarabischen Jakobsweg Richtung Sanabria, Ourense und Santiago.

Sie gehen also geradeaus 200 m bis zum Ortsende und dort auf eine Piste. Nach 1,2 km geht es über die erste Pistenkreuzung hinweg geradeaus, aber 50 m danach zweigen Sie halb rechts auf eine andere Piste ab. Diese steigt zuerst 400 m an und führt dann steinig geradeaus und dabei auf und ab. Nach weiteren 2,5 km biegen Sie am Ende einer leichten Steigung auf eine Piste nach rechts ab. Achten Sie bei diesem Abzweig gut auf die Pfeile, denn wenn Sie ständig geradeaus gehen, übersehen Sie die Pfeile am Ende.

700 m führt die Piste leicht bergauf und dann noch 350 m bergab, bis sie auf eine andere Piste stößt, auf der Sie links gehen. Nach 500 m fällt die Piste plötzlich steil ab und führt dann im Rechtsbogen 150 m zur Landstraße ZA-123. Sie gehen links auf der Straße 650 m bis zur 200 m langen Brücke über den Fluss Esla (7,2 km).

Verweilen Sie hier etwas und genießen Sie die Aussicht: Linker Hand erstreckt sich eine malerische Landschaft mit einer Schlucht am Talschluss und der alten verfallenen Brücke Puente Quintos davor, über die einst die Pilger zogen. Trotz seiner geringen Größe ist dieses Tal ein Naturparadies, und Sie können hier u.a. Reiher, Kormorane und schwarze Störche beobachten.

Alternative für Radfahrer: Am Ende der Brücke (7,2 km) können Sie dem Wanderweg unmöglich folgen; deshalb müssen Sie auf der Landstraße bleiben und den folgenden Weg nehmen: 900 m nach der Brücke biegen Sie in die erste Piste links ein, die 300 m hoch zu einem allein stehenden Bauernhof führt. Die Piste führt links daran vorbei, und dann biegen Sie links auf eine Piste ab, die sich nach 150 m nach rechts wendet und 250 m steil und steinig ansteigt.

Dann geht es wieder steinige 500 m bergab bis zu einer Pistengabelung, wo Sie geradeaus weiterfahren. Auf der unregelmäßigen Piste geht es 1,3 km leicht bergab durch einen Steineichenwald immer geradeaus, bis von links oben der Wanderweg dazukommt und wieder gelbe Pfeile zu sehen sind (10,6 km). Es geht weiter geradeaus.

Wanderweg: Am Ende der Brücke (7,2 km) gehen Sie links auf einem felsigen Pfad 200 m bis zum Ufer und 600 m in seiner Nähe bis auf die Höhe der alten Brücke, die auf der anderen Flussseite zu sehen ist. Hier endet auch der begehbare Uferweg, und bevor die Schlucht beginnt, steigen Sie rechts 50 m über die Felsen hinauf. 350 m geht es weiter auf schmalen Pfaden den Pfeilen folgend steil hinauf auf den höchsten Felsen über der Schlucht zu. Dabei bieten sich herrliche Blicke zurück zur Brücke und zum Fluss. Auf der Höhe angekommen, halten Sie sich rechts und gehen vom Fluss weg.

Weg nach Faramontanos de Tábara (rj)

Nach 100 m gehen Sie links an einer Hausruine vorbei, wo ein breiter Weg beginnt, der 600 m leicht bergab führt und dann auf einen anderen breiten Weg stößt, auf dem Sie links gehen. Zunächst leicht ansteigend und dann abfallend endet diese Piste, die durch einen schönen Steineichenwald führt, nach 1,1 km auf einer anderen Piste, wo von rechts die Alternative für Radfahrer hinzukommt (10,2 km) und es links weitergeht.

Gemeinsamer Weiterweg: Auf dieser Piste geht es durch den Steineichenwald, den Sie nach 1 km allmählich verlassen. Über eine Pistenkreuzung hinweg geht es auf eine breitere Piste, und nach 600 m beim Tor des Landguts Finca Val de la Rosa rechts auf eine andere breite Piste.

Diese führt 1,6 km über die Felder auf einen Windpark zu; Sie überqueren eine kleine Asphaltstraße, und gehen noch 500 m geradeaus weiter, ehe Sie wieder links abbiegen. Achten Sie gut auf den gelben Pfeil, denn hier sehen alle Pisten gleich aus!

Nach 500 m stößt diese Piste wiederum auf eine andere Piste, auf der Sie rechts abbiegen, die aber gleich einen Linksbogen beschreibt. 1,5 km geht es nun meist bergab und an einem kleinen Haus vorbei, bis Sie bei einer Pistenkreuzung wieder rechts abbiegen und 2,6 km schnurstracks auf das Dorf **Faramontanos de Tábara** zugehen. Vom Dorfeingang gehen Sie 350 m die Dorfstraße entlang. Die Straße macht eine Rechtskurve in der sich linker Hand die Bar Boya befindet. Marie Isabel kann hier auch einfache warme Mahlzeiten für Pilger zubereiten und hat einen kleinen Markt. Hier holen Sie auch den Schlüssel für die Herberge ab.

Sie folgen der Straße weiter über einen Platz mit Kirche (18,9 km). Vorbei an dieser kommen Sie nach 400 m an eine moderne Kapelle, von der aus es halb rechts auf die Piste geht. Sie gehen links an einer Halle vorbei, in der sich die Notunterkunft befindet.

Die Notunterkunft befindet sich in einer Art Merzweckhalle mit Bühne. Wenngleich die Halle unverputzt und einfach ist, gibt es hier immerhin 4 aufklappbare Liegen, warme Duschen, Bänke und ein Spülbecken. Den Schlüssel werfen Sie am anderen Morgen in den Briefkasten an der rechten Seite der Halle.

♦ In der Merkzweckhalle am Ende des Dorfes, ☏ Marie Isabel 980595054, ständig, gratis

Nach 150 m kommen Sie auf einen Landstraßenzubringer. Nach 100 m kreuzen Sie die Landstraße ZA-123, und gegenüber geht es auf eine breite Piste. Nach 2,3 km biegen Sie links ab. ☞ Achtung: Der gelbe Pfeil befindet sich an einer an der linken Ecke frei stehenden dicken, runden, üppigen Steineiche.

Auf einer breiten Piste gehen Sie 800 m und biegen dann, kurz bevor Sie auf die Landstraße treffen, rechts auf eine andere Piste ab, die bald sehr breit wird.

Turm der Kirche San Salvador in Tábara (mk)

Maultierpflug in Tábara (rj)

Nach 2 km führt die breite Piste halb links weg, der Jakobsweg aber geradeaus am Zaun entlang auf einen Feldweg. Dieser Weg wird allmählich breiter, und Sie folgen ihm in allen seinen Kurven 1,2 km, wobei Sie immer auf den romanischen Kirchturm des einstigen Klosters San Salvador (11. Jh.) zuhalten, bis Sie rechts davon auf eine Piste stoßen. Der Jakobsweg führt hier scharf rechts auf der Piste weiter, aber in den Ort und zur Herberge geht es erst einmal links 100 m zum Turm und 100 m über die Landstraße hinweg auf die Plaza Mayor, wo es den Schlüssel für die unten beschriebene Herberge gibt (26 km).

Tábara

⇧ 744 m, 1.000 Ew.

Zur Pilgerherberge gehen Sie 50 m quer über den Platz in die Calle Vistahermosa. Nach 100 m biegen Sie in die dritte Querstraße rechts, die Calle Generalísimo, auf der Sie 250 m bis zu einem Platz gehen, in dessen Mitte ein großer Brunnen mit Viehtränke steht. Gegenüber gabelt sich die Straße; Sie gehen in die halb rechte, die nach 250 m das Ortsende erreicht. Geradeaus gehen Sie weiter auf einen Getreidesilo zu, nach 100 m steht rechts die Pilgerherberge (26,7 km). Die gute Herberge verfügt über 14 Liegen, Küche und Esszimmer, wo es allerdings kein Geschirr gibt. Davor gibt es einen Waschplatz, in dessen Wasser man ruhig die strapazierten Füße hängen kann.

Den Schlüssel können Sie im Tabakladen (estanco, tabacos) bekommen, der sich direkt an der Ecke befindet, wo Sie noch vor dem Erreichen der Plaza Mayor die Landstraße betreten haben. Sie können auch am Rathaus vorbeigehen, das gleich rechts an der Plaza Mayor steht und an Wochentagen nachmittags von 16:00 bis 18:00 geöffnet ist.

♦ 700 m von der Plaza Mayor entfernt, Schlüssel im Tabakladen
☏ 980590044 oder Bar ☏ 980590068, ständig, Spenden

Tábara - Santa Croya de Tera (23,5 km) - Santa Marta de Tera (24,2 km, Karte S. 167)

☺ Die offizielle Wegführung war hier 2006 noch etwas ungeschickt gewählt und sollte deswegen auch geändert werden. Sie können, bis ein besserer Weg gefunden worden ist, auf Höhe der Kirche z.B. links ein Stück auf der Landstraße gehen und dann später nach links auf den Weg abbiegen. So ersparen Sie sich einen langen Linksbogen über die Felder, der dann doch wieder zur Straße führt.

Wegen der Etappenlänge, die genau einem Tagespensum entspricht, sei hier die Pilgerherberge der Ausgangspunkt. Von ihr gehen Sie 700 m zurück zur Plaza Mayor und 100 m zur Landstraße, bei der es sich übrigens um die N-631 handelt, überqueren diese und gehen links an der Kirche vorbei auf die breite Piste, der Sie 1,7 km folgen, und dann links auf eine andere breite Piste abbiegen. Hier sind die Felder vor wenigen Jahren neu geordnet worden, und alle Pisten sehen gleich aus. Achten Sie also auf die gelben Pfeile, die den Abzweig markieren! Nach 900 m überqueren Sie die Landstraße ZA-121, und gegenüber geht es weiter auf der Piste bis zur ersten Pistenkreuzung nach 400 m. Dort biegen Sie rechts ab und gehen nun parallel zur Landstraße immer geradeaus.

Nach 2,4 km beginnt die Piste stärker anzusteigen, um nach 1 km die Höhe zu erreichen (7,2 km). Dann geht es 1,2 km wieder bergab, wobei sich die Beschaffenheit des Weges verändert; es geht aber immer genau geradeaus und Sie ignorieren alle Abzweige, bis Sie unten in eine einfache Piste einmünden, auf der es in gleicher Richtung weitergeht. Es geht immer geradeaus, bis Sie nach 3,1 km am Ende einer kurzen, aber steilen Gefällestrecke rechts abbiegen. Achten Sie auf die gelben Pfeile!

Nach 600 m geht es bei einer Pistengabelung wieder links und nach 300 m bei einer Pistenkreuzung neben einem kleinen frei stehenden Haus wieder rechts auf einer Piste zwischen Weinfeldern hindurch. Nach 700 m gibt es wieder eine Pistenkreuzung, Sie gehen links und dann 1,7 km immer geradeaus, über eine kleine Landstraße hinweg, gegenüber 300 m weiter auf der Piste und schließlich rechts auf einer anderen Piste 500 m zum Ortsanfang von **Bercianos de Valverde** . Halb rechts geht es in die Dorfstraße, wo sich im dritten Haus auf der rechten Seite die Notunterkunft befindet (15,6 km).

Die Notunterkunft ist sehr einfach, hat aber immerhin 10 Liegen und Zugang zu einer Waschgelegenheit und Toilette, irgendwann sollen auch Duschen gebaut werden. Den Schlüssel müssen Sie vorher beim Bürgermeister (alcalde) abholen, zu dessen Haus hier jeder den Weg kennt.

♦ 3. Haus rechts nach dem Ortseingang, ☎ 980658272, ständig, Spende

Nach 230 m weiter geradeaus erreichen Sie den zentralen Platz ohne besondere Merkmale. Sie biegen links ab und verlassen den Ort nach 50 m auf eine Piste. Nach 350 m überqueren Sie den Bach **Castrón**. Die Piste führt nun in eine Pappelpflanzung hinein.

Nach 300 m gehen Sie an einer Pistenkreuzung links und nach weiteren 300 m an einer Kreuzung wieder rechts. Diese Piste endet nach 250 m auf einer anderen, es geht links und nach 150 m wieder rechts. Nach 200 m führt diese Piste an einigen Bodegas vorbei.

Dann steigt die Piste 400 m an. Auf der Höhe macht sie eine Rechtskurve, nimmt aber bald darauf wieder die Originalrichtung ein. Durch einen Steineichenwald geht es 3,7 km geradeaus und schließlich hinab ins fruchtbare Tal des Tera. Am Ende einer langen Gefällestrecke mündet der Weg in eine schmale Landstraße ein, die nach 800 m den Ortsanfang und nach weiteren 500 m den Hauptplatz Plaza Mayor von **Santa Croya de Tera** (⇧ 726 m) erreicht. Auf der Hauptstraße gehen Sie weiter 800 m bis zum Ortsende, wo das letzte Haus rechts die Pilgerherberge von Anita ist (23,5 km).

Die schöne Privatherberge Casa Anita wird von Anita und ihrem Gatten Domingo geführt. Beide sprechen deutsch. Es gibt 36 Liegen und genug weiteren Raum auf dem Boden.

Anita bekocht die Pilger mit günstigen Speisen, während ihr Mann mit wertvollen Insidertipps über den Weg weiterhilft. Die Herberge hat einen großen Aufenthalts- und Essraum, Mikrowelle, und gute Badezimmer. Neben Informationsmaterial gibt es auch einen Internet-Anschluss. Den Wein aus eigenem biologischen Anbau gibt es "im Prinzip umsonst". Die Familie bietet im gleichen Haus auch Zimmer und Ferienwohnungen an.

♦ Casa Anita, Calle Santa Marta Nr. 3, am Ortsausgang, ☎ 980645244 und 615377817, ständig, Übernachtung € 10, Mittagessen € 6, Abendessen € 8

Auf der Haupt- bzw. Landstraße verlassen Sie den Ort. 300 m danach überqueren Sie die Brücke über den breiten und wasserreichen Fluss Tera; am Ufer gibt es einen Rastplatz und einen Badestrand. Nach weiteren 400 m sind Sie bereits auf der Plaza Mayor des Ortes **Santa Marta de Tera** (24,2 km). Geradeaus befindet sich an der Ecke das Rathaus mit der Pilgerherberge, rechts am Platz die Kirche.

Kirche Santa Marta: Romanische Kirche aus dem frühen 13. Jahrhundert mit Resten vom Vorgängerbau aus dem 10. Jahrhundert. Am interessantesten ist die älteste bekannte Darstellung eines pilgernden Jakobus (Santiago Peregrino), die aus dem 11. Jahrhundert stammt und gut erhalten ist. Im Kircheninnern gibt es nur eine kleinere Kopie; das Original befindet sich außen am Portal des Südtors. Gehen Sie um die Kirche herum! Dabei müssen Sie über den Friedhof gehen; das geschlossene Friedhofstor hat heute keine Funktion mehr, denn Sie können daneben vorbeigehen.

Santiago Peregrino (rk)

Im Rathaus gibt es eine Herberge, die eher einer Notunterkunft ähnelt. 8 Matratzen auf dem Boden; es gibt warme Duschen aber keine Tische und Stühle. Den Schlüssel gibt es in der Bar Stop am Platz an der Hauptstraße, aber meist ist sowieso geöffnet.

- Im Rathaus an der Plaza Mayor, ständig, gratis

Santa Marta de Croya - Calzadilla de Tera (11,2 km, Karte S. 167)

Von der Plaza Mayor gehen Sie westlich in die Calle del Río, die oberhalb der Landstraße entlangführt, auf der Sie von Santa Croya de Tera gekommen sind. Nach 350 m verlässt die Straße den Ort und führt als Piste etwas bergab. Nach 700 m biegen Sie in eine schmalere Piste halb links ab. Achten Sie gut auf die gelben Pfeile!

Nach 350 m endet diese Piste auf einer anderen, die nach links führt, aber nach 100 m eine Rechtskurve beschreibt und nach 400 m auf einer breiten Piste endet. Links überqueren Sie nach 200 m eine Brücke über einen Kanal, der im Sommer trocken ist. Dann gibt es eine Pistengabelung; Sie gehen halb rechts und stoßen durch Pappelwälder hindurch nach 1,3 km auf das Flussufer.

Rechts geht es auf eine Piste, die 900 m an einem Nebenarm des Flusses entlangführt, bis Sie endlich den Hauptarm erreichen und halb rechts an ihm entlanggehen. 100 m entfernt sich diese Piste vom Fluss, aber Sie gehen halb links auf einer anderen Piste weiter am schönen Ufer des Tera entlang. Nach 1,5 km stößt die Piste auf eine Asphaltstraße, und Sie gehen links 100 m zu einem Rastplatz mit Badestrand und Sommer-Campingplatz (6 km).

Wo der Asphalt endet, gehen Sie rechts 50 m querfeldein zu einer Landstraße und links 300 m über die Brücke ans andere Ufer. Dort gehen Sie rechts auf eine Piste, die wieder zum Fluss und an ihm bzw. an kleinen Bewässerungskanälen entlangführt. Nach 1,6 km hat sich die Piste bereits ziemlich vom Fluss entfernt und endet auf einem breiten Feldweg, auf dem Sie rechts gehen. Nach 300 m durchqueren Sie einen kleinen Bewässerungskanal, hinter dem der Weg schmaler wird und nach 150 m schließlich im Wald endet.

Hier gehen Sie links 80 m auf einem Pfad durch Pappelwald; dann beginnt wieder ein breiter Weg, der allmählich zur Piste wird. Nach 400 m führt der breite Weg halb links weg, Ihr Weg jedoch geradeaus auf einen Pfad, der bald breiter wird. Nach 400 m mündet dieser Weg in eine Piste ein, auf der es in gleicher Richtung weitergeht. Nach 300 m mündet diese Piste wiederum in eine Landstraße ein, auf der Sie halb rechts weitergehen.

Auf der Straße gehen Sie 700 m und biegen dann halb rechts auf eine Piste ab, auf der Sie nach 300 m an einem üppigen Brunnen vorbeikommen. "No tratada" steht daran, was heißt, dass das Wasser nicht behandelt worden ist.

Nach weiteren 700 m erreichen Sie den Ortsrand von **Calzadilla de Tera** (⇧ 750 m) (11,2 km). Rechts geht jetzt der Jakobsweg weiter, links geht es zur Herberge.

Um zur Herberge zu kommen, geht es links die erste Dorfstraße hinauf. Nach 120 m kommen Sie am Laden des Dorfes vorbei und erreichen nach weiteren 30 m eine große Kreuzung, die einem Platz ähnelt. Wer zur Bar will, wo Pilgern auch einfache warme Speisen angeboten werden, geht scharf rechts 30 m in die Calle de Fuente. Rechts geht es dagegen 20 m zum Haus des Bürgermeisters mit der Hausnr. 9, wo es den Schlüssel gibt. Gehen Sie bei der besagten Kreuzung aber weiter geradeaus, so kommen Sie über einen Platz und stoßen nach 100 m auf ein kleines Haus mit einer weißen Doppeltür, worin sich im 2. Stock die 2005 eingerichtete Herberge befindet. Die Herberge hat 6 Betten, 2 Badezimmer mit Duschen und einen kleinen Tisch mit Stühlen.

♦ Gegen Ortsende im Seniorentreff, Bürgermeister ☏ 980645850, ständig, Spende

Calzadilla de Tera - Ríonegro del Puente

(16,5 km, Karten S. 167 und 198)

Bei der ersten Kreuzung geht es in die zweite Straße rechts und 200 m zu einer verfallenen kleinen Kirche am Ortsende. Rechts vor der Kirche gehen Sie auf einem Pfad 50 m hinab zu einer Piste und dort links nach 50 m auf einer Brücke über den breiten Bewässerungskanal und dann links an seinem Ufer entlang. Der Weg ist zuerst breit, wird später schmaler, führt aber immer am Ufer 1,8 km bis zum Ortsanfang von **Olleros de Tera** (2,1 km). Links geht es über die Brücke und in die erste Dorfstraße, wo es nach 100 m zwei Möglichkeiten gibt weiterzugehen:

☺ **Zwei Wegalternativen**: Im Folgenden werden ein Weg für Fußpilger und einer für Radfahrer empfohlen. Wenn es vorher viel geregnet hat, sollten Wanderer jedoch ebenfalls auf den Weg für Radfahrer auszuweichen, da eine Stelle des Weges überschwemmt sein kann und es keine Möglichkeit gibt, diese Stelle zu umgehen. Die Entfernungen beider Wege sind genau gleich.

Weg für Radfahrer: Auf der oben erwähnten Straße geht es geradeaus, nach 100 m an der Kirche vorbei und nach weiteren 100 m über die Landstraße hinweg. Gegenüber kommen Sie nach 100 m zu einer Straßengabelung und fahren halb rechts in die Calle de las Eras.

Nach 200 m ist das Ortsende erreicht, und es geht geradeaus auf eine nicht markierte Landstraße, die eigentlich eher die Bezeichnung Asphaltpiste verdient. Nach 800 m macht sie eine Linkskurve und führt dann 3,1 km immer geradeaus, bis sie auf die Landstraße trifft, die rechts 500 m hinunter zur Staumauer führt (6,7 km).

Wanderweg: Auf der oben erwähnten Straße geht es rechts und nach 100 m bei einer Straßengabelung halb links in die Calle Agavanzal, die 400 m den Ort durchquert und am Ende auf die Landstraße trifft. Hier geht es rechts und sogleich wieder links in die schmale Straße, die zur Wallfahrtskirche von Agavanzal führt. Nach 700 m endet der Asphalt, und als Piste geht es weiter 800 m zu der großen Kirche.

Es geht um sie herum und in der gleichen Richtung weiter auf einem breiten Weg, aber nach 100 m, bevor der Weg zum Fluss hinunterführt, biegen Sie halb links in einen anderen breiten Weg ab, der 600 m oberhalb des Flusses entlangführt.

Dann kommen Sie zu einer Weggabelung und gehen nicht halb rechts zum Fluss hinunter, sondern links vom Fluss weg. Aber nach nur 50 m - achten Sie auf die gelben Markierungen - geht es rechts auf einen Pfad. 200 m bahnt sich dieser sehr schmale Pfad einen kurvigen Weg durch dichtes Buschgestrüpp, bis er auf einen breiteren Weg stößt, der rechts bergab führt, bald aber wieder schmaler wird und nach 550 m den Fluss erreicht.

Gefahr! steht auf einem Schild am Weg, das vor Wasserstandsschwankungen warnt!

Jetzt kommt die kritische Stelle: 100 m geht es auf einem schmalen Pfad durch das Gestrüpp direkt am Fluss entlang. Danach gehen Sie halb links teilweise stark bergauf bis zu einer Straße, der Sie links folgen und die dann im Rechtsbogen 600 m hinauf zur Staumauer führt (6,7 km). Von links kommt die Wegalternative für Radfahrer dazu.

Gemeinsamer Weiterweg: Sie überqueren die Staumauer 500 m. Gegenüber gehen Sie halb links auf die Landstraße, von der Sie nach 100 m aber wieder halb links auf eine Asphaltpiste abbiegen. Nun geht es auf diesem wunderbaren schmalen und kurvigen Sträßchen immer am See entlang.

Im See kann man baden, aber man darf nicht näher als 200 m an die Staumauer kommen.

2,7 km folgen Sie der Asphaltpiste, die sich schließlich vom See entfernt, um auf eine schmale Landstraße zu stoßen, die links 400 m hinauf ins Dorf **Villar de Farfón** (10,4 km) führt. An der zentralen Kreuzung in der Nähe der Kirche gehen Sie rechts in die Hauptstraße, aber nach 100 m wieder rechts in eine Straße, die das Dorf nach 100 m verlässt und zur Piste wird, die ihrerseits nach 100 m, nach dem letzten allein stehenden Haus zum Feldweg wird.

2,9 km geht es nun immer geradeaus. Es gibt nur wenige Wegmarkierungen, die aber auch gar nicht nötig sind, denn es geht wirklich immer geradeaus bis auf

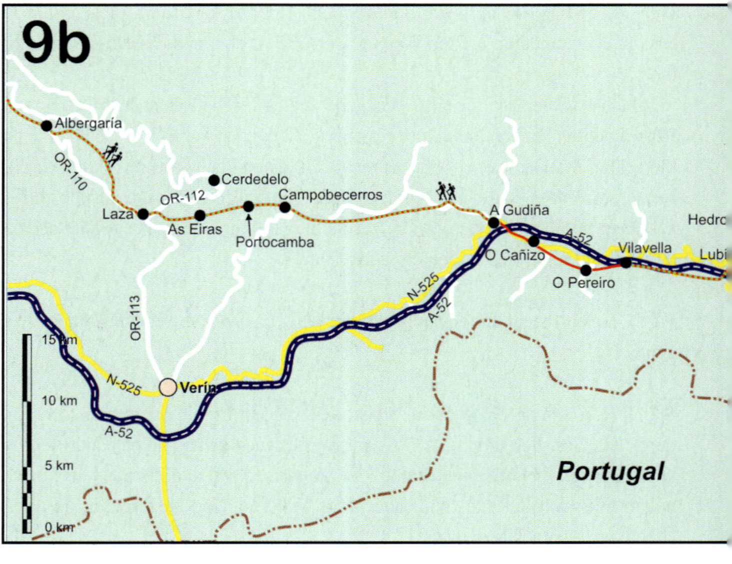

die Höhe von der Sie schon den Ort Ríonegro sehen. Geradeaus über die Höhe geht es einen Pfad bergab, der nach 1,2 km auf eine Piste trifft. Sie gehen halb rechts, und die Piste trifft nach 500 m auf eine breitere Piste, der Sie halb links folgen. Nach 500 m erreichen Sie die Nationalstraßenbrücke über den Fluss **Ríonegro**. Sie bleiben aber auf der Piste links von der Straße und gehen 200 m geradeaus zu einer Betonbrücke, die 150 m über den Fluss führt. Am anderen Ufer geht es rechts auf eine Betonpiste, die die große Brücke unterquert, sich nach 100 m nach links wendet, um 200 m hinauf in den Ort **Ríonegro del Puente** (⇧ 800 m) 🏠 🛏 ✕ 🛒 zu einem Platz zu führen (16,5 km). Hier befindet sich linker Hand die Herberge.

🏠 Die sehr stimmungsvolle Herberge befindet sich im renovierten Bau des historischen Pilgerhospitals. Sie bietet 26 Liegen, Küche, Aufenthaltsraum und Terrasse. Auch gibt es eine Waschmaschine, die gegen einen Obolus benutzt werden kann. Die Herberge ist behindertengerecht. Da es hier einen permanenten Hospitalero gibt, ist sie in der Regel geöffnet. Sollte dies nicht der Fall sein, so

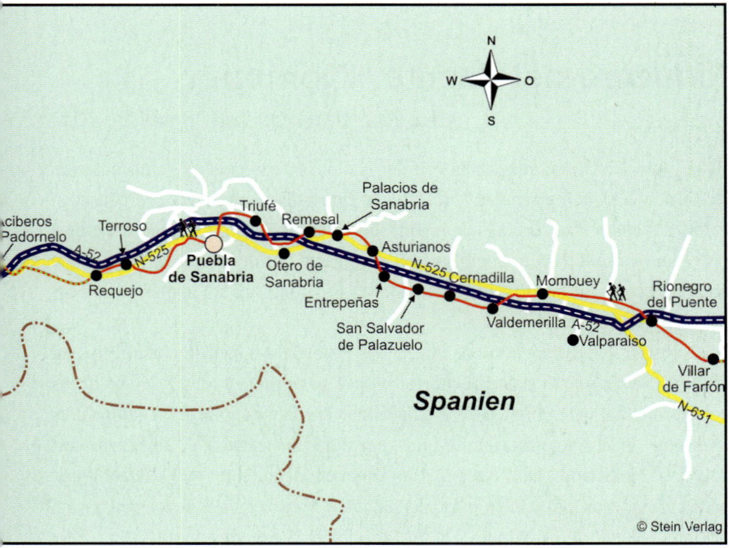

können Sie in der Bar Central hinter der Kirche den Schlüssel holen. Träger der Herberge ist die Laienbruderschaft Cofradía de los Falifos, der auch Eusebio, der Besitzer der Bar, angehört.

♦ Platz am Ortseingang, ☏ 980652027, 980652132 und 980652084, ständig, € 6

☺ **Cofradía de los Falifos**: Eusebio ist Sekretär der Laienbruderschaft Cofradía de los Falifos, einer aus dem Mittelalter stammenden Institution, deren Aufgabe die Betreuung der Pilger und die Pflege der Pilgerwege war und ist. Es ist erstaunlich, geradezu unglaublich, dass diese Bruderschaft in einem so kleinen Ort (400 Einwohner) die Zeiten überdauert hat.

Señora Manuela, die pensionierte Besitzerin der Bar Palacio, vermietet an Pilger weiterhin die Zimmer ihrer ehemaligen Pension, die heute leer steht. Manuela bringt sie hin, und sie bereitet ihnen auch ein einfaches Abendessen zu.

♦ Bar Palacio gleich rechts an dem Platz, an dem Sie den Ort betreten, ☏ 980652085, Übernachtung € 12 bis 15

Ríonegro del Puente - Mombuey

(9,5 km, Karte S. 198, Profil S. 201)

Auf der Dorfstraße rechts von der Nationalstraße geht es geradeaus weiter. Nach 200 m biegen Sie direkt nach einem alten Stromverteilerhäuschen rechts auf einen Pfad, der aus dem Dorf führt. Nach 400 m überqueren Sie eine Piste, und es geht 200 m geradeaus bis zum Zaun vor der Autobahn weiter. Sie überqueren die Autobahn und laufen in linker Richtung 1,2 km immer mehr oder weniger an dieser entlang.

Bei einer Landstraßenbrücke macht die Piste dann einen Rechtsbogen und führt 200 m zu einem kleinen Gaslager mit rot gestrichenen Mauern. Geradeaus geht es hier auf einen breiten Weg parallel zur Landstraße. Nach 1,4 km geht es über eine andere schmale Straße und gegenüber auf einen Pfad über eine fast baumlose Heidelandschaft. Nach 900 m kommen Sie zu einer Wegkreuzung und gehen geradeaus auf einen jetzt deutlicheren Fahrweg, der seinerseits nach 800 m in eine Piste einmündet. Dieser Piste folgen Sie in gleicher Richtung, aber nur 100 m, denn wo die Piste im Linksbogen auf ein allein stehendes Haus an der Landstraße zustrebt, geht es für Sie geradeaus, scheinbar querfeldein. Achten Sie hier auf die Pfeile an den Steinen, damit Sie nicht zu weit zum Haus gehen und nachher den markierten Weg nicht finden.

Nach 100 m wird wieder ein unregelmäßiger Fahrweg erkennbar, der geradeaus, zuerst bergauf, dann bergab 2,7 km auf Mombuey zuführt, wo Sie am Ortsanfang an der N-525 auf eine Tankstelle treffen, hier 🛏 ✕. Rechts vom Hotel geht es auf einer Piste parallel zur Nationalstraße 600 m bis zum eigentlichen Ortsanfang von **Mombuey** (⇧ 894 m) 🏠 🛏 ✕ 🛒 ⚕ ⊞, wo es auf einer Ortsstraße geradeaus weitergeht. Nach 300 m mündet diese Straße in die Hauptstraße, auf der Sie geradeaus nach 400 m den zentralen Platz Plazuela de Don Baldomero Gullón López erreichen (37,2 km).

🏠 Die einfache und kleine Herberge befindet sich in einem niedrigen Haus nach 70 m auf der rechten Seite in der kleinen Straße, die links von der Plazuela zur Kirche führt. Es gibt einen einzigen Raum mit 4 Betten, 2 Matratzen, Tisch, Stühlen, Toilette und warmer Dusche. Den Schlüssel können Sie vom Bürgermeister im Hotel-Restaurant La Rapina bekommen, das sich rechts an der Plazuela Baldomero Gullón López befindet und dessen Besitzer er ist.

♦ Zwischen Plazuela Baldomero Gullón López und der Kirche, Rathaus
☏ 980642711, 🚪 ständig, gratis

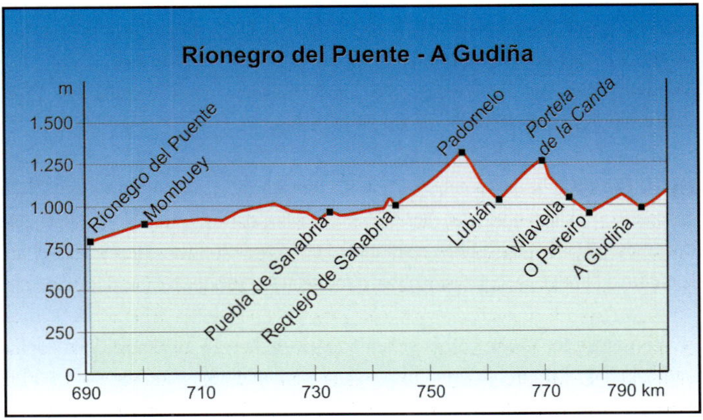

Mombuey - Puebla de Sanabria

(32 km, Karte S. 198, Profil S. 201)

⇔ **Routenplanung**: Die Strecke von 32 km von Mumbuey nach Puebla de Sanabria ist sicher für einige Pilger sehr weit. Wer sich mit kleinen, abgelegenen, aber stimmungsvollen Herbergen begnügen will, kann nach 8 oder 10 km die Etappe unterbrechen, wenn er dort einen Platz findet.

Von der Plazuela gehen Sie links an der Pilgerherberge vorbei 100 m zur Kirche mit ihrem mächtigen und doch grazilen romanisch-gotischen Glockenturm aus dem 13. Jh. Dann gehen Sie rechts in die Calle Rodrigo, aber nach 100 m machen Sie die Linkskurve der Straße nicht mit, sondern gehen geradeaus auf einer Asphaltpiste aus dem Ort. Nach 100 m verliert die Piste den Asphaltbelag und führt zur N-525, um dann links neben ihr zu verlaufen. Nach 600 m geht es über eine Straßenkreuzung geradeaus auf die Piste, die weiter links neben der Nationalstraße verläuft.

Nach 2 km macht die Piste einen Linksbogen, um auf einer Brücke die Autobahn zu überqueren. Danach biegen Sie nicht sofort scharf rechts ab, um neben der Autobahn weiterzugehen, sondern Sie gehen 200 m geradeaus und biegen erst dann auf eine andere Piste rechts ab. Nach 800 m macht die Piste eine Linkskurve und stößt auf eine andere Piste, auf der Sie rechts 800 m nach **Valdemerilla** (4,7 km) gehen, wo es vor der frei stehenden Kirche einen Brunnen gibt. Am Brunnen gehen Sie rechts in den Ort 150 m zur Plaza de la Constitución; hier biegen Sie links in ein Sträßchen ab, das nach 150 m am Ortsende in eine Piste übergeht. Nach 3,1 km kommen Sie zum Ortsanfang von **Cernadilla** und gehen halb links 200 m zur Kirche (8,3 km).

Die kleine idyllisch neben einem Bach gelegene Herberge wurde erst 2006 errichtet und bietet Platz für vier Pilger. Man findet dort eine Dusche und eine Küche, welche allerdings 2006 noch nicht gut ausgestattet war. Den Schlüssel bekommt man in der nahegelegenen Bar oder beim Bürgermeister (alcalde). Spende.

Rechts an der Kirche vorbei gehen Sie 100 m bergab zur Plaza de la Fuente und halb links 200 m bis zum Ortsausgang auf eine Betonpiste, die nach 500 m Asphaltbelag bekommt. Nach 800 m erreichen Sie den Ortsanfang von **San Sal-**

vador de Palazuelo 🏠. Bei der dortigen Kapelle geht es über die Straßenkreuzung geradeaus hinweg in den Ort und 300 m zur Santiago-Kirche (10,2 km). Von außen können Sie auf den Glockenturm steigen und haben einen schönen Blick zum Stausee.

🏠 Die ebenfalls neu errichtete Herberge von San Salvador de Palazuelo befindet sich unweit der Santiago-Kirche und verfügt ebenfalls über vier Betten und eine ähnliche Ausstattung wie die von Cernadilla. Den Schlüssel gibt es ebenfalls beim Bürgermeister (alcalde), Spende.

An der Kirche vorbei geht es auf einer Dorfstraße 400 m bergab zum Ortsrand. Dort wird die Straße zur Piste und führt 1,6 km zunächst steil bergab und dann lange bergauf bis zu einer Wegkreuzung, wo linker Hand eine Landstraße auszumachen ist. Geradeaus geht es auf einen schmaleren Weg, der nach 50 m die besagte Landstraße kreuzt. Gegenüber geht es auf einer Piste 600 m bis zur Einmündung in eine schmale Landstraße, der Sie halb links 500 m bis zur Kapelle am Ortsanfang von **Entrepeñas** folgen. Linker Hand sehen Sie jetzt den Stausee. Geradeaus geht es auf der Dorfstraße 300 m zur Kirche (13,7 km). Geradeaus geht es über den Kirchplatz und auf der Dorfstraße 300 m im Rechtsbogen bis kurz vor das Ortsende, wo Sie halb links auf eine schmale Piste abbiegen.

Bergauf und -ab kommen Sie nach 1,5 km an die Autobahn, die Sie auf einer überraschend breiten Brücke überqueren. Von der Brücke gehen Sie 150 m im Linksbogen zu einer Wegkreuzung und geradeaus auf eine Piste, der Sie 500 m folgen, bis Sie vor einem Felsen eine Links- und dann eine Rechtskurve machen. Der Weg wird schlechter und verliert sich schließlich ganz, bis Sie nach 100 m auf einen anderen Feldweg treffen, der Sie dann nach weiteren 150 m zu einer Kirche führt (16,4 km). An ihr vorbei betreten Sie den Ort **Asturianos** (⇧ 965 m) ⛺ ✕ 🏁 ⚕ und kommen nach 200 m zu einer Straßengabelung, wo Sie links gehen. (Die hier gekennzeichnete Alternative, die nach rechts verläuft, ist etwas länger, führt aber näher in das Zentrum des Dorfes). Ihr Weg führt zunächst 100 m zum Ortsende und dann wieder 50 m nach rechts in den Ort zur N-525.

⛺ Auch hier gibt es eine Notunterkunft für Pilger - aber nur für echte Notfälle und ohne jede Ausstattung. Fragen Sie im Notfall nach dem Bürgermeister. Dieser wird dann schauen, dass er Sie (wörtlich) "irgendwo ins Trockene legt".

Gegenüber geht es halb links in eine Dorfstraße, die im Linksbogen nach 200 m am Ortsausgang wieder die N-525 erreicht. Auf der Straße gehen Sie 200 m und dann halb rechts in eine schmale Landstraße, die Sie nach 300 m kurz vor einem Zaun halb links auf einen breiten Weg verlassen. 400 m bahnt sich der Weg durch Buschwerk, bis Sie in einen Wald kommen, wo es gelbe Pfeile an den Bäumen gibt. Auf dem gleichen Weg, der aber inzwischen zum Pfad geworden ist, geht es 300 m bergab. Dann gehen Sie über eine Senke, die manchmal sumpfig ist.

Dahinter schlagen Sie sich 50 m querfeldein auf einem Pfad durch Büsche, bis Sie auf eine verwitterte Landstraße treffen, diese aber nicht betreten, sondern dem Pfad in einem Rechtsbogen weiter nach oben folgen. Nach 150 m wird dann wieder ein Weg erkennbar, dem Sie weiter folgen. Dieser unregelmäßige und kurvige Weg mündet nach 1,1 km in eine Piste, die ihrerseits nach 200 m eine Landstraße überquert. Gegenüber geht es auf einer Betonpiste 150 m zur Kirche von **Palacios de Sanabria** (⇧ 907 m) 🍷 🏁 (19,9 km), dessen Zentrum linker Hand an der N-525 liegen bleibt.

Auf einer Straße geht es links an der Kirche vorbei, und nach 100 m erreichen Sie eine schmale Landstraße. Es geht rechts, aber nach nur 20 m wieder links auf einen schmalen Pfad, der nach 100 m in einen etwas breiteren, aber von Gras überwucherten, Fahrweg mündet. Hier geht es halb rechts 200 m hinauf in den Wald, und nach 150 m kommen Sie im Wald zu einer Wegkreuzung, über die Sie geradeaus auf einen breiten Waldweg gehen. Nach 800 m, teils bergab, überqueren Sie halb links eine alte gepflasterte Brücke, die beweist, dass Sie sich hier auf einer uralten Straße befinden. Nachdem es 500 m auf dem Waldweg zumeist bergauf gegangen ist, kreuzen Sie eine Asphaltpiste und gehen gegenüber auf einer Piste weiter, die nach 500 m eine Straße überquert und **Remesal de Sanabria** erreicht. Halb rechts geht es 100 m zur Kirche (22,4 km).

An der Kirche vorbei geht es halb links in eine Dorfstraße. ✋ Achtung! Hier nicht den irreführenden Pfeilen auf der Straße folgen die in die Straße nach halb rechts oben führen. Der Jakobsweg biegt schließlich nach 100 m in eine schmalere Betonstraße, die 100 m bergab führt. Wo diese Straße nach links führt, geht es geradeaus auf einen Pfad, der nach 50 m am Ortsrand nach einer Linkskurve einen anderen Pfad erreicht, der rechts bergab in den Wald führt. Nach 200 m gehen Sie an einer Weggabelung halb rechts und dann 700 m immer geradeaus auf einem teilweise von Feldmauern gesäumten Waldweg. Achten Sie hier gut auf die gelben Pfeile! Dann kreuzen Sie die breite Schneise der Hochspannungsleitung, und gegenüber geht es im Eichenwald auf einen Weg der aber nach nur 100 m auf den Begrenzungszaun der Autobahn stößt.

Nun geht es nach rechts an der Autobahn entlang. Nach 400 m geht es 20 m querfeldein zur Autobahnbrücke, die Sie dann überqueren.

☺ **Mögliche Wegänderung**: Im Jahre 2006 wurde der alte Weg, der direkt über Otero de Sanabria verlief, noch umgeleitet und führte, wie im folgenden Text beschrieben entlang der Autobahn. Bis 2007 soll er etwas geändert wieder in Betrieb genommen werden. Halten Sie ab hier also die Augen nach möglichen Wegänderungen offen und folgen Sie diesen gegebenenfalls, denn der Weg entlang der Autobahn ist sicher nicht schöner, wenngleich er evtl. etwas kürzer ist.

Die bis 2006 noch gültige Umleitung verläuft wie folgt: Nach der Brücke geht es dann weiter 100 m geradeaus, bis Sie auf einen Weg stoßen, auf dem Sie dann scharf rechts abbiegen. Dieser Weg führt schließlich zurück zur Autobahn und an deren Zaun entlang, bis Sie nach weiteren 650 m zu einer Brücke gelangen. Sie steigen querfeldein auf die Auffahrt der Brücke, überqueren die Brücke selbst aber nicht, sondern gehen auf der anderen Seite der Auffahrt wieder hinab zur Piste, der Sie in gleicher Richtung folgen.

Es geht weitere 500 m an der Autobahn entlang, bis der Weg schließlich nach links abbiegt. Sie folgen diesem und stoßen schließlich nach 100 m auf eine breitere von der Brücke herkommende Piste, die ihrerseits nach 150 m auf eine Landstraße trifft. Linker Hand erblicken Sie das Dorf Otero de Sanabria. Der Jakobsweg führt aber nach rechts.

✝ **Höllenrelief**: Über der links neben dem Hauptportal der Kirche von Otero de Sanabria befindlichen Tür ist ein interessantes Relief der Hölle zu sehen.

900 m geht es bergab, unter der Autobahn hindurch und 800 m wieder bergauf. Am Ortsanfang von **Triufé** (27,7 km) biegen Sie sofort auf die erste Straße scharf links ab und gehen 200 m am Ortsrand entlang. Dann biegen Sie halb links auf eine andere Asphaltpiste ab, die nach 200 m an der Kirche eines fast völlig verlassenen und verfallenen Ortsteils vorbeiführt. Durch diesen kuriosen Ortsteil geht es auf einer Betonpiste 300 m bis zu einer Landstraße.

Links überqueren Sie nach 1 km die Autobahn und gehen 300 m bergab zur Einmündung in die N-525. Auf der Nationalstraße gehen Sie 700 m bis zu einem großen Kreisverkehr.

Hier gehen Sie links auf der breiten Straße in die Stadt. Auf der Hauptstraße gehen Sie 800 m und überqueren dann den Fluss **Tera**. Am anderen Ufer können Sie direkt die Treppen hochgehen, die 200 m in den monumentalen oberen Ortsteil führen (32 km).

Radfahrer wenden sich nach Überquerung des Flusses nach links. Nach 300 m sind Sie im unteren Teil der Altstadt und fahren scharf rechts 300 m hinauf in den Monumentalbereich (32,4 km).

Puebla de Sanabria ⇧ 899 m, 1.700 Ew.

Calle Rúa 11, 50 m unterhalb des Rathauses, ☏ 980620734, Di bis So 11:00 bis 14:00 und 17:00 bis 20:00, Mo geschlossen

Das Colegio Amor de Dios, das direkt im antiken Zentrum am Jakobsweg liegt, ist eine ehemalige Internatsschule, die Unterkünfte für Pilger bereitstellt. In dem ehemaligen Internat gibt es unendlich viele Betten in verschieden großen Zimmern und Schlafsälen. Natürlich auch Duschen, Küche, Esszimmer sowie eine Bibliothek und einen Schulhof zum Sonnen. Sollte eine Unterbringung hier nicht möglich sein, so melden Sie sich in der oben genannten Touristeninformation.

♦ Calle San Bernardo 11, ☏ 980620016, im Prinzip immer, aber in Nebensaison besser anrufen, € 6

⌘ **Burg**: Sie stammt aus dem 15. Jh. und ist noch gut erhalten. Die Mauern können begangen werden, und man kann bis auf den mächtigen Wehrturm hinaufsteigen.

Blick auf die Burg von Puebla de Sanabria (rj)

✞ **Kirche Nuestra Señora del Azogue**: Schöne romanische Kirche aus dem 12. Jh. Besonders sehenswert ist das Hauptportal mit je zwei großen figürlichen Darstellungen zu beiden Seiten.

☺ **See Lago de Sanabria**: Sanabria ist in ganz Spanien berühmt für seinen Naturpark in mehr als 1.000 m Höhe, in dem sich der größte natürliche See der Iberischen Halbinsel befindet, der 3 km lang ist. Sollten Sie jedoch an süddeutsche Mittelgebirge oder gar alpine Landschaften gewöhnt sein, dann wird Sie Sanabria kaum beeindrucken. Der Ausflug zum fast 20 km entfernten See ist also nicht unbedingt zu empfehlen.

Puebla de Sanabria - Requejo

(12,3 km, Karte S. 198, Profil S. 201)

⇔ **Etappenplanung**: Die geringe Anzahl an Pilgerherbergen führt zwangsläufig dazu, dass die hier angegebenen Abschnitte in der Regel Tagesetappen entsprechen. Die auf Puebla de Sanabria folgende Tagesetappe ist mit an Sicherheit grenzender Wahrscheinlichkeit der Abschnitt bis Lubián (31,9 km), aber eigentlich ist mein Vorsatz, Ihnen alle Abschnitte separat vorzustellen, damit Sie Ihre Tagesetappen selbst zusammenstellen können. Da es auf dem Weg nach Lubián noch eine Herberge in Requejo gibt, ist das also der nächste Abschnitt.

Die Kirche Nuestra Señora del Azogue, die sich direkt dem Rathaus gegenüber befindet, ist der Ausgangspunkt dieses Abschnitts. Vom Westportal mit seinem merkwürdigen romanischen Figurenschmuck geht es gegenüber 50 m die Treppen hinunter, rechts auf einer Straße 50 m bergab, wo Sie auf das Colegio Amor de Dios treffen. Hier gibt es evtl. die Möglichkeit zu übernachten. Dann geht es links 30 m bergab und wieder rechts eine Betonpiste steil bergab zum Friedhof. Nach 50 m endet der Betonbelag, und auf einem Pfad geht es weiter am Friedhof entlang 100 m steil bergab.

☺ **Mögliche Wegänderung**: Auch hinter Puebla de Sanabria soll sich der Weg in Zukunft ändern, was bei dem folgenden verwirrenden Wegverlauf nur ein Gewinn sein kann. Halten Sie also ab hier die Augen offen, der Weg soll später entlang des Flusses verlaufen und schließlich wieder auf die N-525 stoßen, von wo Sie dann gegebenenfalls wieder der hier anschließenden Beschreibung folgen können.

Der Pfad stößt auf einen anderen Pfad, auf dem Sie links die letzten 50 m bis zu einer Straßenkreuzung zurücklegen. Hier biegen Sie in die zweite Straße links (die erste führt wieder hinauf in die Stadt), eine Landstraße, die nach 1,5 km auf die N-525 stößt. Es geht links auf die Nationalstraße, die dank der parallelen Autobahn wenig befahren ist. Nach 2,9 km, bei Kilometerschild 88 (4,8 km), biegen Sie halb links auf eine Piste ab.

☺ **Umweg**: Die nächsten 2,8 km Nationalstraße entsprechen 3,5 km Wanderwegs, also 700 m Umweg. Entscheiden Sie selbst! Der Wanderweg ist sehr angenehm, aber schlecht markiert und vielleicht nicht immer leicht zu finden. Andererseits können Sie sich hier zwischen der N-525 und dem Fluss Castro nicht wirklich verlaufen.

Diese Piste verläuft 100 m parallel neben der N-525 und führt dann nach links 300 m zum Fluss **Castro**. Vor dem Fluss geht es hinter der rechten Baumreihe auf einen unregelmäßigen und schwer erkennbaren Pfad, der nach 700 m wieder der N-525 nahe kommt und 300 m neben ihr weiter verläuft. Schließlich führt der Weg 300 m auf ein Schotterfeld bzw. an diesem vorbei in einem rechten Bogen in Richtung Landstraße. Sie betreten diese aber nicht, sondern gehen davor links über eine betonierte Furt. Sie treffen auf eine breite Schotterpiste, die Sie nach 150 m verlassen, und gehen geradeaus auf einer etwas engeren Piste weiter. Nach weiteren 300 m verliert sich die Piste und mündet in einen Pfad, dem Sie 400 m zum Teil entlang der Abbruchkante des Flusses folgen, bis diese eine Rechtskurve macht. Der Pfad macht bald einen Linksbogen immer an der Baumreihe bzw. zwischen Bäumen und Wiesen entlang.

Nach 350 m durchqueren Sie dann eine Strauchreihe und kommen auf eine schöne Wiese. Nach 100 m gehen Sie vor einer frei stehenden Baumgruppe halb rechts und verlassen diese Wiese nach 100 m durch einen Durchgang in der rechten Baumreihe, wo hoch oben gelegentlich Störche nisten. Von da aus geht es 100 m halb links querfeldein in Richtung eines Zauns. Hier wird eine undeutliche Fahrbahn sichtbar, der Sie nun weiter folgen. Nach 150 m endet diese an einer Baumreihe, die Sie ebenfalls überqueren. Hier gehen Sie halb rechts 100 m zur Nationalstraße (8,3 km), auf der Sie sich nach links wenden.

Nach 200 m, kurz hinter dem Kilometerschild 91, biegen Sie rechts auf eine Piste ab, die zuerst etwas Asphaltbelag zeigt, diesen aber bald verliert und auch allmählich schmaler wird. Nach 600 m stoßen Sie auf eine Piste, die links nach 200 m an der Kirche San Martín vorbei in eine Asphaltstraße übergeht, die im Linksbogen nach 200 m auf eine Landstraße stößt. Es geht rechts über die Landstraße und über den Fußballplatz an einem Wegkreuz vorbei 200 m bis zur Einmündung in eine schmale Landstraße, die geradeaus 300 m nach **Terroso** führt (10,1 km).

Im Zentrum des Dorfes halten Sie sich leicht rechts und verlassen es nach 150 m geradeaus auf einer Piste, die dann 300 m im Rechts- und Linksbogen ansteigt, um die Autobahn zu überqueren. 30 m danach kommt eine Wegkreuzung, und geradeaus gehen Sie einen Waldweg 200 m hinauf, bis er auf einen breiteren Weg stößt, wo Sie halb links gehen. Nach 200 m biegen Sie kurz vor einer steilen Steigung dieses Weges links auf einen Pfad ab, der 700 m durch Eichenwald und Farngestrüpp führt. Achten Sie gut auf die gelben Pfeile! Es geht immer geradeaus, bis Sie auf eine Piste stoßen, die nach 100 m die Autobahn überquert.

Auf der anderen Seite folgen Sie der Piste 300 m bergab; dann macht die Piste eine Linkskurve, der Jakobsweg aber führt geradeaus auf einem schmaleren Weg 100 m zum Ortsrand. Geradeaus geht es in die erste Straße, die 200 m genau auf die Kapelle von Guadelupe an der N-525 am Hauptplatz von **Requejo** (⇧ 1.006 m) (12,3 km) zuführt.

Im Ort gibt es mehrere Brunnen, an denen Agua no tratada (unbehandeltes Wasser) steht, was bedeutet, dass das Wasser ungechlort ist, theoretisch also sauber ist, aber auf eigene Gefahr getrunken wird.

Hier gibt es eine sehr einfache Herberge mit 20 Betten, reichlich Platz auf dem Boden und einer warmen Dusche sowie WC. Den Schlüssel gibt es in der kleinen Bar am Hauptplatz dem Rathaus gegenüber. Normalerweise ist immer geöffnet, sollte aber einmal geschlossen sein, können Sie im Dorf auch nach dem Amtsdiener (alguacil) fragen. Zur Herberge gehen Sie die N-525 hinauf 200 m in den oberen Ortsteil. Vor bzw. genau unterhalb der Straße, die rechts zur Apotheke führt, gehen Sie rechts einen Weg 50 m weit und dann die Treppen an der Rückwand des Hauses hinauf, in dem sich vorne an der Straße die Apotheke befindet.

♦ 250 m oberhalb des Hauptplatzes, ständig, gratis

Requejo - Lubián

(19,6 km, Karte S. 198, Profil S. 201)

☺ **Eine der wohl schönsten Etappen** des Mozarabischen Jakobsweges haben Sie jetzt vor sich!

Vom Hauptplatz gehen Sie zwischen dem Rathaus und der Bar in ein Sträßchen 200 m hinab zu einem schönen Plätzchen, wo es eine Straßengabelung gibt. Es geht halb rechts weitere 300 m durch dieses überraschend große Dorf und vom Ortsende weitere 600 m geradeaus bis zum Friedhof, wo die Straße auf eine andere Straße stößt.

Da Teile des folgenden Weges oft und nicht nur nach Regenfällen überflutet sind, müssen Sie gelegentlich querfeldein über Mauern ausweichen. Auch sonst werden Sie hier viel schieben müssen, weshalb ich Ihnen empfehle, hier den Weg über die Landstraße zu nehmen. Hierzu fahren Sie rechts 400 m zur N-525, dann links auf der Nationalstraße 3,4 km und dann links weg von der neuen auf die alte Nationalstraße 600 m bis zu den Gebäuden des Steinbruchs, wo sich beide Wegalternativen wieder treffen (5,5 km).

Gegenüber geht es auf einen breiten Weg, der 100 m steil bergauf führt bis zu einer Weggabelung, an der Sie halb links gehen. Auf den nächsten 300 m wird der Weg allmählich schmaler und führt bergab, bis Sie einen Bach auf einer Brücke überqueren. Dahinter gehen Sie auf einem Pfad, der nach 50 m zu einem breiten Weg wird. Nach 100 m kommen Sie zu einer Weggabelung und gehen geradeaus. Nach 250 m mündet dieser Weg in eine breite Piste ein, auf der es weiter geradeaus geht, aber nach 50 m biegen Sie halb links auf einen breiten Weg ab. Auf den nächsten 3,4 km gehen Sie immer im mehr oder weniger großen Abstand rechts am Bach entlang.

Der Weg ist mal schmaler, mal breiter. An einigen Stellen kann er unter Wasser stehen, dann müssen Sie seitlich zum Teil über Mauern ausweichen. Da der Weg aber relativ gut begangen ist, sind auch die Ausweichpfade durchgehend erkennbar. Auch gibt es eigentlich keine Wegalternative, auf die Sie sich verirren könnten. Nach diesem Stück wird der Weg bzw. der Pfad besser und ebener (5,4 km). Kurz vor einer Ruine mündet er dann schließlich in einen breiten Weg, dem Sie dann scharf rechts praktisch in die entgegengesetzte Richtung folgen. Auf diesem Weg gehen Sie 1,3 km bergauf bis zu einem kleinen Steinbruch. Noch 100 m gehen Sie dort geradeaus, rechts am Hauptgebäude und zwei Speichertürmen vorbei und betreten die Reste der alten Nationalstraße (6,8 km). Von hinten kommt die oben beschriebene kürzere Wegalternative hinzu, die direkt über die Nationalstraße führte.

Nach 1,6 km auf der stark verwitterten und fast unbefahrenen alten Nationalstraße kommen Sie zu einer Weggabelung (8,4 km).

☺ Es gibt hier zwei Wege, um den Padornelo-Pass zu überwinden: Der eigentliche Jakobsweg führt über den Pass, der übrigens keine besonderen Sehenswürdigkeiten bietet. Dieser Weg ist 1 km länger und 100 m höher. Der zweite kürzt über den Tunnel ab. Ich empfehle aus Gründen der Pilgerehre den Originalweg. Aber entscheiden Sie selbst.

❶ **Original-Weg**: Wenn Sie dem **Original-Weg** folgen wollen, nehmen Sie den linken markierten Weg und gehen zunächst halb links nach unten. Nach 100 m teilt sich der Weg erneut und Sie nehmen den rechten Weg, der nach oben führt. Nun steigt der Weg zunächst steil an und nach 200 m haben Sie die Autobahn unterquert. Nun folgen Sie dem Weg in einem weiten Linksbogen zum Tunnel und unterqueren nach 600 m erneut die Autobahn. Danach geht es 200 m steil bergauf. Dort treffen Sie auf eine verwitterte Landstraße, der Sie geradeaus folgen. Nach 300 m geht ein Pfad ab, auf dem Sie die folgenden zwei Serpentinen abkürzen können. Sie folgen diesem Pfad 100 m und gehen dann, oben angekommen, links auf der alten Landstraße weiter. Nach 600 m haben Sie den ⇧ 1.360 m hohen Pass erreicht und können später Ihrer Familie und Ihren Freunden stolz davon erzählen. Dann kommen Sie an eine Kreuzung, wo Sie halb links abbiegen. Auf der alten breiten Landstraße geht es jetzt 1,2 km bergab, bis Sie schließlich auf die N-525 und somit auf die Abkürzung treffen.

❷ **Abkürzung**: Wenn Sie über den **Tunnel abkürzen** wollen, gehen Sie halb rechts, wo der Asphalt nach 100 m endet und Sie 30 m über Steine hinüber zur neuen N-525 klettern müssen. Auf der Nationalstraße geht es dann zuerst über die spektakuläre Brücke 1,3 km zum 425 m langen Tunnel, der in etwa ⇧ 1.250 m

Am Padornelo-Pass (rk)

Höhe 110 m unter dem Padornelo-Pass durch den Berg führt. Im Tunnel gibt es links und rechts schmale Fußwege, und es dringt auch genug Licht ein, um hier sicheren Fußes zu gehen. Nach dem Tunnel gehen Sie 700 m leicht bergab auf der N-525, und kurz nach den Auf- und Abfahrten der Autobahn kommt von hinten rechts die alte Nationalstraße hinzu, die die alte Passhöhe überquert hat (zur Berechnung der Gesamtstrecke müssen Sie jetzt jeweils 1 km abziehen).

An dieser Stelle, wo die Wege aufeinander treffen, verlassen Sie die neue N-525 halb links, und auf einer Betonpiste geht es 300 m steil hinab zum Anfang des Dorfes **Padornelo** (12 km). 400 m geht es durch das schon galicisch anmutende Bergdorf, und kurz vor Ortsende gehen Sie halb rechts aus dem Dorf 200 m hinauf zur N-525, an der Sie rechts die Bar finden. Der Jakobsweg wendet sich aber nach links. Nach 1,9 km abwärts biegen Sie rechts auf die Landstraße Richtung Lubián ab. Noch 700 m gehen Sie auf der Straße bergab, dann müssen Sie gut auf den Pfeil und den Abzweig nach links achten (15,2 km)! Es folgt nun einer der schönsten Wegabschnitte des gesamten Mozarabischen Jakobswegs einschließlich Vía de la Plata. Der Gemeinde Lubián ist es zu verdanken, dass die uralten Verbindungswege wieder freigelegt wurden.

Erfahrene Mountainbiker können dem Fußweg folgen, müssen aber auch viel schieben. Radfahrer, die nicht so geübt sind, bleiben wohl besser auf der Landstraße und fahren diese 7 km nach Lubián immer bergab, werden so aber auf einen der schönsten Wege verzichten müssen.

An dieser Stelle biegen Sie scharf links auf einen Pfad ab, der nach 50 m scharf rechts in eine Piste einbiegt. Nach 400 m biegen Sie von der Piste halb links auf einen Pfad ab, der zwar sehr schön ist, meist aber eher ein Bach zu sein scheint, was die nur 350 m recht mühselig gestalten, ehe Sie den Ortsanfang von **Aciberos** erreichen. Geradeaus geht es 300 m ins Zentrum zu einem kleinen Platz (16,2 km).

Hier gehen Sie halb links und verlassen das Dorf nach 100 m. Durch einen Hohlweg geht es 150 m hinab zu einer Weggabelung und dort halb links weiter bergab. Es geht 400 m auf einer Betonpiste hinab, an die sich dann weitere 450 m auf einem schönen, Jahrhunderte alten Weg mit zum Teil noch uraltem Steinpflaster anschließen. Unten geht es auf einer Brücke über den Bach **Pedro**.

Danach geht es wieder bergauf. Nach 70 m im Rechtsbogen zweigen Sie links auf einen Pfad ab, der steil bergauf führt, aber nach nur 30 m wieder auf einen alten Weg stößt und nach links führt. Im Rechtsbogen steigt der Weg 200 m an, um dann auf eine Piste zu treffen, auf der Sie erneut links gehen und nach 50 m einen Tunnel unter der Bahntrasse unterqueren.

Nach weiteren 50 m gibt es eine Pistengabelung, und Sie gehen halb links bergab. Nach 150 m biegen Sie scharf links auf einen Waldweg ab, und nach 100 m wieder scharf rechts auf einen Waldweg mit altem Pflaster. Nach 150 m mündet dieser Weg in einen breiteren alten Weg ein, und Sie gehen halb rechts. Nach 1,1 km auf diesem schönen Weg mit teilweise altem Pflaster weit oberhalb des Baches Pedro überqueren Sie eine Brücke über einen Bergbach. 50 m weiter geht es halb rechts einen breiten steinigen Weg 400 m bergauf nach **Lubián** (⇧ 1.024 m) (19,6 km), wo am Ortsanfang die Pilgerherberge mitten auf dem Weg steht. Den Weg zur Bar und zum Supermarkt finden Sie in der Wegbeschreibung der folgenden Etappe.

☺ Das Tal von Lubián gehört politisch noch zur Region Castilla y León bzw. zur Provinz Zamora, aber man fühlt sich hier schon eher Galicien zugeneigt. Tatsächlich ist das Gebiet zweisprachig Spanisch und Galicisch.

Gute gepflegte Herberge mit 8 Liegen und 4 Matratzen, Küche, Essraum und einer warmen Dusche für alle. Den Schlüssel hat Marisa, Calle Cruz Nr. 1, 200 m weiter an der bei der Herberge beginnenden Dorfstraße, die im Linksbogen am Ortsrand entlangführt. Dort, wo sich die Straße gabelt, ist es das Haus rechts; ein Schild an der Tür weist die Pilger darauf hin.

♦ Am Ortsrand, Marisa ☏ 980624100, ständig, € 3

Mann kann im Casa de Irene essen, das 50 m nach der Herberge links am Weg liegt. Das Preisleistungsverhältnis mit Preisen von bis zu € 12 für ein Menu stellte hier jedoch in letzter Zeit nicht alle Pilger zufrieden. Im Dorf findet sich des Weiteren noch ein zweites Casa rural mit dem Namen "La Pacheca", das ebenfalls Übernachtung und Essen anbietet. In der Bar, die oben an der Hauptstraße auf der rechten Straßenseite Richtung Ortsausgang liegt, gibt es kleine Happen und einen kleinen Laden. Auch findet sich im Dorf ein gut ausgestatteter Supermarkt mit durchaus akzeptablen Preisen.

Galicien

Galicien (mit c, um es nicht mit dem polnischen Galizien mit z zu verwechseln) im Nordwesten der Iberischen Halbinsel ist in vielerlei Hinsicht etwas Besonderes. Die Landschaft ist grün, da es oft regnet. Leider hat man vielerorts das ökologische Verbrechen begangen, viel mehr noch als in Asturien, massenhaft Eukalyptusbäume anzubauen, was zwar gut riecht, sich aber nicht mit den einheimischen Pflanzen und Tieren verträgt.

Galicien ist sehr bergig, was eine rationelle Nutzung des Bodens erschwert; dazu kam die traditionelle Erbteilung, so dass heute Minifundien und Streusiedlungen die Landschaft dominieren; dies sind entscheidende Gründe für die Armut auf dem Lande.

In vorrömischer Zeit siedelten die Kelten in Galicien, worauf noch heute zahlreiche Traditionen zurückzuführen sind, wie der Dudelsack, der hier gaita heißt, oder der Hexenglauben. In Galicien wird jedoch keine keltische Sprache gesprochen, wie oftmals fälschlich behauptet wird. Galicisch ist eine romanische Sprache, die dem Portugiesischen näher steht als dem Spanischen (d.h. dem Kastilischen), wenn auch die Schreibweise eher letzterer Sprache ähnelt. Galicisch ist neben Spanisch offizielle Sprache der Region.

Galicien war nie ein eigenes Königreich, sondern es wurde immer von den Königen von León, Kastilien oder später Spanien beherrscht.

Die Region hat 2,7 Mio. Einwohner, ist so groß wie das deutsche Bundesland Brandenburg und besteht aus den vier Provinzen A Coruña, Lugo, Ourense und Pontevedra, aber die Hauptstadt der Region ist keine der vier Provinzhauptstädte, sondern das von der Bedeutung her überragende Santiago de Compostela.

Mit dem Rad durch Galicien: Sollten die Radfahrer bisher die Fußpilger wegen ihrer Strapazen bemitleidet haben, so kann sich dieses Mitleid in Galicien zeitweise in Neid verwandeln. Besonders wenn es geregnet hat, können die Strecken für Radpilger mühsam werden. Auch werden Sie oft steinige und steile Wege vorfinden, die allerdings auch wieder von guten Wegstrecken abgelöst werden. Aber keine Angst: Wenn Sie es bis hierhin geschafft haben, können Sie auch den Rest bewältigen. Allerdings werden Sie an einigen Tagen wohl nicht so schnell vorankommen wie bisher.

Lubián - A Gudiña

(24,7 km, Karte S. 198, Profil S. 201)

Von der Herberge gehen Sie nach 50 m an der Casa de Irene vorbei auf die hier beginnende Betonstraße. Dieser folgen Sie im Linksbogen am Ortsrand entlang. Nach 150 m kommen Sie am Haus von Marisa vorbei, die den Schlüssel für die Herberge verwaltet. Gehen Sie nach rechts oben, so kommen Sie zur Bar wo es auch Essen gibt. Der Weg geht aber nach unten und nach weiteren 250 m gelangen Sie zur Dorfkirche.

An Kirche und Supermarkt vorbei stoßen Sie nach 150 m auf eine Asphaltstraße, der Sie links aus dem Ort folgen. Nach 500 m bergab zweigen Sie halb rechts auf eine Betonpiste ab, die nach 1 km bergab eine Brücke überquert und nach weiteren 400 m auf einfacher Piste unter der Autobahn hindurch zum lokalen Heiligtum La Tuiza führt (2,5 km).

Achtung! auf dem folgenden Wegabschnitt hat sich der Wegverlauf geändert und wird sich evtl. noch weiter ändern. 2006 war er zum Teil mit grünen Pfeilen gekennzeichnet.

Hinter der Kirche geht es rechts 100 m steil bergauf, bis der Weg schließlich parallel zur Autobahn verläuft. Nach weiteren 400 m entfernt sich der Weg dann wieder von der Autobahn. Dann geht es weitere 200 m steil bergab, bis Sie vor einer Leitplanke auf eine Piste nach halb links gehen.

Der Weg auf die Passhöhe von A Canda ist für Radfahrer unmöglich auf dem Fußweg zu machen, weshalb hier die Landstraße obligatorisch ist. Sie fahren hier nicht links, sondern folgen weiter der alten Landstraße unter der Autobahn hindurch auf die Straßenkreuzung. Hier geht es links auf die alte Landstraße Richtung A Gudiña, die parallel zu der Autobahn verläuft. Nach 2 km fahren Sie aber rechts ab in Richtung eines kleinen Dorfes. Sie folgen dieser Straße 400 m und biegen dann nach einem Anstieg links auf eine größere Landstraße, die ZA-106, und fahren über eine kleine Brücke. Nach 3 km erreichen Sie dann die Passhöhe auf der Sie links auf den Jakobsweg abbiegen, und auf dem Sie dann gleich die **galicische Grenze** überqueren.

Der Weg macht einen weiten Bogen und überquert schließlich eine kleine Brücke. Nach dieser geht es dann einen Pfad 50 m bergauf und danach scharf

Auf dem Pass von A Canda (rj)

rechts. Der gut freigehaltene Pfad steigt 1,8 km an und mündet dann in einen breiteren Waldweg ein, dem Sie halb rechts folgen. 1,5 km geht es weiter bergauf bis zur Einmündung in eine verwitterte Piste, die halb rechts nach 300 m auf eine schmale Straße stößt (7 km). Rechter Hand befindet sich die Landstraße auf dem ⇧ 1.260 m hohen Pass von A Canda an der Grenze zwischen den Regionen Castilla y León und **Galicia** (Gehzeit zum Pass ca. 1 Std.).

☺ **Wegmarkierungen**: Sie betreten hier die Provinz Ourense. Von den vielfältigen Wegmarkierungen, die Sie bereits auf der Vía de la Plata und dem Mozarabischen Jakobsweg kennen gelernt haben, sind die der Provinz Ourense am schönsten und originellsten: Neben den typischen gelben Pfeilen und den in Galicien üblichen Kilometersteinen sind es unregelmäßige skulptierte Steinplatten, die alle unterschiedliche Motive haben, und auf denen ein Pfeil die Richtung anzeigt. Leider sind die Pfeile alle gelb nachgezogen, weil sie offensichtlich nicht eindeutig genug waren.

Sie überqueren die Straße auf der Höhe, und gegenüber geht es einen Bergweg hinab. Nach 50 m zweigen Sie gleich wieder auf einen anderen Bergweg rechts ab und gehen 1 km bergab zum Anfang des Dorfes **A Canda**. 500 m geht es durch den Ort, wo am Ende überraschend eine Landstraße beginnt. Nach 700 m, am Ende der Gefällestrecke, müssen Sie gut aufpassen, nach dem Ende eines abschüssigen Stücks verläuft der Weg zunächst hinter der Leitplanke und biegt dann schließlich auf einen Weg links ab, der 200 m steil bergab führt und dann in einen breiteren Weg einmündet, der nach 200 m die Bahntrasse unterquert.

Auf dem breiten Weg geht es 1 km bergab, über eine kleine Brücke und wieder 300 m bergauf. Dann wird der Weg immer breiter, nach 400 m gar zu einer kleinen Straße. Nach 200 m gehen Sie an einer Straßengabelung den Pfeilen folgend halb links in den Ort **Vilavella**. Nach 200 m kommen Sie zu einer Art zentralem Platz mit großer Viehtränke (11,8 km).

Links gehen Sie 100 m aus dem Dorf auf einem Betonweg, der 300 m steil bergab und über eine Brücke führt. Danach geht es 100 m auf einem steinigen Weg bergauf und weitere 300 m auf einem breiten Weg bis zur Einmündung in eine Piste, auf der Sie geradeaus gehen. Nach 200 m gehen Sie vor einem Bauernhof halb rechts auf eine andere Piste, die 100 m am Hof vorbeiführt. Dann

(mk) Typische Wegmarkierungen in der Provinz Ourense (rj)

führt der Weg automatisch nach links als breiter Feldweg 300 m hinab ins Tal. Dort wendet er sich nach rechts, um nach 400 m, inzwischen schmaler, an einem Tor zu enden.

Hier beginnt ein Abschnitt, der extra für Pilger hergerichtet wurde: 400 m geht es durch zwei Tore, an einem Brunnen vorbei, über Steinbrücken und -stege, dennoch können Sie sich hier gelegentlich nasse Füße holen. Dann mündet der zuletzt schmale Pfad in einen breiten Feldweg, der 1,2 km zur Kapelle Virgen de Loreto führt (15,2 km). Rechts geht es auf eine Asphaltpiste, die nach 200 m über eine kleine Straße hinweg zum Ortsanfang von **O Pereiro** führt. Nach 200 m kommen Sie zum zentralen Platz und gehen weiter 400 m gerade durch den Ort. Danach geht es auf eine Piste, die nach 200 m nach links führt, der Jakobsweg führt aber geradeaus auf einen breiten Feldweg. Hier endet vorläufig die Gebirgslandschaft und geht in eine hügelige Heidelandschaft über, die wenige Bäume aber zahlreiche Granitfelsen aufweist.

Mal breiter, mal schmaler, mal bergauf, mal bergab, über Granitbrücken und Stege folgen Sie 2,9 km den gut markierten Wegen bis zur Einmündung in eine schmale Straße. Es geht halb rechts und dann im Linksbogen nach 100 m über die Bahntrasse.

Danach verlassen Sie die Straße halb rechts auf einen Weg, überqueren die Straße aber nach 200 m wieder und gehen gegenüber auf eine Piste. Nach 1,2 km führt diese Piste nach rechts, der Jakobsweg aber geradeaus als Feldweg 200 m zum Ortsanfang von **O Cañizo** und 100 m zu einem großen schmucklosen Platz. Den Platz überqueren Sie halb links und gehen 50 m bis zur Einmündung in eine etwas größere Straße und dort halb rechts 300 m ins eigentliche Dorfzentrum (21,2 km), wo sich linker Hand die Kirche befindet. Geradeaus gehen Sie 350 m bis zum Ortsende, wo sich die Hauptstraße nach links wendet, der Jakobsweg aber geradeaus auf eine Asphaltpiste führt, die nach 50 m in einen Feldweg übergeht.

Nach 600 m erreichen Sie die N-525, auf der Sie jetzt links gehen, und auf der Sie bleiben. Nach 800 m überqueren Sie die Autobahn und erreichen nach 500 m den Ortsanfang von A Gudiña. Nach weiteren 100 m sehen Sie rechter Hand das Rote Kreuz, bei dem sich auch der Zivilschutz (Protección Civil) befindet, wo es den Schlüssel für die Pilgerherberge gibt, die allerdings meistens geöffnet ist. Weiter geht es 1,1 km bis zur zentralen Landstraßenkreuzung (24,7 km).

A Gudiña

⇧ 979 m, 2.000 Ew.

Avenida Beato Sebastián Aparicio, keine Hausnr., ☏ 988594003

Zur Herberge gehen Sie von der zentralen Landstraßenkreuzung rechts Richtung Viana do Bolo, nach 100 m unter der Eisenbahnbrücke hindurch und gleich rechts; die Herberge liegt nach 50 m auf der linken Seite (24,9 km).

Sehr gute Herberge mit 24 Liegen, Küche und Aufenthaltsraum, im Winter geheizt. Die Herberge ist normalerweise geöffnet - wenn nicht hat der Zivilschutz (Protección Civil), an dem Sie beim Betreten des Ortes vorbeigekommen sind, den Schlüssel. Sie können aber auch anrufen.

♦ 150 m von der zentralen Straßenkreuzung entfernt in der Calle San Roque 12, Hospitalero ☏ 696820722, ständig, gratis

A Gudiña - Laza

(35,8 km, Karte S. 198, Profil S. 221)

☺ **Wegalternativen**: Traditionell gibt es zwei Wegalternativen ab A Gudiña, über Laza und über Verín, von denen ich jedoch nur die erste beschreibe, denn die zweite ist absolut indiskutabel. Die Variante über Verín folgt der N-525, die heute wenig befahren ist, weil parallel die Autobahn verläuft. Verín ist 31 km von A Gudiña entfernt, in Verín gibt es eine Herberge, die vom Zivilschutz (Protección Civil) betreut wird, und die nächste Etappe wäre von dort 48 km nach Xunqueira de Ambia, also viel zu weit für Fußpilger

⇔ **Etappenplanung**: Etappen-Endpunkt ist die Herberge. Nach 20,7 km gibt es in Campobecerros eine Pension, in der Sie unterkommen können. Ansonsten gibt es eigentlich keine Alternative für die Übernachtung in Laza.

Häufig wird Radfahrern nahe gelegt, über Verín zu fahren, aber die Alternative über Laza ist für Radfahrer bis auf 1,4 km auf denen Sie, wenn Sie ungeübt sind, teilweise schieben müssen, unproblematisch - was nicht heißt, dass es nicht anstrengend sein kann; zumindest ist sie aber erheblich einfacher als andere Wege, die Sie bisher mit dem Rad zurückgelegt haben, dazu landschaftlich spektakulär und radfahrerisch oft ein wahrer Genuss.

Von der zentralen Landstraßenkreuzung gehen Sie nicht auf der Nationalstraße geradeaus Richtung Verín, sondern rechts daneben auf einer parallelen Dorfstraße. Nach 350 m kommen Sie zu einem hübschen kleinen Platz mit einem Wegkreuz. Hier stehen die zwei Meilensteine, die anzeigen, dass die linke Wegalternative Richtung Verín und die rechte Richtung Laza führt.

Halb rechts geht es also Richtung Laza 250 m aus dem Ort auf eine Asphaltpiste und 700 m bis zur Einmündung in eine Landstraße, auf der Sie in gleicher Richtung weitergehen. 2,8 km geht es meist bergauf bis auf die Höhe des Alto do Espiño (⇧ 1.088 m) (4,1 km). 300 m danach gehen Sie halb rechts durch das Dörfchen **Venda do Espiño** und nach 400 m zurück zur Landstraße. Nach 2,7 km auf dieser Höhenstraße mit schönen Talblicken in beide Richtungen biegen Sie halb links auf eine schmale Straße ab, von der Sie nach nur 100 m wieder halb links auf eine Betonpiste abbiegen.

500 m durchqueren Sie jetzt das Dörfchen **Venda Teresa** und gehen am Ortsende geradeaus auf eine Piste, die nach 300 m in eine breitere Piste mündet, auf der es in gleicher Richtung weitergeht. Von hier oben bieten sich schöne Ausblicke auf den Stausee rechts unten im Tal. Nach 600 m bergab mündet diese Piste in eine kleine Landstraße (9,1 km), bei der es sich um eine andere handelt als vorher, und die noch schmaler und weniger befahren ist. In der gleichen Richtung überqueren Sie nach 800 m in einer Linkskurve eine Eisenbahnbrücke und gehen auf den nächsten 1,2 km durch verschiedene Häusergruppen hindurch, die alle zusammen den Ort **Venda da Capela** bilden. Hier kommen Sie an einem lustig

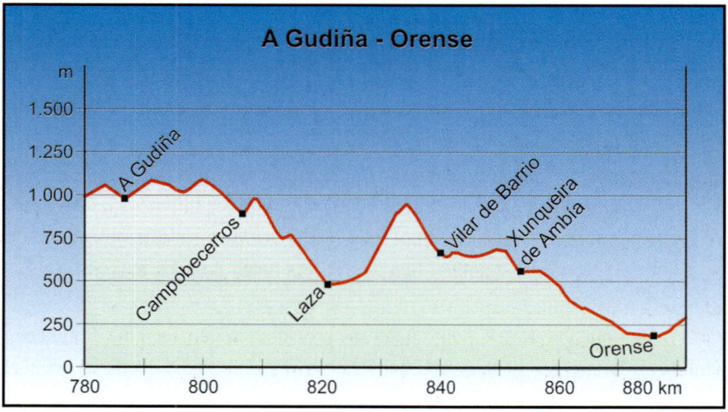

Schöner Bilck auf den Stausee bei Venda Teresa (rk)

weiß-blau gestrichenen Haus mit der Nr. 1 vorbei, wo Sie sich an einem Wasserhahn bedienen können. Dann geht es in einem Rechtsbogen der Straße halb links auf einen breiten Weg, der 500 m steil ansteigt und auf der Höhe in eine Piste mündet, die in gleicher Richtung nach 200 m wieder auf die Landstraße stößt. Schöne Ausblicke genießen Sie hier: Achten Sie rechter Hand auf die interessante Faltung der Berge! Nach 1,6 km geht es durch das Dörfchen **Bolaño** (13,4 km) und weiter 2,9 km auf der Höhenstraße, bis Sie unvermittelt, bei einem Schild, das zum Fotostopp einlädt, eine steinige Piste halb links bergauf nehmen. 600 m steigt die Piste steil hinauf; geradeaus geht es 1,4 km auf der Höhe zuerst noch einmal etwas bergauf und dann lange bergab.

Achtung: Wo es immer steiler bergab geht, und Sie unten im Tal das adrette Dorf Campobecerros sehen, steht bald rechts am Weg ein Kilometerstein, der anzeigt, dass Sie einen steinigen Bergweg rechts hinab nehmen müssen.

Hier nun wie angekündigt die etwas problematischen 1,4 km. Zugegeben, von oben betrachtet sieht der Abhang beeindruckend aus. Bedenken Sie aber, dass es sich bei dem Untergrund um Schiefergestein handelt, d.h. es gibt nicht sehr viele Felsen und der Boden ist ziemlich rutschfest. Fahren Sie gegebenenfalls langsam und machen Sie kleine Pausen. Wenn Sie sich dennoch den Hang nicht zutrauen - absteigen und schieben und Sie sind auch so bald unten.

Auf Schieferbruch geht es 1,4 km steil bergab bis zur Landstraße, die links 700 m zum Ortsanfang von **Campobecerros** führt. Am Ortsanfang wenden Sie sich halb links und gehen 200 m durch den unteren Ortsteil, dann aber rechts 100 m steil hinauf zur Landstraßenkreuzung (20,7 km).

Am Ende des Dorfes finden Sie die Pension Casa Nuñez, wo Betten in sehr gepflegten Zimmern und auch Essen angeboten wird. Es gibt hier einen Balkon mit schöner Aussicht.

- Am Ortsausgang direkt am Weg, ☏ 988305421, Einzelzimmer mit Frühstück € 18, Doppelzimmer mit Frühstück € 24 bis 30

Links geht es auf die Landstraße. Aber nicht scharf links Richtung Verín, sondern halb links Richtung Portocamba. Die Landschaft ändert sich jetzt wieder und wird von Wäldern dominiert, besonders von Nadelbäumen, obwohl es auch Laubbäume gibt. Auf der schmalen Landstraße geht es 1,3 km bergauf und weitere 1,6 km bergab bis **Portocamba**. 300 m geht es durch den kuriosen lang gestreckten Ort und 800 m auf der Landstraße bergauf zu einem großen Holzkreuz, das für die auf dem Jakobsweg verstorbenen Pilger aufgestellt wurde (24,7 km).

Hier biegen Sie links auf eine Piste ab, die zunächst 800 m ansteigt und dann 3,6 km bergab führt bis **Eiras**. 300 m geht es durch das Dorf; am Ende gibt es linker Hand einen schönen Rastplatz für Pilger, wo Sie auch Wasser finden (29,4 km). Geradeaus geht es auf eine schmale Landstraße, auf der es 4,6 km ständig bergab geht. Es ist unglaublich, in welcher Höhe Sie waren!

Am Ende der steilsten Gefällestrecke, fast unten im Tal, zeigt in einer Linkskurve ein Kilometerstein, dass es rechts von der Straße weg auf einen Pfad geht, der 200 m steil abfällt. Unten, endlich im Tal, geht es bei einer Wegkreuzung links auf eine Piste, aber nach 100 m bei der nächsten Pistenkreuzung wieder rechts, und nach 200 m treffen Sie auf die Landstraße, die links nach Laza führt. Nach 600 m biegen Sie am Ortsanfang halb rechts in eine schmale Dorfstraße ein, und nach 300 m kommen Sie zu einer Straßenkreuzung, die hier der Etappen-Endpunkt sein soll (35,4 km).

Geradeaus steht die Kirche, rechts das Rathaus, in dem sich an der Ihnen abgewandten Seite das Büro des Zivilschutzes (Protección Civil) befindet, wo Sie den Schlüssel für die Herberge holen müssen. Zur Herberge geht es durch die halb rechte Straße, der Jakobsweg führt dagegen halb links weiter.

Laza ⇧ 400 m, 2.300 Ew.

Ausgezeichnete Herberge mit 36 Liegen, Küche, Aufenthaltsraum und Innenhof. Den Schlüssel müssen Sie sich beim Zivilschutz (Protección Civil) im Rathaus besorgen, bevor Sie zur Herberge gehen. Jeder Pilger bekommt einen eigenen Schlüssel und muss ihn am nächsten Morgen wieder abgeben (notfalls durch das halb offene Fenster stecken). Zur Herberge gehen Sie in die Straße zwischen Rathaus und Kirche, Rúa Chouso Martínez, die einen Rechtsbogen an der Kirche vorbeimacht. 300 m nach dem Rathaus biegen Sie links in die Rúa do Toural ein, an deren Ende sich nach 150 m die Herberge befindet (35,8 km).

♦ Am Ortsrand am Ende der Rúa do Toural, Protección Civil ☏ 988422112, ständig, Spende

Laza - Vilar de Barrio

(19,9 km, Karten S. 198 und 225, Profil S. 221)

⇔ **Etappenplanung**: Ausgangspunkt dieser Etappe ist die Herberge von Laza, weil alle Fußpilger hier übernachten werden.

400 m gehen Sie zurück zum Rathaus. Nachdem Sie den Schlüssel bei der Protección Civil abgegeben haben, biegen Sie am Rathausplatz von der Herberge kommend rechts (vom Jakobsweg kommend halb links) in eine Straße, von der Sie nach 100 m kurz vor einem Platz, rechts abbiegen und dann in leichtem Linksbogen 500 m bis zum Ortsende gehen und weitere 200 m bis zur Einmündung in die Landstraße OU-113 (früher OR-110). In gleicher Richtung geht es auf der Landstraße 2,4 km bis kurz vor den nächsten Ort und dort halb links auf eine Asphaltpiste, die parallel zur Landstraße 200 m zum Ortsanfang von **Soutelo Verde** führt. Sie durchqueren das Dorf geradeaus 500 m und treffen erneut auf die OU-113. Halb links geht es weiter, aber nur 150 m, dann verlassen Sie die Landstraße halb rechts auf eine Piste (4,5 km).

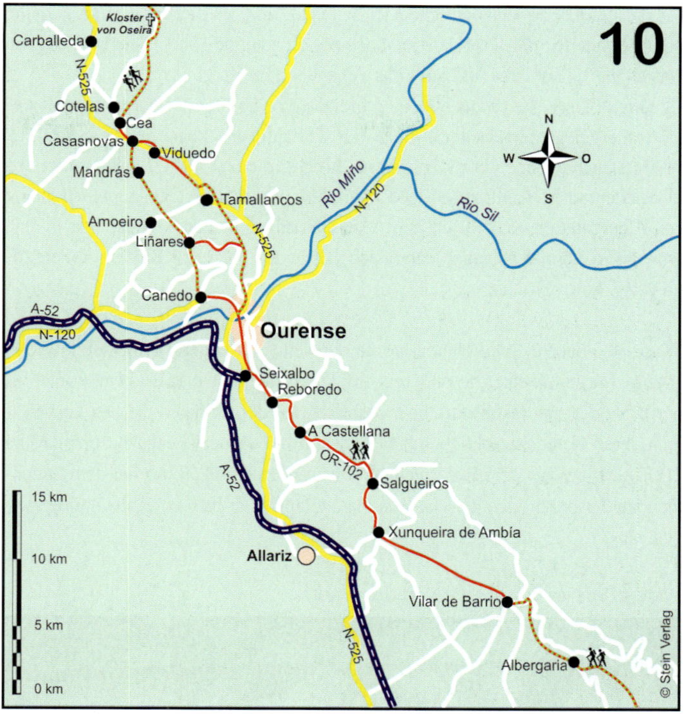

Der hier beschriebene Fußweg ist von Tamicelas bis Albergaría sehr schwer und nur geübten Mountainbikern zuzutrauen, die dennoch gelegentlich absteigen müssen. Ab Albergaría können Sie dann wieder den Fußweg einschlagen.

Auf der Piste gehen Sie 2,4 km geradeaus zum Ortsanfang von **Tamicelas** (6,9 km). Bei der dortigen Straßengabelung gehen Sie halb links und dann im Linksbogen 200 m durch das Dorf. Am Ende geht es auf eine Piste, die 500 m steil ansteigt, bis Sie halb rechts auf einen Waldweg abzweigen, der nach 200 m endet. Danach geht es geradeaus auf einem felsigen Pfad steil bergauf. Nach

600 m (Radfahrer schieben) endet dieser Pfad, und Sie biegen links ab auf eine breite Schneise, die links 100 m über die Bergkuppe führt. Schauen Sie mal zurück ins Tal auf Laza und auf Eiras gegenüber am Berg!

Oben biegen Sie rechts auf einen breiten Weg ab, der auf der Höhe entlangführt und gelegentlich weiter ansteigt (für Radfahrer machbar, aber sehr hart). Es ist eine anstrengende aber sehr schöne Strecke, die erst nach 2,8 km endet, wo Sie wieder auf die Landstraße OU-113 treffen, die rechts 1,1 km zum Ortsanfang von **Albergaría** (⇧ ca. 900 m) führt. Am Ortsanfang biegen Sie halb links in eine Dorfstraße ein und gelangen dann nach 100 m zur Pilgerbar Rincón de Peregrino (12,6 km).

⌘ 🍷 Die Bar Rincón de Peregrino, deren Name mit Pilgereck übersetzt werden könnte, wartet mit einer besonderen Attraktion auf: Die Decke und ein großer Teil der Wände ist mit Jakobsmuscheln dekoriert, auf denen Pilger, die hier vorbeikamen, ihren Namen geschrieben haben. Schon bei meinem ersten Besuch im Juni 2005 war hier fast kein Platz mehr und es wird sich zeigen, ob bei dem zunehmenden Zuspruch, den die Vía de la Plata erfährt, hier bald ein Anbau nötig werden wird.

Pilgergrüße im Rincón de Peregrino (rk)

Nach der Bar biegen Sie halb links ab und gehen 150 m weiter durch diesen hübschen, aus Granit gebauten Ort. Noch einmal biegen Sie halb links ab und gehen 100 m bis zum Ortsende auf einem Feldweg. Nach 150 m gibt es eine Weggabelung und Sie gehen erneut halb links. Endlich geht es geradeaus 1,2 km auf einem schönen alten Feldweg; dann überqueren Sie eine Asphaltpiste und gehen geradeaus weiter auf dem Weg, der jetzt auf der Höhe über eine baumlose Heidelandschaft führt.

Nach 1 km überqueren Sie erneut die OU-113 und gehen gegenüber auf einer Piste 350 m hinauf zu einem großen Holzkreuz (15,4 km). Links am Holzkreuz vorbei gehen Sie auf einem breiten Weg 500 m steil bergab, dann 500 m auf der OU-113 weiter bergab, und dann biegen Sie wieder links auf einen Waldweg ab, der 1 km steil bergab führt, wobei sich schöne Blicke in die weite Ebene des Limia-Tales bieten. Der Weg stößt schließlich auf eine Feldmauer, und rechts gehen Sie auf einem Feldweg wieder zurück zur OU-113. Links auf der Straße geht es 400 m bergab, dann halb rechts 400 m auf einen breiten Weg und erneut 900 m auf der Straße bis zum Ortseingang von Vilar de Barrio. Hier biegen Sie halb rechts in eine Dorfstraße ein, die nach 500 m wieder auf die Hauptstraße stößt und rechts 100 m zur zentralen Plaza do Toural führt (19,9 km).

Dorfbewohner am Weg (rk)

Vilar de Barrio

⇧ 650 m, 2.600 Ew.

An der Straßenkreuzung und dem Hauptplatz befindet sich rechter Hand die Pilgerherberge, aber zuerst müssen Sie links zur Tankstelle, wo es den Schlüssel und den Stempel gibt. Dann gehen Sie in die andere Richtung, dort steht die Herberge nach 100 m an der linken Straßenseite.

Sehr gute Herberge mit 24 Liegen und 12 Gymnastikmatten, Küche mit einigen Utensilien und einem Aufenthaltsraum.

♦ 100 m von der Plaza do Toural entfernt an der Hauptstraße, ständig, gratis

Vilar de Barrio - Xunqueira de Ambía

(13,9 km, Karte S. 225, Profil S. 221)

⇔ **Etappenplanung**: Die Übernachtung in Xunqueira de Ambía ist wegen der geringeren Etappenlängen nicht zwingend, aber die Pilgerherberge sei hier als Etappenendpunkt angegeben, weil sie direkt am Weg liegt.

Von der zentralen Straßenkreuzung geht es auf der Hauptstraße an der Tankstelle vorbei westlich Richtung Xinzo de Limia. Nach 200 m führt die Hauptstraße nach links, der Jakobsweg aber geradeaus auf einer schmaleren Landstraße Richtung Bóveda. Nach 500 m verlassen Sie Vilar de Barrio und gehen 400 m bis zu einer Straßengabelung, wo Sie halb links weitergehen.

Nach 400 m beginnt schließlich der lang gestreckte Ort **Bóveda**. Nach 600 m gibt es im Zentrum eine Straßengabelung, und Sie gehen halb rechts auf einer Dorfstraße durch einen hübschen alten Ortsteil mit Häusern und Maisspeichern aus Granit.

⌘ **Hórreos**: Die aus Granit erbauten Maisspeicher - Hórreos - sind das hervorstechendste Merkmal der volkstümlichen Architektur. Sie sind lang gestreckt und durchbrochen, so dass die Maiskolben gut trocknen können. Waagerechte Steinplatten auf den Stützen verhindern, dass Mäuse hochklettern. Die kunstvollsten Hórreos stehen unter Denkmalschutz.

Nach 400 m auf der Dorfstraße kommen Sie zurück zur Hauptstraße, die rechts ansteigt, wobei sie weiterhin von Häusern flankiert bleibt. Nach 500 m

Anstieg geht der Ort Bóveda in **Vilar de Gomareite** über, wo es an der Kreuzung 100 m nach Ortsanfang geradeaus auf eine Asphaltpiste geht. 200 m geht es hinab durch einen alten Ortsteil und unten am Ortsende geradeaus über eine Kreuzung auf eine Piste und auf dieser 100 m bis zu einer Asphaltstraße, auf der Sie sich nach rechts wenden.

Achten Sie jetzt auf die Wegmarkierungen, denn im flachen Limia-Tal sehen alle Pisten gleich aus. Nach 600 m biegen Sie links auf eine Piste ab und gehen dann schnurstracks 3,5 km geradeaus. Dort, wo Sie schon glauben, dass die Piste bald endet und Sie das vor Ihnen liegende Dorf erreichen, biegen Sie rechts auf eine andere Piste ab (Achtung: Kilometerstein!) und gehen 800 m bis zum Ortsanfang von **Bobadela**, wo Sie auf eine andere Piste treffen.

Hier gehen Sie halb links und stoßen nach 200 m auf eine breite Straße (8,5 km), auf der Sie links gehen, aber nach nur 50 m wieder in eine schmale Straße halb rechts. Nach 100 m kommen Sie zu einer Straßenkreuzung und gehen links auf eine schöne Dorfstraße. 200 m folgen Sie den gelben Pfeilen in der gleichen Richtung durch das Dorf. Am Ende wird die Straße zur Piste. Nach 50 m gibt es eine Weggabelung, und halb rechts führt eine Piste in den Wald. Nach 100 m biegen Sie links auf einen breiten Waldweg ab. Nach weiteren 80 m verlassen Sie diesen auf einem Weg, der zunächst beidseitig von niedrigen Mauern flankiert ist und bald zum Pfad wird. Nach 350 m auf diesem schönen Waldpfad kreuzen Sie eine schmale Landstraße und gehen gegenüber auf einem Pfad weiter, bis Sie nach 100 m auf eine schmale Straße treffen.

Halb links führt dieses Sträßchen 450 m durch die beiden Ortsteile von **Padroso**, an dessen Ende Sie der Straße nicht links folgen, sondern rechts auf einen alten steinigen Weg abbiegen. 150 m gehen Sie auf altem Pflaster; dann zweigt links ein Pfad ab, der 200 m steil hinauf durch den Wald führt und weitere 350 m bergauf über Heidelandschaft.

Auf der Höhe kreuzen Sie einen breiten Weg und kommen geradeaus nach 150 m auf einem Pfad an einer Felsengruppe vorbei. Danach geht es auf einem felsigen Weg 200 m steil bergab in den Wald, wo der Pfad geradeaus führt - 150 m durch den Wald, 150 m übers Feld - und dann auf eine Feldmauer stößt, an der Sie links auf einen felsigen Pfad abbiegen, der 100 m steil bergab führt. Dann stößt der Weg wieder auf eine Feldmauer und Sie gehen halb links 100 m steil hinab an den Rand des Dorfes **Cima de Vila** (11,6 km), das Sie aber gleich wieder scharf rechts auf einen breitem Weg verlassen.

Nach 300 m kreuzen Sie eine Piste. Gegenüber wird der Weg bald zum Pfad und führt 400 m bergab, wo Sie eine kleine Straße kreuzen. Gegenüber gehen Sie 50 m auf einer Piste, die zu einem Bauernhof führt und nach links zieht; Ihr Weg führt dagegen geradeaus auf einen Pfad, der nach 300 m Gefälle breiter wird und nach weiteren 300 m **Quintela** erreicht (13 km). 50 m geht es geradeaus zur Landstraße und auf ihr in gleicher Richtung 150 m. Am Ortsausgang biegen Sie halb rechts auf eine andere Straße ab. Nach 600 m kommen Sie an den Ortsanfang von Xunqueira de Ambía und gehen halb rechts auf einer Straße 100 m zur Pilgerherberge direkt vor den Sportanlagen (polideportivo) (13,9 km).

Xunqueira de Ambía

⇧ 765 m, 2.300 Ew.

Sehr gute Herberge mit 24 Liegen, Küche und Aufenthaltsraum. Den Schlüssel gibt es in der Bar Retiro im Zentrum von Xunqueira de Ambía, 750 m von der Herberge entfernt. Wenn nicht schon jemand vor Ihnen da sein sollte, müssen Sie also ins Ortszentrum und zurück; der Weg dorthin sei aber erst bei der nächsten Etappe erklärt.

♦ Am Ortsanfang beim Sportzentrum (polideportivo), Bar Retiro, ☏ 988436058, ständig, Spende

Xunqueira de Ambía - Ourense

(23,4 km, Karte S. 225, Profil S. 221)

⇔ **Etappenplanung**: Die Pilgerherberge von Ourense sei hier als Etappenziel genannt, weil die Übernachtung dort eigentlich zwingend ist. Der Weg ist sehr leicht, weil es fast ausschließlich auf kleinen Asphaltstraßen und zumeist leicht bergab geht.

Von der Herberge gehen Sie die Straße 100 m bergab am Polideportivo vorbei und biegen dann links in die Straße, die 500 m ins schöne Zentrum zur malerischen Plaza de San Rosendo führt.

☺ **Wegmarkierung**: Der Jakobsweg ist eigentlich anders markiert und biegt bereits 200 m vorher rechts in eine Dorfstraße ab, um auf Nebenstraßen das

Ortszentrum zu umgehen. Aber das ist, gelinde gesagt, Quatsch, denn selten wird auf der Vía de la Plata und dem Mozarabischen Jakobsweg ein so schönes Ortszentrum durchquert wie das von Xunqueira de Ambía. Okay, der markierte Weg führt genau an der Bar Retiro vorbei, wo es den Schlüssel für die Herberge gibt, aber Sie sparen damit nur 50 m Weg, was den Verzicht auf das Zentrum nicht rechtfertigt. Und schließlich ist es hier so schön, dass Sie auch zweimal, am Nachmittag der Ankunft und am Vormittag des Abschieds, vorbeikommen können.

✞ **Kirche**: Auf dem Hauptplatz erhebt sich die schöne Kirche des ehemaligen Klosters Santa María aus dem 12. Jh.

☺ **Weg zur Bar Retiro**: Auch dieser Weg lohnt sich: Dem Hauptportal der Kirche gegenüber bzw. beim Betreten des Platzes gehen Sie sofort rechts in die Gasse Calle Jorge Alberto Ferreiro und nach 100 m links in die Calle Alfonso Meno, in deren Nr. 11 sich nach 50 m rechter Hand die Bar Retiro befindet, wo es den Schlüssel für die Herberge gibt.

Über den Hauptplatz gehen Sie auf der Haupt- bzw. Landstraße geradeaus hinweg. Die Straße macht eine Rechtskurve und kommt nach 100 m zu einer Straßenkreuzung, über die Sie geradeaus Richtung Salgueiros gehen. Nach weiteren 100 m biegen Sie halb links auf eine Straße ab, die 100 m bergab links am Gesundheitszentrum (Centro de Salud) vorbeiführt. Weiter bergab kommen Sie nach 200 m am Fußballplatz vorbei - der Ort endet hier - und gehen auf einem breiten Weg weitere 300 m bergab, wo Sie wieder auf die Landstraße treffen. In gleicher Richtung geht es auf der Straße nach 700 m über den Fluss **Arnoya** (links geht es zum Flussstrand - Playa Fluvial), und nach weiteren 200 m biegen Sie halb rechts auf einen Waldweg ab.

Radfahrer bleiben auf der Straße, auf die der Wanderweg sowieso bald wieder einmündet.

500 m geht es auf einem schönen alten Weg mit großen Steinen bergauf. Dann kreuzen Sie eine schmale Straße und gehen gegenüber auf eine Piste, die nach 200 m in einen Feldweg übergeht. 300 m geht es geradeaus, dann biegen Sie auf einen anderen Feldweg links ab und gehen 100 m zur Landstraße, auf der

es rechts weitergeht (2,9 km). Nun geht es nur noch auf zumeist kleinen Landstraßen bis Ourense, nach 1,1 km kommen Sie durch **A Pousa**. Ab hier geht es bis Ourense praktisch nur noch leicht bergab. Nach 1,4 km kommen Sie am Ort **Salgueiros** vorbei, dessen Zentrum rechter Hand liegen bleibt. 1,2 km geht es bergab, und in einer Rechtskurve zweigen Sie links auf eine schmale Straße ab, die nach 100 m durch das Dörfchen **Gaspar** führt.

Dahinter geht es auf einer Piste zuerst bergab und dann bergauf 200 m zurück zur Landstraße, auf der Sie in gleicher Richtung weitergehen.

Sie durchqueren verschiedene Ortschaften, von denen nur die wichtigsten genannt seien: **Penelas** (9 km), **Pereiras** (11,8 km) und **A Castellana** (14,3 km). In letztgenanntem Ort geht es über einen Kreisverkehr geradeaus in ein Gewerbegebiet, das Sie 1,1 km durchqueren. Am Ende stoßen Sie auf die N-525 und gehen links 400 m zu einem Kreisverkehr, den Sie halb rechts auf der N-525 verlassen. Nach 600 m kommen Sie zur zentralen Kreuzung im belebten Landstraßenort **Reboredo** (16,4 km).

Hier geht es nicht auf der N-525 halb links weiter, sondern geradeaus in eine normale Straße 600 m bergauf, wo diese in eine Landstraße einmündet, auf der es halb rechts weitergeht. Aber nach 100 m Steigung biegen Sie auf der Höhe halb links in eine einfache Straße ab, die nach 500 m bergab zur Piste wird und nach weiteren 400 m steil bergab schließlich zur Einmündung in eine Landstraße führt, bei der es sich um die alte N-525 handelt.

In gleicher Richtung geht es auf dieser bergab, und nach 400 m biegen Sie rechts auf eine normale Straße ab und von dieser nach 50 m halb links auf eine andere Straße, die nach 50 m zur Piste wird und nach weiteren 50 m eine Weggabelung erreicht. Halb rechts geht es auf einen Pfad, der nach 20 m die Eisenbahngleise überquert, und gegenüber führt der Weg 70 m zur Landstraße, die Sie jetzt überqueren. Gegenüber geht es 300 m in die malerische Altstadt von **Seixalbo** zum Hauptplatz Praza Maior (19 km).

Hier biegen Sie rechts in die Rúa Maior ein und gehen 150 m zur Kirche und links an ihr vorbei aus dem Ort auf eine kleine Straße. 250 m geht es bergab, bei einer Kreuzung links und noch 900 m bergab, wobei es am Ende im leichten Rechtsbogen zur Einmündung in die alte N-525 geht. Weiter gehen Sie 1,1 km zu einem Kreisverkehr und genau gegenüber weiter Richtung Zentrum. Geradeaus geht es über den Kreisverkehr in die Avenida de Zamora, aber nur 200 m bis zur kleinen Praza de Mariñamansa.

☺ **Weg ins Zentrum**: Hier zeigt die Muschel des Jakobswegs noch geradeaus, aber ich habe mich bemüht, einen ruhigeren Weg ins Zentrum zu finden, den ich im Folgenden beschreibe:

An der Praza de Mariñamansa biegen Sie halb rechts in die Calle Bonhome ein, die nach 450 m in die Calle de Galicia übergeht und nach 150 m einen Park erreicht. Geradeaus geht es 100 m am Park entlang, aber an seinem Ende gehen Sie links und nach 50 m wieder rechts in die Rúa Xerónimo Feijoo, die nach 150 m zur Fußgängerzone wird. Nach weiteren 200 m geht es zwar noch geradeaus, aber Sie können auch links einen kurzen Abstecher die Stufen hinunter zum 100 m entfernten Fremdenverkehrsamt machen, das sich den römischen Thermalquellen Las Burgas gegenüber befindet. Ansonsten geht es jedoch in der Fußgängerzone geradeaus weiter, die jetzt Calle de Colón heißt. Nach 100 m erreichen Sie die schöne Praza Maior (22,8 km), hinter der Sie schon die Kathedrale sehen, zu der Sie über den Platz und dann rechts hoch durch die Calle Modesto Fernández gehen, wo sich der offene Seiteneingang befindet.

Ourense

⇧ 125 m, 110.000 Ew.

Las Burgas 12, ☏ 988366064, Mo bis Fr 9:00 bis 14:00 und 15:00 bis 20:00, Sa und So 11:00 bis 14:00

Der Name der Stadt wird heute offiziell mit dem galicischen Ou geschrieben, während das spanische Orense nur mit O nicht mehr offiziell verwendet wird.

Der Name ist auf die Goldfunde am Ufer des Flusses Miño zurückzuführen, von denen die römischen Geografen berichteten, und Ourense war damals bereits bekannt für seine Thermalquellen.

✞ **Kathedrale**: Es ist nach der Kathedrale von Santiago de Compostela die reichste und schönste Kirche Galiciens. Sie stammt im Wesentlichen aus dem 12. und 13. Jh. Am sehenswertesten ist das Hauptportal, das sich in einer Vorhalle befindet, die Sie nur erreichen können, indem Sie durch das Kircheninnere gehen. Es heißt Portal des Paradieses (Pórtico del Paraíso) und wurde im 13. Jh. mit herrlichen polychromen Figuren in Anlehnung an den Pórtico de la Gloria in Santiago geschaffen. Absolut sehenswert!

♦ täglich 10:00 bis 13:00 und 16:30 bis 20:00, Eintritt frei

Die Kathedrale von Ourense bei Nacht (rk)

Portal in der Kathedrale von Ourense (rk)

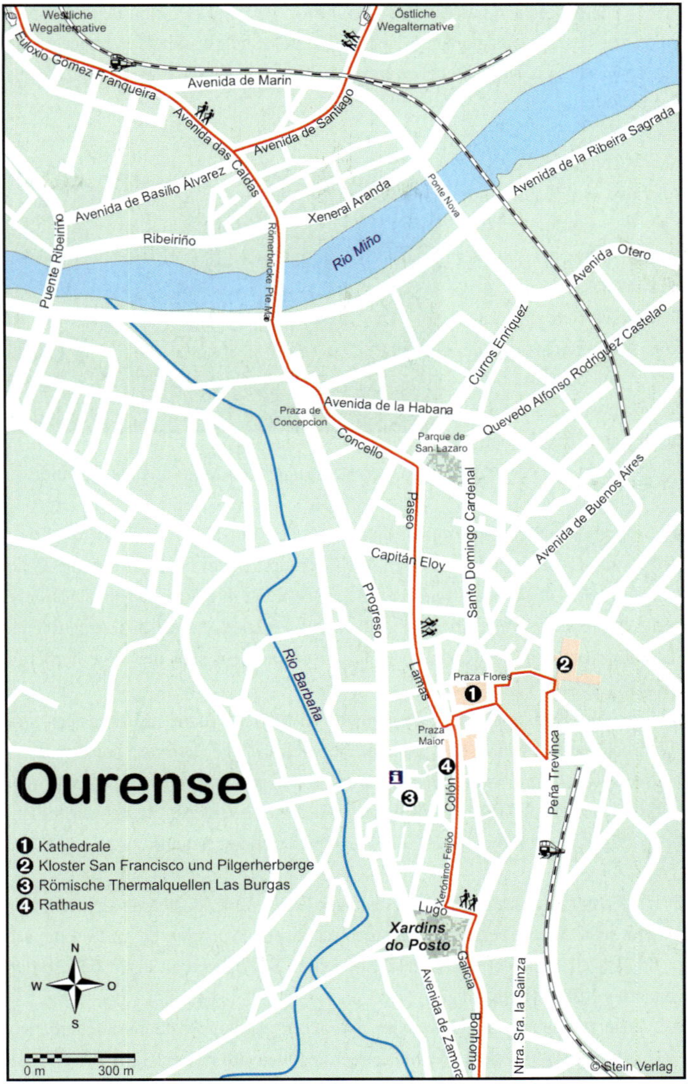
Westliche Wegalternative
Östliche Wegalternative
Euloxio Gómez Franqueira
Avenida de Marin
Avenida das Caldas
Avenida de Santiago
Avenida de Basilio Álvarez
Xeneral Aranda
Ponte Nova
Avenida de la Ribeira Sagrada
Ribeiriño
Puente Ribeiriño
Römerbrücke Pte. Mai
Rio Miño
Avenida Otero
Curros Enriquez
Quevedo Alfonso Rodriguez Castelao
Avenida de la Habana
Praza de Concepcion
Concello
Parque de San Lazaro
Paseo
Santo Domingo Cardenal
Avenida de Buenos Aires
Capitán Eloy
Progreso
Rio Barbaña
Lamas
Praza Flores
Praza Maior
Peña Trevinca
Colón
Xerónimo Feijóo
Lugo
Xardins do Posto
Galicia
Avenida de Zamora
Bonhome
Ntra. Sra. la Sainza
Ourense
1 Kathedrale
2 Kloster San Francisco und Pilgerherberge
3 Römische Thermalquellen Las Burgas
4 Rathaus
N
W
O
S
0 m
300 m
© Stein Verlag

⌘ **Thermalquellen Las Burgas**: Kurz bevor Sie beim Betreten des Stadtzentrums zur Praza Maior kommen, sollten Sie den oben erwähnten Abstecher zu den 65°C warmen Thermalquellen machen, bei denen sich das Fremdenverkehrsamt befindet.

⌘ **Römerbrücke**: Prächtige Brücke, die im 13. Jh. wieder erbaut wurde. Obwohl Sie sie beim Verlassen der Stadt überqueren werden, sei sie hier schon hervorgehoben, denn der Grund für die Rekonstruktion waren die Scharen der Jakobuspilger, denen mit der Brücke das Übersetzen über den Miño erleichtert wurde.

Vom Seiteneingang der Kathedrale gehen Sie über die Praza do Trigo 100 m zur Ostseite und hinter der Apsis gerade 200 m hinauf durch die Calle Peña Corneira, in der sich viele Lokale befinden. An ihrem Ende gehen Sie links in die breite Calle Peña Trevinca 200 m bis zu einer Ampelkreuzung. Rechts oberhalb steht das alte Kloster San Francisco, in dem sich die Pilgerherberge befindet (23,4 km).

Sehr gute Herberge mit 36 Liegen und 10 Matten, Küche mit Utensilien und Aufenthalts- und Essraum. Im Sommer gibt es freiwillige Betreuer; sonst müssen Sie den Zivilschutz (Protección Civil) anrufen und warten bis jemand kommt, was in Ourense ziemlich lange dauern kann, weil dieser Notdienst oft ausgelastet ist.

♦ Kloster San Francisco, ☏ 677403869, ständig, Spende

✝ **Kloster San Francisco**: Das ehemalige Franziskanerkloster aus dem 14. Jh., in dem sich die Herberge befindet, wurde in den 50er Jahren verlassen, war zunächst Militärhospital und ist heute Museum. Sehenswert ist insbesondere der elegante gotische Kreuzgang.

♦ Der Museumsbereich war im Jahr 2006 wegen Restaurierungsarbeiten geschlossen. Wann und wie wieder geöffnet wird ist unklar.

Ourense - Cea

(21,9 km, Karte S. 225, Profil S. 237)

⇔ **Etappenplanung**: Es gibt zwei etwa gleich lange Wegalternativen, die beide Vor- und Nachteile bieten und die Entscheidung schwer machen:

❶ Der **westliche** Weg über Liñares und Mandrás hat einen unangenehmen Anfang mehrere Kilometer neben der viel befahrenen N-120; dann kommt ein anstrengender Aufstieg und ziemlich viel Asphalt, ehe der zweite Teil auf historischen Pfaden und uraltem Pflaster durch die Einsamkeit der Wälder sehr attraktiv ist.

❷ Der **östliche**, einen halben Kilometer längere Weg über Tamallancos hat einen schönen ersten Teil mit beeindruckenden Blicken auf Ourense, während der zweite Teil im Zickzack neben der Nationalstraße N-525 verläuft und im verzweifelten Bemühen, diese nicht zu betreten, das Wandern weniger angenehm macht.

☺ Ich persönlich ziehe den westlichen Weg vor, den ich vollständig beschreiben werde. Die Wegbeschreibung des östlichen Weges werde ich darum nur bis Tamallancos genau nehmen, und den Rest, parallel zur N-525, nur kurz erwähnen.

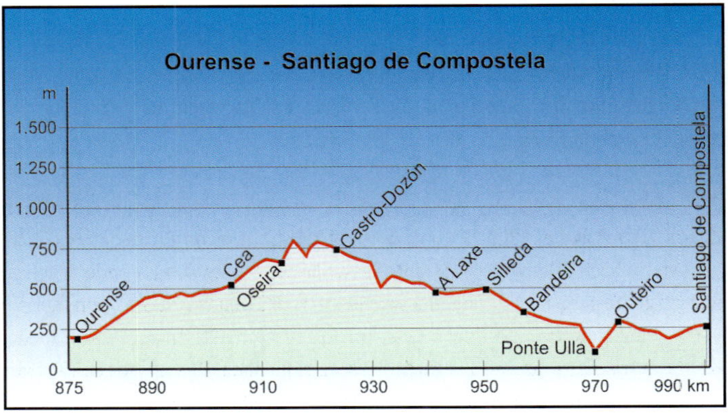

Eine Empfehlung für Pilger, die bereit sind, ein paar Kilometer mehr zu machen, habe ich dennoch: Da der Anfang des östlichen Weges und der zweite Teil des westlichen Weges am interessantesten sind, können Sie beide kombinieren, indem Sie im Osten beginnen und dann auf einer kleinen Landstraße zum westlichen Weg gehen. Es bedeutet einen Umweg von 1,8 km gegenüber dem westlichen und von 1,3 km gegenüber dem östlichen Weg, was Sie jedoch in den Genuss beider Wege kommen lässt.

🚲 Radfahrern empfehle ich unbedingt die eben genannte Alternative, d.h. im Osten zu beginnen und dann nach Westen überzuwechseln, denn die paar Kilometer mehr auf angenehmer schmaler Landstraße werden Radlern nicht weh tun.

🚶 Den Rückweg über die Kathedrale zur Praza Maior können Sie abkürzen: Genau dem Eingang der Pilgerherberge gegenüber geht es über die breite Straße hinweg und auf Treppen 200 m hinunter zur Kathedrale und von dort 100 m zur Praza Maior (300 m). Dort biegen Sie an der rechten hinteren Ecke rechts in die Rúa Lamas Carbajal ein, die nach 200 m in die Rúa do Paseo übergeht. Nach 450 m endet die Fußgängerzone, und es geht links durch die Rúa do Concejo 300 m zum großen Platz Praza de Don Bosco. Gerade darüber hinweg und über eine große Kreuzung mit Kreisverkehr gehen Sie 200 m zur 350 m langen Römerbrücke. Schauen Sie mal links hinüber auf die komische moderne Brücke! Am anderen Ufer geht es geradeaus in die Avenida das Caldas, und nach 200 m kommen Sie zur Gabelung des Jakobsweges (1,7 km).

Zwei Wegalternativen: Zuerst wird der von mir empfohlene westliche Weg beschrieben, im Anschluss daran der östliche und dabei die von mir ebenfalls empfohlene Verbindung zwischen beiden Wegen.

❶ **Westlicher Weg**: Auf der Avenida das Caldas gehen Sie weiter geradeaus 300 m zum Bahnhof (RENFE) und dort auf die Landstraße Richtung Vigo und Pontevedra nach links. Nach 600 m folgen Sie der Straße nicht, sondern gehen 400 m geradeaus an der Bahntrasse entlang, um dann auf die Nationalstraße N-120 einzumünden, der Sie nun 2 km folgen. Am Ortsanfang von **Canedo** ✕ 🛒 (5 km) führt die N-120 leicht links weg, Ihr Weg aber geradeaus 700 m durch den Ort. Wo diese Straße am Ortsrand rechts ansteigt, gehen Sie halb links

Richtung **Castro de Beiro**. Sie gehen 500 m bergab und unten geradeaus durch einen kleinen Eisenbahntunnel am Ortsrand von Cachaxuas. Nun geht es auf einer Asphaltstraße steil bergauf, nach 200 m an einem Brunnen vorbei, und weiter 2 km steil bergauf. Oben, wo Sie eine Kreuzung überqueren, beginnt Castro de Beiro. Geradeaus geht es noch 200 im Ort bergauf und am Ende auf eine Piste, die endlich weniger stark ansteigt. Nach 1,6 km mündet sie in eine kleine Landstraße, die in der gleichen Richtung nach 500 m die zentrale Kreuzung der Streusiedlung **Liñares** überquert (10,7 km).

Auf der Straße geht es 800 m bergab, und wo sie wieder beginnt anzusteigen, biegen Sie halb rechts auf einen breiten Sandweg ab, der 300 m ansteigt, bis Sie eine kleine Landstraße überqueren. Gegenüber geht es auf einer Asphaltpiste 700 m durch das Dörfchen **Reguengo**. Am Ende des Dorfes wird die Asphaltpiste zur einfachen Piste und überquert nach 600 m eine Landstraße. Gegenüber geht es auf einem breiten Feldweg bergab, der nach 700 m in eine schmale Landstraße mündet, der Sie in gleicher Richtung folgen, dann aber nach 200 m in der nächsten Straßenkurve wieder geradeaus auf einem Pfad verlassen.

Dieser schöne und einsame Waldpfad zeigt gelegentlich altes Pflaster, was ein Hinweis darauf ist, dass Sie sich auf einem alten Verbindungsweg befinden, der aber heute der Natur allmählich zu unterliegen scheint. 1,5 km geht es meist leicht bergab durch absolute Einsamkeit, bis Sie unerwartet auf eine schöne alte Brücke treffen (15,5 km). Gegenüber geht es 200 m durch das Dörfchen **Ponte Mandrás**, an dessen Ende ein schöner Pilgerbrunnen steht und dort auf einer kleinen Straße 300 m hinauf ins Dorf **Mandrás**, bei dem es sich um nicht mehr als eine Straßenkreuzung mit ein paar Häusern darum herum handelt.

Hier geht es geradeaus auf die kleine Landstraße, die Sie aber nach nur 100 m in einer Rechtskurve geradeaus auf eine einfache Straße verlassen. Nach 200 m wird die Straße zum Feldweg, der nach 1 km an einem Stall vorbeiführt. Ab hier führt der Weg auf schönem mittelalterlichen Pflaster, das auch vorher schon gelegentlich zu sehen war, 1,1 km bergauf bis ins Dörfchen **Pulledo**, wo es geradeaus auf eine kleine Straße geht. Nach 550 m mündet die Straße in eine kleine Landstraße ein, auf der Sie halb rechts 900 m bis **Casasnovas** (20 km) gehen, das direkt an der Nationalstraße N-525 liegt. Diese überqueren Sie und gehen gegenüber in die Dorfstraße 50 m zu einer Weggabelung. Von rechts kommt hier die östliche Wegalternative hinzu, die weiter unten beschrieben wird, und halb links führt der Jakobsweg weiter.

Nach 150 m geht die Dorfstraße in eine unregelmäßige Piste über, die 1 km durch den Wald führt, bis Sie eine Landstraße überqueren. Gegenüber geht es in eine Querstraße, die nach 300 m links um die ersten Gebäude von **Cea** herum eine Landstraßenbrücke unterquert. Danach wendet sich die Straße nach rechts, der Jakobsweg führt aber geradeaus auf einen Pfad, der nach 200 m auf die erste Dorfstraße trifft, die links über eine kleine Brücke in den Ort führt.

Nach 100 m gibt es einen Abzweig, wo es links zur Herberge geht, die Sie sich unbedingt anschauen sollten, auch wenn Sie hier nicht übernachten, denn sie ist sehr originell. Dazu biegen Sie links ab, und nach nur 70 m befindet sie sich auf der rechten Seite (21,9 km).

❷ **Östlicher Weg**: Wie oben beschrieben, biegen Sie 200 m nach der Römerbrücke von der Avenida das Caldas rechts in die Avenida de Santiago ab (1,7 km), die gleichzeitig der Ausgangspunkt der N-525 ist. Nach 350 m überqueren Sie die Eisenbahnbrücke und kommen 1 km danach zur Tankstelle CEPSA/elf am Ortsrand. Direkt dahinter biegen Sie halb rechts auf die schmale Asphaltstraße Camiño Real, was Königlicher Weg bedeutet. Nach 500 m kreuzt diese Straße die viel befahrene N-525. Das Überqueren ist nicht leicht. Haben Sie Geduld!

Gegenüber geht es auf dem Camiño Real 150 m steil hinauf in einen Vorort bis zu einer Straßengabelung. Nach 250 m erreichen Sie einen schönen Platz, an dem ein Adelspalast steht. Ab hier ist der Camiño Real schön gepflastert und steigt steil an, nach 300 m an der Kirche des Vorortes **Cudeiro** vorbei und nach weiteren 50 m über eine Straße hinweg. Weiter geht es auf dem gepflasterten Weg steil hinauf; nach 50 m macht er eine Rechtskurve und nach 300 m eine Linkskurve, hinter der das Pflaster wechselt, das jetzt aus großen bearbeiteten Felsbrocken besteht. Nach 200 m kommen Sie an der Kapelle San Marcos da Costa vorbei, die sich rechter Hand erhebt und von der Sie einen prächtigen Ausblick auf Ourense haben (4,8 km). 100 m weiter endet das schöne Pflaster, und es geht als Asphaltpiste weitere 500 m bergauf. Dann führt der Asphalt nach rechts, der Jakobsweg aber geradeaus auf eine einfache Piste, die nach 300 m in eine breite Piste mündet, auf der Sie sich halb links wenden.

Die steile Steigung ist jetzt endlich vorbei, und sanfter ansteigend geht es 1,4 km bis zur Einmündung in eine kleine Landstraße, in die Sie halb links einbiegen. Aber nach 150 m, vor einer Gartenmauer und vor dem Ortsanfang von **Sartedigos**, biegen Sie rechts auf eine Piste ab. Nach 200 m mündet diese Piste in eine andere kleine Landstraße, auf der es in gleicher Richtung weitergeht, aber nach nur 50 m biegen Sie wieder halb rechts auf eine Piste ab (7,5 km).

☺ **Wegalternativen**: Der schönste Teil des östlichen Weges liegt jetzt hinter Ihnen. Den Rest des Weges werde ich nur noch oberflächlich beschreiben, weil meiner Meinung nach der westliche Weg empfehlenswerter ist.

Wie oben bereits erwähnt, bietet sich hier auch die Gelegenheit, zum **westlichen Weg hinüberzuwechseln**. In diesem Fall biegen Sie hier nicht von der Landstraße ab, sondern gehen 2,4 km auf der Straße geradeaus bis zur Kreuzung in **Cabeanca**, wo Sie sich nach rechts wenden und auf der kleinen Straße noch 2,1 km zurücklegen. In einem Rechtsbogen der Straße mündet von links eine Piste ein, bei der es sich um den Camiño Real handelt (von denen es zwei gibt), also auch um den Jakobsweg. Sie befinden sich jetzt auf dem westlichen Weg, der auf der Landstraße nach 500 m die zentrale Kreuzung der Streusiedlung **Liñares** überquert, was ein guter Orientierungspunkt ist. 12,5 km haben Sie jetzt zurückgelegt statt der 10,7 km, bei denen die Zählung des westlichen Weges in Liñares einsetzt, dem Sie jetzt, wie oben beschrieben, nach Cea folgen.

❷ **Fortsetzung östlicher Weg**: Von der oben genannten Straße biegen Sie halb rechts auf eine Piste ab, die nach 100 m erneut halb rechts weiterführt, während Ihr Weg aber geradeaus auf einen Pfad geht, der 600 m ansteigt. Dann gehen Sie halb rechts auf eine kleine Landstraße, die nach 1,3 km bei einer Häusergruppe eine breitere Landstraße kreuzt. Gegenüber gehen Sie auf eine Asphaltpiste, die nach 200 m hinter dem letzten Haus zur einfachen Piste wird. Diese führt nun 1,4 km bergab, bis sie im Tal Asphaltbelag bekommt und nach 500 m auf die N-525 trifft (11,5 km). Sie gehen links, verlassen die Nationalstraße aber nach 100 m halb rechts und erreichen nach 600 m **Tamallancos** 🍴 🛒. Nach 1 km überqueren Sie die N-525 erneut und gehen lange in wechselndem Abstand und auf unterschiedlichen Wegen auf der linken Seite der Nationalstraße entlang. Hierbei kommen Sie an verschiedenen Orten vorbei, von denen nach 5,3 km **Viduedo** 🍴 🛒 (18,5 km) hervorzuheben ist, wo Sie erneut die N-525 überqueren. Auf der rechten Seite kommen Sie nach 2 km in den Ort **Casasnovas** 🍷 🛒 (20,5 km), wo Sie auf die westliche Wegalternative treffen, der Sie, wie oben beschrieben, die restlichen 1,9 km bis Cea folgen (22,4 km).

Herberge in Cea (rk)

Cea

⇧ 500 m, 3.000 Ew.

Wunderschöne Herberge in einem alten Granitgebäude mit einem Hórreo davor; es gibt 40 gute Liegen, eine originell gestaltete Küche, einen großen Aufenthaltsraum und eine Terrasse im ersten Stock.

♦ Im Ortszentrum, Herbergsbetreuer Orlando Torres ☏ 988282147, 988282000 und 600878289, ständig, meist auch tagsüber, Spende

Cea - Oseira (9,2 km, Karte S. 225, Profil S. 237)

⇔ **Etappenplanung**: Von Cea nach Castro gibt es **zwei Wegalternativen**. Die erste, die allerdings 2006 durch Straßenbauarbeiten an verschiedenen Stellen blockiert war, führt 15 km direkt nach Castro Dozón. Die zweite macht einen Umweg über das großartige Zisterzienserkloster von Oseira, das 9,2 km entfernt ist, und von wo es noch 11 km nach Castro Dozón sind, insgesamt also 20,2 km, was einem Umweg von 5,2 km gegenüber dem direkten Weg entspricht. Sie sollten das Kloster aber auf keinen Fall versäumen, zumal Sie in Galicien mit Sehenswürdigkeiten am Weg nicht gerade verwöhnt werden.

Ich beschränke mich bei der Beschreibung also im Wesentlichen auf den Weg über Oseira und werde nur am Anfang kurz auf den direkten Weg hinweisen, damit Sie zumindest wissen, wie Sie Cea verlassen müssen. Oseira wird hier als Etappenort genannt; es gibt dort zwar keine Pilgerherberge, aber die Mönche werden Sie auch nicht abweisen, wenn Sie dort übernachten möchten.

🚲 Radfahrern mit guter Kondition und der Bereitschaft, ihr Rad zu schieben, kann der Umweg über das Kloster empfohlen werden. Besonders der erste Teil bis Oseira ist sehr angenehm. Am Anfang des Weges von Oseira nach Castro Dozón werden Sie je nach Kondition, Geschick und Wetterverhältnissen 2,5 bis 5,5 km schieben müssen.

Das ist der Preis für die Schönheiten des Weges. Ein Trost sollte sein, dass Sie auch auf dem direkten Weg von Cea nach Castro Dozón etwa 500 m schieben müssten und dass jener Weg auch ansonsten erheblich anstrengender, aber weniger schön ist als der über Oseira. Sie können natürlich auch wie gleich beschrieben die Straße bis Castro Dozón nehmen, wenn Sie das reizt.

✋ Wegen Straßenbauarbeiten war der folgend beschriebene direkte Weg nach Castro Dozón 2006 zum Teil blockiert. Sollte dies immer noch der Fall sein, so können insbesondere 🚲 Radfahrer, die den mühsamen Umweg über das Kloster Oseira fürchten, den Weg über die N-535 wählen, welcher sie ab Cea schlicht 14,5 km nach rechts folgen.

❶ **Direkter Weg nach Castro Dozón**: Wenn Sie aus der Pilgerherberge treten, gehen Sie rechts, folgen dann aber nach 50 m nicht den gelben Pfeilen nach rechts, sondern gehen geradeaus in die Rúa España, die nach 250 m die Hauptstraße überquert. Gegenüber geht es in die Rúa San Lourenzo, und nach 200 m gibt es eine Wegmarkierung, die anzeigt, dass Sie den Ort halb links auf eine kleine Landstraße verlassen.

Auf den nächsten 7 km verläuft der Weg in der Nähe der N-525, die Sie mehrmals betreten. Auf den nächsten 7 km entfernt sich der Jakobsweg jedoch von der Nationalstraße und verläuft u.a. mehrere Kilometer in beträchtlicher Höhe und absoluter Einsamkeit auf einem wahren Panoramaweg, bis es bergab nach Castro Dozón geht, wo Sie wieder auf die N-525 treffen (15 km), auf der Sie sich nach links wenden; hier verlaufen beide Wegalternativen wieder zusammen.

❷ **Weg nach Oseira**: Wenn Sie aus der Pilgerherberge treten, gehen Sie rechts und nach 50 m wieder rechts und 250 m zur schönen Praza Maior mit ihrem frei stehenden Glockenturm. Auf der gegenüberliegenden Seite gehen Sie links 100 m an der Post vorbei und überqueren die Hauptstraße. Gegenüber geht es die Rúa Lodairo 200 m hinauf Richtung Fußballplatz und Schwimmbad. Dann geht es 100 m bergab am Fußballplatz vorbei zum Ortsrand, wo diese Straße auf einer anderen Straße endet.

100 m geht es nach rechts an der Rückwand des Fußballstadions entlang; dann endet die Straße wieder auf einer anderen. Sie gehen links, nach 100 m aber auf eine Piste halb rechts. Nun geht es 3,5 km geradeaus auf dieser Piste, die bald eher zu einem schönen Waldweg wird und stellenweise altes Pflaster aufweist.

Sie ignorieren alle Abzweige und gehen erst am Ende etwas nach links, um gleich darauf in eine schmale Landstraße einzumünden, der Sie halb links 300 m folgen, bis sich die Straße vor dem Dörfchen **Silvaboa** gabelt (4,7 km). Ohne das Dorf zu betreten, geht es halb rechts 1,2 km bergauf und dann 500 m bergab bis **Pieles**, wo Sie rechts auf die Landstraße abbiegen, die schließlich nach 2,8 km das Kloster von **Oseira** (⇧ 650 m) ⛺ 🍷 mit den umliegenden Häusern erreicht (9,2 km).

Blick auf das Kloster von Oseira (rj)

Im Kloster von Oseira (rk)

✞ **Kloster Oseira**: Großartiges abgeschiedenes Zisterzienserkloster aus dem 12. Jh. Die Kirche bewahrt hinter ihrer barocken Fassade die ganze zisterziensische Strenge und Einfachheit, kaum unterbrochen durch die Fresken des Querschiffs. Werktags und sonntags wird regelmäßig die Heilige Messe zelebriert. Auch zum Stundengebet der Mönche sind die Pilger eingeladen.

♦ stündliche Führungen um 10:00, 11:00, 12:00, 15:30, 16:30, 17:30 und von Ostern bis September auch 18:30, So vormittags nur 12:30, aber nachmittags wie gehabt, Dauer 1 Std., Preis € 2. Heilige Messe werktags 7:45 und sonntags 11:30.

Die Mönche stellen Pilgern egal welchen Geschlechts und welcher Weltanschauung einen einfachen Raum zum Übernachten zur Verfügung. Sie wollen dieses freiwillige Angebot jedoch nicht als reguläre Pilgerherberge verstanden wissen. Die Unterkunft bietet Liegen für 15 Pilger und war bis 2006 lediglich mit einem Waschbecken ausgestattet. In naher Zukunft soll es hier jedoch auch Duschen geben. Die Herberge hat keine Heizung und bleibt im Winter daher kalt. Es gibt eine Klosterherberge, die Gäste aufnimmt, welche sich zu geistigen Übungen zurückziehen wollen. Das ist jedoch nur möglich, wenn Sie sich mindestens einen Monat vorher telefonisch anmelden und dann mindestens drei Tage bleiben. Auch Pilger, die nicht zu längeren geistigen Übungen bleiben wollen, sind eingeladen, das geistige Gespräch mit den Mönchen zu suchen und an deren Messen und Stundengebeten teilzunehmen - man spricht englisch. Verhalten Sie sich hier bitte dankbar und respektvoll, dann werden auch nachfolgende Pilger freundlich(er) empfangen.

♦ Direkt im Kloster, ☏ 988282004, Spende. Preis für länger vorab angemeldete Aufnahme in der Klosterherberge nach Absprache

Oseira - Lalín-Bendoiro-Laxe

(30,1 km, Karte S. 247, Profil S. 237)

⇔ Die nächste reguläre Herberge befindet sich in Lalín-Bendoiro-Laxe, weshalb die hier beschriebene Etappe auch diese Strecke beschreibt. Wenn Sie aber ein paar Euro für eine Übernachtung ausgeben wollen oder sich mit einem Platz auf dem Boden begnügen können, dann finden Sie auch schon nach 11 km eine Übernachtungsmöglichkeit.

Wenn Sie sich dafür entschieden haben, über Oseira zu fahren, dann war Ihnen bereits bewusst, dass Sie am Anfang dieser Etappe zwischen 2,5 bis 5,5 km schieben müssen.

Von der Landstraße gehen Sie links in die Straße, in der sich die Bars befinden und wo es auf den Haupteingang des Klosters zugeht. Nach 50 m führt eine Straße halb rechts an der Klostermauer bergauf, und nach 50 m biegen Sie rechts auf eine Betonpiste ab, die in mehreren Kurven steil ansteigt. Passen Sie jetzt gut auf: Nach 200 m biegen Sie links auf einen steinigen Pfad ab, der an einer Feldmauer entlangführt. Zurück bietet sich ein toller Blick hinab auf das Kloster!

Nach 200 m wird der Pfad breiter, und Sie merken an den großen Steinen, dass Sie sich wieder auf altem Pflaster befinden. Nach weiteren 150 m überqueren Sie eine Asphaltpiste und gehen gegenüber auf einem breiten Weg weiter steil bergauf, wobei altes Pflaster sichtbar wird. Nach 350 m teilt sich der Weg links von einer doppelten Felsengruppe, und halb links steigt ein Pfad noch 350 m steil an.

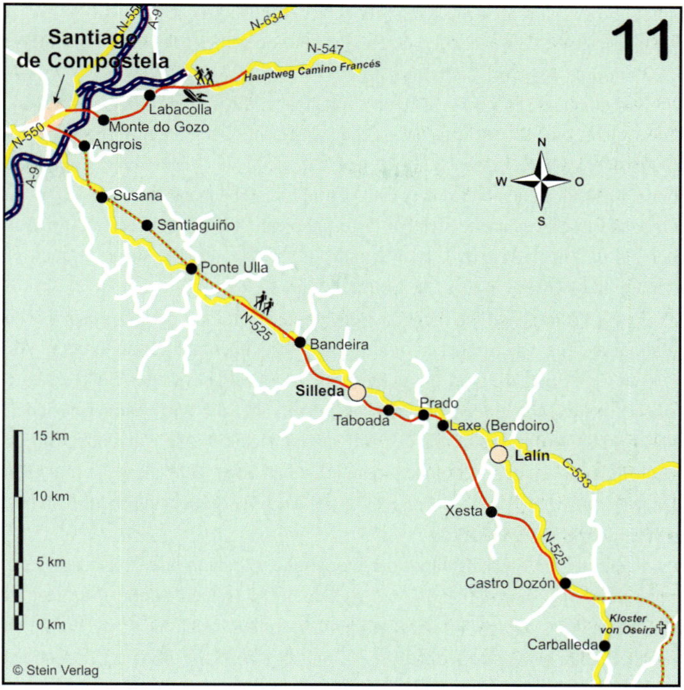

Oben (⇧ 800 m) mündet der Pfad in einen Feldweg, der halb rechts 300 m zwischen Feldmauern bis zur Einmündung in eine Straße verläuft, auf der es in der gleichen Richtung bergab geht. Nach 400 m sind in einer scharfen Linkskurve die Zeichen nicht ganz klar, aber es geht auf der Straße weiter um die Kurve und noch 700 m bergab bis es dort, wo drei Stromleitungen zusammentreffen, rechts einen schmalen Pfad 250 m steil bergab geht (🚲 Radfahrer schieben).

Unten rechts biegen Sie auf einen breiten Weg ab, der 50 m bergab zu einem Bach führt, diesen überquert und gegenüber links einen breiten Steinweg auf altem Pflaster hinaufgeht. Nach 50 m führt dieser Weg nach rechts, der Jakobsweg aber geradeaus auf einen steilen steinigen Pfad mit altem Pflaster, der 200 m im Wald bergauf führt (🚲 Radfahrer schieben). Danach geht es 400 m bergab zu einer Straße, die Sie überqueren. Rechts gegenüber folgen Sie den Pfeilen 200 m durch das Dorf **Carballiño**.

Aus dem Dorf gehen Sie auf eine Asphaltpiste, die nach 450 m eine Landstraße erreicht, auf der Sie halb links gehen und nach 500 m den Ortsanfang von **Outeiro** erreichen. Passen Sie jetzt gut auf, denn die Markierungen sind sehr undeutlich. Sie gehen hier rechts eine Betonpiste steil hinauf, die nach 100 m am Ortsende in eine einfache steinige Piste übergeht. 700 m geht es steil im Wald bergauf und noch weitere 1,1 km geradeaus, bis Sie auf eine kleine Straße treffen, die links 150 m in den Ort **Gouxa** 🍷 führt (6,9 km).

Im Zentrum gehen Sie rechts auf einem steinigen Pfad bergab. Nach 150 m überqueren Sie ein Sträßchen und gehen gegenüber auf einem breiten Weg 200 m weiter bergab. Dort unten führt der Weg halb links weiter. Sollte er unter Wasser stehen, können Sie ihn auch linker Hand über die Wiese umgehen. Jedenfalls geht es 350 m weiter, bis der Weg in eine kleine Straße einmündet, auf der Sie halb links 100 m gehen und vor einem großen Schuppen halb rechts auf einen Feldweg abbiegen. Nach 100 m geht es bei einer Weggabelung wieder halb links 150 m in das Dorf **Vidueiros**.

Rechts gehen Sie 150 m auf der Dorfstraße, die dann halb links nach weiteren 150 m aus dem Ort führt. Sie bleiben auf derselben Straße, bis Sie nach 650 m bei San Martinó auf die Bundesstraße treffen. Nach rechts gehen Sie auf dieser 2,2 km bis **Castro Dozón** (⇧ 700 m) ⛺ 🛏 ✕ 🛒 ⚕ und zur zentralen Straßenkreuzung, wo von links die direkte Wegalternative von Cea dazukommt (11 km).

🛏⛺ Im Sozialzentrum "Centro Social" können Sie günstige Zimmer bekommen oder kostenlos auf dem Boden auf Ihrer mitgebrachten Schaumstoffmatte übernachten. Es gibt sogar ein Schwimmbad. Von der zentralen Landstraßenkreuzung geht man 550 m weiter auf der N-535 und dann links.

- An der N-535 ☎ 625044361, 🚪 ständig, Übernachtung auf dem Boden kostenlos, Einzelzimmer € 15, Doppelzimmer € 20

🚶🚶 Von der zentralen Straßenkreuzung in Castro Dozón gehen Sie auf der N-525 weiter und biegen nach 200 m halb rechts in eine Straße, die zu einem alten Ortsteil führt. Nach 200 m kommen Sie zu einem Wegkreuz und gehen an der dortigen Weggabelung halb links auf eine kleine Asphaltstraße. Nach 400 m erreichen Sie eine Kreuzung am Anfang eines Industriegebiets, das im Jahr 2006 noch im Bau war, so dass sich hier in Zukunft einiges ändern kann.

Im Prinzip geht es etwa 900 m geradeaus auf der Straße durch das Gewerbegebiet, parallel zur N-525, kurz bevor die Straße in die Nationalstraße einmündet. Hier gehen Sie rechts und nach weiteren 50 m links. Nach 400 m, während denen Sie größtenteils parallel zur Nationalstraße laufen, wird jetzt die Wegführung zweideutig. Sicherer erscheint der Weg links über die Landstraße, auf der Sie jetzt gehen, bis Sie nach 800 m halb rechts auf die alte Piste der Landstraße ausweichen.

Sie gehen 450 m auf der alten Straße rechts daneben und wieder 1 km auf der Nationalstraße, bis Sie dann endgültig halb links auf eine Piste abbiegen. 800 m steigt die Piste leicht an, dann geht es bei einer Pistengabelung halb links und 1 km bergab ins Dorf **Santo Domingo** (17 km).

Weiter geht es auf einer Asphaltpiste, die 140 m hinter dem Dorf zur einfachen Piste wird. 1,4 km geht es bergab und über die Autobahnbrücke, nach der Sie sofort rechts 50 m bergauf und dann 100 m steil bergab neben der Autobahn hergehen, bevor Sie halb links auf einem schönen Waldweg 400 m bergab durch den Wald gehen. Am Ende treffen Sie auf eine Asphaltpiste, die links 200 m durch das Dörfchen **Puxallos** führt.

Nach dem Ortsende gehen Sie auf dem Sträßchen weiter, aber nach Überquerung eines Baches, und wo das Sträßchen links durch einen Tunnel führt, biegen Sie rechts auf eine Piste ab. Nach 300 m biegen Sie links in einen Waldweg ein, der 800 m ansteigt, bis er auf eine Asphaltpiste trifft. Rechts geht es 50 m steil bergauf, dann folgen Sie ihr in eine Halbrechtskurve, der Sie folgen, um nach 350 m die Landstraße im Dorf **Pontenoufe** 🍷 (22 km) zu überqueren.

Gegenüber geht es auf einer Asphaltpiste bergab, die nach 300 m am Ortsende zur einfachen Piste wird und nach weiteren 300 m in eine Asphaltpiste einmündet, auf der Sie halb links gehen. Nach 400 m passieren Sie das Dörfchen **A Xesta** und gehen weitere 1,7 km immer leicht bergab bis zur Landstraße. Dort gehen Sie links und nach 100 m am Anfang der Streusiedlung **Botos** und bei einer Straßenkreuzung (23,8 km) halb rechts auf eine Asphaltpiste.

Zuerst geht es 200 m bergab und über einen Bach, und dann lange bergauf 2,2 km durch kleine Ortschaften bzw. Ortsteile. Dann kreuzen Sie eine kleine

Landstraße und gehen gegenüber einen breiten Waldweg halb links 800 m bergab. Sie kreuzen eine Asphaltpiste und gehen noch 200 m auf dem Weg geradeaus weiter, bis Sie eine schmale Straße erreichen, auf der Sie rechts 250 m zur Kirche der Gemeinde **Donsión** 🍷 gehen (27,5 km).

200 m geht es auf der Dorfstraße weiter geradeaus, dann bei einer Straßengabelung halb links und nach weiteren 250 m bei einer Straßengabelung halb rechts. Nach 150 m endet der Asphaltbelag bei einer Häusergruppe, und es geht eine Piste bergab. Nach 200 m kommt eine Pistengabelung, bei der Sie halb rechts gehen; noch 400 m geht es bergab, unten über einen Bach und 300 m wieder bergauf, wo Sie oben auf die Autobahn stoßen. Halb links gehen Sie 100 m auf einer Piste an der Autobahn entlang, bis die Piste in eine Straße einmündet, der Sie weiter neben der Autobahn 400 m bis zur Einmündung in die N-525 folgen, die Sie hier sofort rechts überqueren. Es geht in den Ortsteil **Laxe** (⇧ 450 m) 🏠 ✕, der zur Gemeinde **Bendoiro** gehört, die wiederum von der 6 km entfernten Stadt **Lalín** verwaltet wird. 100 m geht es in die gegenüberliegende Landstraße und nach 100 m gehen Sie links in eine Dorfstraße, die wiederum 100 m zur Herberge führt (30,1 km).

🏠 Neue, großzügig angelegte Herberge mit 24 Betten und 50 Matratzen, Internet, Aufenthaltsraum, Küche (allerdings noch ohne Geschirr).

♦ Organisation Xacobeo: ☏ 658038042, 🚪 ständig, Spende

✕🍷 In Bendoiro gibt es nichts zu kaufen, aber am Ortsausgang an der N-525 finden Sie die Bar Maria Jose, die Menüs und Frühstück anbietet.

Lalín-Bendoiro-Laxe - Vedra-Susana-Santiaguiño

(35,3 km, Karte S. 247, Profil S. 237)

⇔ **Etappenplanung**: Diese Etappe zwischen den beiden neuen offiziellen Pilgerherbergen der galicischen Landesregierung ist sehr lang, aber es gibt einige Möglichkeiten, in Herbergen oder Pensionen unterzukommen, die aber entweder einen Umweg bedeuten, oder mit einigen Extraausgaben verbunden sein können.

In Silleda können Sie nach 10 km in einem Hostal übernachten. Bei Bandeisa gibt es eine Herberge, die Sie mit einem Umweg nach 18,5 km erreichen. In Bandeira findet sich nach 18 km eine Notunterkunft und weitere Pensionen. Auch in Ponte Ulla gibt es nach 30,7 km Fremdenzimmer.

Von der Herberge gehen Sie parallel zur N-525 die Dorfstraße bergauf, bis beide Straßen nach 250 m zusammentreffen. Auf der Nationalstraße gehen Sie noch 150 m bergauf und auf der Höhe (hier) halb links in ein Sträßchen, das nach 300 m am Ende der dortigen Häusergruppe zum Waldweg wird. 200 m geht es hinab zu einem Bach, darüber hinweg und weiter auf wechselnden Wegen 1 km immer geradeaus, bis Sie im Ort **Prado** die N-525 erreichen.

Halb links geht es 250 m auf der Nationalstraße, bis Sie plötzlich vor einem Tabakladen (estanco, tabacos) links auf einem schmutzigen Weg 100 m bergab gehen. Dann geht der Weg in eine Dorfstraße über, die nach 100 m nach links führt; Ihr Weg führt dagegen als Feldweg geradeaus weiter. Nach 500 m überqueren Sie eine Straße und gehen gegenüber auf einer Piste weiter. Nach 300 m trifft diese auf eine Asphaltpiste, es geht rechts, und nach 200 m trifft die Asphaltpiste auf eine kleine Landstraße, und es geht links 900 m bergab. In einer Linkskurve, kurz vor einer beeindruckenden Eisenbahnbrücke, verlassen Sie die Straße und biegen halb links auf einen Waldweg, der 500 m leicht bergab zur Römerbrücke über den Fluss **Deza** führt (4,9 km). Unglaublich, wie idyllisch dieser Ort ist, wo er doch so nah an Nationalstraße und Autobahn liegt!

Kurz hinter der Brücke kommen Sie an einem Felsen mit einer merkwürdigen Inschrift vorbei. Auf altem römischen Pflaster gehen Sie nun 200 m steil bergauf bis zur Häusergruppe namens **Ponte**, wo echte Muscheln als Wegmarkierungen verwendet wurden. Halb rechts geht es dort auf eine Asphaltpiste, die weitere 150 m ansteigt. Oben gibt es eine Weggabelung, und Sie zweigen in ein Sträßchen halb links ab, das nach 200 m auf ein anderes Sträßchen stößt, auf dem Sie wieder halb links gehen. Nach 300 m endet dieses Sträßchen auf einem anderen, aber der Jakobsweg führt gegenüber in einen Feldweg, der 350 m ansteigt. Oben mündet der Weg in eine Piste, und Sie gehen halb rechts, wo die Piste nach 50 m in eine Straße übergeht. Diese erreicht nach 50 m die N-525. Auf der anderen Seite befindet sich die hübsche Santiagokirche von **Taboada**, vor der sich ein mittelalterliches Wegkreuz, eine moderne Santiagoskulptur und ein hübscher Rastplatz (ohne Schatten) befinden, alles aus Granit.

Römerbrücke über den Fluss Deza (rk)

Eigentlich bleiben Sie aber auf der linken Seite der N-525 und gehen 100 m auf ihr, bis es wieder links auf einen Waldweg geht. 800 m führt der Weg leicht bergauf, bis Sie unvermittelt auf eine Straße treffen. Vorne, noch in der Ferne, können Sie die Stadt Silleda ausmachen. Auf der Straße gehen Sie links 100 m bis zum Eingang zu einer großen Firma und daran geradeaus vorbei auf eine Piste, der Sie 600 m in mehreren Windungen folgen, bis die Piste am Anfang eines Dorfes Asphaltbelag bekommt und rechts 100 m hinunter führt. Dort trifft sie auf eine Dorfstraße, und links geht es 100 m im Rechtsbogen durch **Trasfontao**.

Am Ortsende biegen Sie rechts auf einen Feldweg, und auf altem Pflaster überqueren Sie nach 300 m einen Bach. 500 m geht es wieder bergauf, dann mündet der Weg in eine Piste ein, und in gleicher Richtung geht es weiter bergauf. Nach 200 m überqueren Sie eine Landstraße. Gegenüber führt ein Weg weiter, der nach 50 m auf eine Straße trifft. Auf dieser gehen Sie halb rechts, und nach 100 m, vor den ersten Neubauten von Silleda, gehen Sie wieder rechts auf eine Piste. 250 m geht es am Stadtrand entlang bis zu einer großen Straße, die links 200 m zur Kirche führt (10 km).

Silleda

⇧ 400 m, 2.500 Ew.

Etwas abseits vom Weg finden Sie hier im Hotel Ramos Betten zu angemessenen Preisen, die Sie aber vorher reservieren sollten.

♦ Calle San Isidor 24, ☏ 986581212, Einzelzimmer € 20, Doppelzimmer € 30

Vor dem Kirchenportal geht es rechts 200 m durch die Avenida do Parque und dann im Zentrum links in die Rúa General Franco, die gleichzeitig die N-525 ist und 200 m zum Ortsende führt.

Kurz vor dem Ortsende biegen Sie links in eine kleine Straße ein, gehen aber nach nur 30 m rechts in einen Hohlweg, der nach 300 m wieder zur N-525 führt. 30 m gehen Sie auf der N 525, 100 m links daneben, dann wieder 80 m darauf bevor Sie links auf einen Pfad abbiegen, der 200 m bergab ins Dorf **San Fiz** führt.

Auf der Dorfstraße geht es geradeaus 200 m durch das Dorf und am Ende halb rechts eine Straße hoch, die nach 100 m in eine breite unbefahrene Straße mündet. Dort gehen Sie halb links und nach 300 m, genau bei der Einmündung in die N-525, biegen Sie links auf eine andere Straße ab. 900 m geht es geradeaus, und kurz vor einem Waldstück biegen Sie halb rechts auf eine Piste ab, von der Sie wiederum nach 30 m halb links auf einen breiten Waldweg abzweigen. Dieser wird nach 200 m schmaler, mündet aber nach 100 m in einen breiten Weg ein, dem Sie 400 m folgen. Dann überqueren Sie eine Straße und gehen links gegenüber einen breiten Weg 300 m bergab.

Bei einer Wegkreuzung biegen Sie links in eine Piste ein, die gleich einen Rechtsbogen macht und nach 700 m in eine gute Schotterpiste mündet, die geradeaus nach 150 m eine Brücke überquert und auf eine andere Schotterpiste trifft. Sie gehen links, aber nach nur 50 m bei einer Wegkreuzung rechts auf eine

Asphaltpiste, die nach 350 m eine Landstraße überquert. Gegenüber geht es auf eine schmale Landstraße, die nach 250 m die Autobahn überquert. Nach 600 m erreichen Sie eine Kreuzung. Rechts kommen Sie zu einer 3 km entfernten Herberge. Geradeaus geht es auf dem Jakobsweg weiter (15,8 km).

Die angekündigte Herberge liegt 3,5 km von diesem Punkt entfernt. Wenn Sie hier übernachten wollen, werden Sie einen Umweg von insgesamt 7 km machen, da Sie das gleiche Stück auch wieder zurücklaufen müssen. Bevor Sie sich hierfür entscheiden, empfehle ich Ihnen anzurufen, um sich zu versichern, ob die Herberge geöffnet ist. Sie scheint nämlich nicht sehr gut besucht zu sein. Nehmen Sie auch etwas zu essen mit, denn dort bekommen Sie nichts. Um zur Herberge zu kommen gehen Sie rechts 360 m hinab zur Straße und halten sich hier links. Nach 200 m biegen Sie rechts in eine Landstraße ein. Dieser folgen Sie 2,2 km immer geradeaus, bis Sie auf eine Landstraße treffen, wo Sie nach rechts gehen und nach 700 m links einen Campingplatz finden, wo sich auch die Herberge befindet. Hier gibt es 20 Betten und weitere Matratzen sowie warme Duschen.

♦ Im Campingplatz, Christina ☏ 699454975, Otilia ☏ 670502356, besser vorher anrufen, gratis

Danach gehen Sie 1 km auf der schmalen Landstraße geradeaus und biegen dann bei einer Häusergruppe halb rechts auf eine Asphaltpiste ab. Nach 250 m wendet sich diese nach links, Ihr Weg führt aber rechts auf einer normalen Piste weiter. Nach 150 m gehen Sie bei einer Wegkreuzung links auf einer Piste 250 m bergauf bis zu einer Pistengabelung und dort halb rechts 100 m zur Landstraße und links in den Ort 450 m zur Post (17,4 km).

Bandeira ⇧ 350 m, 1.000 Ew.

In der Sporthalle (polideportivo) gibt es vier Matratzen, auf denen man Pilger schlafen lässt. Zur Sporthalle gehen Sie hinter der Post links durch die Rua de Empanada 300 m bis zum Ortsausgang, hinter dem letzten Hochhaus links 200 m bergauf und dann rechts 100 m.

Den Schlüssel können Sie im Kulturhaus (Casa de Cultura), das Mo bis Fr von 16:00 bis 22:00 geöffnet ist von Alfredo bekommen. Zum Kulturhaus gehen Sie auf der Hauptstraße an der Post vorbei weitere 350 m bis zum Ortsende. Es ist das drittletzte Haus rechts, aus Granit gebaut, an dem aber nichts geschrieben steht; Sie gehen durch die linke Tür und über eine Treppe in den ersten Stock.

♦ Sporthalle (polideportivo) am Ortsrand, 600 m von der Post an der Hauptstraße entfernt, Kulturhaus (Alfredo) ☏ 986581028, Übernachtung gratis

Von der Post gehen Sie auf der Hauptstraße, bei der es sich um die N-525 handelt, geradeaus durch den Ort, nach 350 m vorbei an der Casa de Cultura und nach weiteren 150 m rechts auf die schmale Landstraße Richtung A Silvela. Nach 1 km, nachdem Sie einen Bach überquert haben und die Straße eine steile Rechtskurve macht, bleiben Sie nicht auf der Straße sondern gehen geradeaus auf eine andere Landstraße.

Nach weiteren 350 m erreichen Sie dann das Dörfchen **Vilariño**. An der dortigen Straßenkreuzung gehen Sie halb rechts und nach 50 m wieder halb links und weiter auf einer schmalen Straße 1,4 km immer geradeaus, bis sie bei einer Häusergruppe endet und in eine Piste übergeht. Nach 50 m geht es über eine Pistenkreuzung hinweg und weiter auf einer Piste 200 m bergab in den Wald, wo die Piste auf eine andere stößt, auf der Sie links gehen. Nach 700 m trifft diese Piste auf eine Straße, und es geht rechts 700 m zum Ortsanfang von **San Martín de Dornelas** (22,4 km).

Auf der Straße geht es 300 m hinauf zu einer anderen Straße und auf dieser rechts 100 m an der romanischen Kirche vorbei und aus dem Ort. Nach weiteren 200 m gibt es eine Einmündung in eine breitere Straße, Sie gehen halb links und nach 100 m auf eine noch breitere Straße halb rechts 100 m bis zur nächsten Häusergruppe, wo Sie links auf eine Landstraße abbiegen. Nach 1,2 km, hinter einer Rechtskurve, biegen Sie links in eine andere Straße ein, aber nach 100 m biegen Sie wieder rechts auf eine Piste ab. Nach 100 m gibt es eine Pistengabelung, und Sie folgen der Hauptpiste halb links.

Nach 800 m durch den Wald stößt diese Piste auf eine andere, auf der Sie halb rechts 200 m bergauf gehen. Dann macht die Hauptpiste eine Linkskurve, der Sie noch folgen, diese aber 100 m weiter in einer Rechtskurve geradeaus auf einen breiten Waldweg verlassen. Nach 1 km, in der Sie durch einen Eukalyptuswald laufen, mündet der Weg in eine Straße ein, die nach 100 m im Ort **Carballeira** die Landstraße kreuzt. Gegenüber geht es auf einer schmalen Landstraße 1 km bis **Seixo** 🍷 (27,8 km).

Eukalyptuswald nach Santiaguiño (rk)

Nach 400 m folgen Sie der Straße bei einer Häusergruppe rechts bergab. Nach weiteren 500 m verlassen Sie die Straße, die jetzt rechts steil bergab führt, auf eine andere Straße, die geradeaus leicht ansteigt, nach 100 m aber auch rechts steil bergab führt. Nach 100 m gehen Sie links auf eine Asphaltpiste, die 900 m mit vielen Kurven steil ins Tal hinunterführt bis zur Einmündung in eine kleine Straße. Rechter Hand befindet sich die Kapelle von **Gundián** mit einem hübschen Rastplatz und einer Quelle. Der Jakobsweg führt links weiter auf der Straße 800 m bergab zum Fluss **Ulla**, den Sie rechts über die 100 m lange Brücke überqueren, auf der linken Seite überragt von der modernen Nationalstraßenbrücke. Rechts hinüber können Sie zur imposanten Eisenbahnbrücke schauen, die aber nur um die Ecke herum zu sehen ist; später werden Sie sie vom Weg aus besser sehen können. Am Ende der Brücke befindet sich rechter Hand das Restaurant Ríos, wo verschiedene Unterkünfte vermittelt werden können. Hier beginnt der Ort **Ponte Ulla** (⇧ 100 m) ⛺ 🛏 ✕ 🛒 (30,7 km).

🛏 Das Restaurant Ríos bringt die Pilger gerne in seinen günstigen Fremdenzimmern unter. Man spricht hier deutsch.

♦ Restaurante Ríos an der Brücke, ☏ 981512305, 🚪 ständig, € 12 pro Pers.

Auf der Hauptstraße geht es 200 m durch den Ort bis zur Kreuzung, dort links und nach 50 m rechts auf einem gepflasterten Weg bergauf, wo Sie nach 50 m an einem Haus vorbeikommen, das an einer Ecke ein mittelalterliches Kapitell eingemauert hat, das das Wunder des Heiligen Nikolaus von Bari zeigt.

⌘ **Kapitell des Heiligen Nikolaus von Bari:** Der Heilige Nikolaus gab drei im Bett liegenden Mädchen Goldkugeln, um sie davor zu erretten, dass ihr Vater sie in ein Freudenhaus verkaufte.

Daran vorbei geht es geradeaus auf einen Pfad, der 300 m steil ansteigt und oben auf eine Piste trifft, von wo Sie rechts schön auf die beeindruckende Eisenbahnbrücke über den Fluss blicken können. Hier geht es links 50 m bis zur Einmündung in eine Straße, die geradeaus 100 m zur N-525 führt. Rechts gehen Sie 400 m auf der Nationalstraße, dann links 300 m auf einem Teil der alten N-525 und 200 m auf einer Nebenstraße, bis Sie wieder die neue Nationalstraße überqueren. Gegenüber geht es eine Asphaltpiste hoch, aber nach 50 m gehen Sie links durch einen Tunnel 100 m zu einer anderen Piste, auf der es links 300 m bergauf geht. Dann biegen Sie rechts auf die nächste Piste ab, die nach 100 m bergauf auf eine kleine Straße stößt.

Eisenbahnbrücke bei Ponte Ulla (rj)

Nach 300 m bergauf kommen Sie zu einer Pistengabelung und gehen halb links zuerst steil und dann weniger steil 700 m bergauf. Die Hauptpiste führt dann nach rechts, Ihre Piste aber geradeaus, und sie endet nach 300 m und wird zum Waldweg. Nach 100 m gibt es eine Wegkreuzung, und es geht weiter geradeaus auf dem Waldweg, der nach 200 m in einen anderen Waldweg einmündet, auf dem Sie halb rechts gehen. Nach 150 m stößt dieser auf eine kleine Landstraße, die links 300 m zur Kapelle Santiaguiño führt, wo es außer der Kapelle auch einen schönen Brunnen gibt. Geradeaus geht es zwischen dem Brunnen und der Kapelle hindurch auf eine Piste, und nach 200 m befindet sich rechter Hand die Pilgerherberge (⇧ 350 m) (35,3 km).

Zur Lokalisierung bezeichne ich sie mit **Santiaguiño** sowie mit **Susana**, der Gemeinde, zu der die hiesigen verstreuten Siedlungen gehören, und mit **Vedra**, weil alle offiziell von dieser Stadt verwaltet werden.

Gute neue Herberge mit 32 Betten, 2 große nach Geschlechtern getrennte Schlafsäle, Küche, Esszimmer mit Aussicht und Aufenthaltsraum. Sollte die Herberge nicht offen sein, gehen Sie zurück zum Brunnen und dann scharf links zum ersten Haus.

♦ Am Ortsausgang, ☏ 981512017, ständig, Spende

Hier gibt es nichts zu kaufen! Sie müssen sich Ihr Essen selbst mitbringen. Ein Restaurant gibt es nach 1 km an der N-525.

Vedra-Susana-Santiaguiño - Santiago de Compostela

(17,3 km, Karte S. 247, Profil S. 237)

Auf der Piste, die an der Herberge vorbeiführt, gehen Sie 2,2 km durch Eukalyptuswälder, mal bergauf, mal bergab und mit schönen Blicken links ins Tal. Dann mündet die Piste bei einer Villa in eine kleine Straße ein, die geradeaus nach 100 m auf eine Landstraße stößt, auf der Sie halb links gehen. Nach 700 m Gefällestrecke überqueren Sie eine unwesentlich größere Vorfahrtsstraße und gehen nach weiteren 200 m bei einem Wegkreuz rechts auf ein anderes Sträßchen, das

500 m bergab führt, dabei mehrere Kreuzungen überquert und schließlich selbst bei einer dieser Kreuzungen (☞ Achtung: Kilometerstein und Pfeile) rechts auf eine andere Straße führt, die sogleich einen Linksbogen beschreibt und 600 m bergab bis ins Dorf **Rubial** führt (4,3 km).

Dort gehen Sie bei einer Straßengabelung halb rechts und 200 m hinauf zu einer Kreuzung und dort links 300 m bergab und wieder zu einer Kreuzung. Jetzt geht es im Prinzip fast 1,5 km geradeaus. Bei einer Kreuzung geht es geradeaus auf eine Piste, die bald weiter bergab führt, nach 900 m einen Eisenbahntunnel unterquert, nach weiteren 300 m eine Brücke überquert und nach 100 m das Dorf **Sergude** erreicht.

250 m geht es bergauf durch das Dorf, dann stoßen Sie auf die Landstraße und gehen links. Dann geht es nach 150 m wieder rechts auf eine schmale Straße, die zunächst 400 m bergauf führt und über eine Kreuzung hinweg noch 300 m bergauf. Dann führt das Sträßchen nach links, Ihr Weg aber nach rechts auf eine Piste, die nach 500 m wieder auf eine Straße stößt. Links geht es 150 m bergab zu einer großen Landstraße und noch einmal links 150 m zur Kreuzung mit der viel befahrenen N-525 bei dem Ort **Susana** ✕ ⚕ (8 km).

Nur noch wenige Kilometer nach Santiago de Compostela (rk)

Über die Kreuzung geht es gegenüber auf eine Dorfstraße und 100 m zu einer Straßengabelung, wo Sie halb rechts gehen. Nach 20 m führt die Straße nach links, Ihr Weg aber geradeaus auf einer Piste 200 m bergab und über eine Straße hinweg auf eine Asphaltpiste, die nach 50 m die N-525 unterquert. Weiter geht es auf dieser Asphaltpiste 300 m zwischen Häusern hindurch zu einem Stoppschild bei einer Straßengabelung. Es geht halb rechts 300 m bergauf, dann biegen Sie rechts in ein Sträßchen ein, das noch 150 m hinaufführt. Am Ende der Straße gehen Sie links, aber nach 50 m wieder rechts über eine Bahnbrücke.

Nach 100 m biegen Sie wieder links auf eine kleine Straße ab, die lange 300 m bergab führt. Unten gehen Sie auf ein anderes Sträßchen links, das gleich wieder im Rechtsbogen 300 m steil ansteigt. Über die Höhe geht es dann wieder 300 m bergab bis zu einer Kreuzung. Hier biegen Sie rechts in die Straße ein, die 150 m ins Dorf **Marrozos** führt. Über die zentrale Kreuzung gehen Sie geradeaus 250 m zu einer Straße, die links bergab nach 100 m durch einen Bahntunnel führt.

Direkt danach gehen Sie auf ein Sträßchen rechts und nach 300 m auf eine andere Straße links. 400 m geht es nun steil bergab und unten rechts auf eine kleine Straße. Nach 150 m biegen Sie links auf eine Piste ab, die 600 m bergab führt und unten über eine Kreuzung hinweg geradeaus auf einer Straße nach weiteren 200 m abwärts die Kapelle Santa Luzía erreicht, wo es einen Rastplatz und einen Brunnen gibt (12,4 km).

Hier geht es über einen Bach und 250 m geradeaus zu einer Weggabelung, von der es halb rechts bergauf 400 m durch das Dorf **Santa Luzía** geht. Dann überqueren Sie eine Straßenkreuzung und gehen gegenüber auf einer Piste 1 km bergauf, unter der Autobahnbrücke hindurch und geradeaus auf eine Piste, die nach 200 m eine Eisenbahnbrücke überquert.

Gegenüber beginnt die Rúa do Camiño Real de Angrois - dieser Ort hier heißt Angrois 🍸. 800 m gehen Sie auf dieser Straße, kreuzen dann eine Landstraße und gehen genau gegenüber auf einer breiten Straße mit altem Pflaster 500 m bergab, wobei es sich um den alten Königlichen Weg - Camiño Real - handelt. Hier sehen Sie zum ersten Mal die Kathedrale! Unten mündet der Weg halb rechts in die Rúa Ponte do Sar. Nach 300 m überqueren Sie den Fluss Sar.

800 m geht es nun auf dieser malerischen alten Straße hinauf in die Stadt. Dann geht rechter Hand die Ruela do Pisón ab, wo Sie in der **Hospedaje Rodriguez** bereits eine 🛏 günstige Pension finden können (nähere Informationen zu

dieser folgen auf Seite 265). Um zur Kathedrale zu kommen, folgen Sie aber nicht der Ruela do Pisón, sondern laufen weitere 100 m geradeaus, überqueren eine große Kreuzung und gehen gegenüber halb rechts in die Altstadt. Geradeaus kommen Sie nach 100 m über die Praza de Mazarelos und nach weiteren 100 m über die Praza da Fonte Seca, wo Sie links hinüberwechseln in die parallele Rúa da Caldeirería. Nach 100 m geht sie in die Rúa de Xelmírez über, die 200 m bergab zur Praza das Praterías führt. Nach den letzten 100 m des Weges erreichen Sie rechts die Praza do Obradoiro vor der Kathedrale (17,3 km).

Santiago de Compostela

⇧ 260 m, 94.000 Ew.

Santiago ist nicht zuletzt dank der seit Jahrhunderten andauernden Pilgertradition der bekannteste Wallfahrtsort Spaniens. Nach Rom und Jerusalem stellt Santiago wohl den drittbekanntesten christlichen Wallfahrtsort überhaupt dar. Die Innenstadt, welche sicher eine der schönsten Spaniens ist, wurde überwiegend im barocken und klassizistischen Baustil errichtet und fasziniert auch trotz ihres nicht selten schlechten Wetters und sich dahinwälzender Touristenmassen durch eine einzigartige Atmosphäre.

Santiago ist Hauptstadt des Bundeslandes Galicien und mit 30.000 Studenten eine der beliebtesten Universitätsstädte Spaniens. Im Jahr 2000 wurde sie zu Recht zu einer Kulturhauptstadt Europas ernannt. In ihren Straßen finden Sie unzählige Kneipen und Restaurants. Nachts wird die Altstadt nicht selten durch das Spiel verschiedenster Musikanten belebt, die auf den Straßen und in den Kneipen oft traditionelle Musik präsentieren, welche der bei uns eher bekannten irischen Musik ähnelt. Santiago ist neben Madrid und Barcelona eine der teuersten spanischen Städte überhaupt. Eine Ausnahme bilden hierbei glücklicherweise die Pensionen.

☺ Ergründen Sie den Zauber dieser Stadt und beenden Sie Ihren inneren Weg. Sicher stellt die Stadt wegen ihres Rummels in den Sommermonaten und der oft ablehnenden Haltung gegenüber den finanziell eher weniger lukrativen Fußpilgern für viele Pilger zunächst eine Enttäuschung dar. Als inzwischen hart gesottener Pilger brauchen Sie sich aber auch jetzt nicht durch widrige äußere Bedingungen von den äußeren und inneren Zielen Ihrer Pilgerreise abhalten lassen und können sie hier trotzdem bewusst und in innerer Ruhe beschließen. Nehmen Sie sich hierzu Zeit und bleiben Sie einige Zeit in der Stadt, bevor Sie sich von Ihrem Flugzeug zurück in den Alltag schießen lassen.

Wenn Sie in den aufgeführten Herbergen keine Ruhe finden, können Sie zum Glück auch auf günstige Pensionen ausweichen. Schlendern Sie durch die Straßen, pflegen Sie Ihre geschundenen Beine und lassen Sie es sich einfach mal gut gehen. Suchen Sie sich in den Läden in aller Ruhe die (symbolträchtigen) Dinge aus, die Sie mit zurück in den Alltag nehmen wollen.

Tanken Sie aber auch Geist und Seele auf. Suchen Sie dazu einen stillen Ort, wie z.B. eine der vielen kleineren Kirchen oder den Park Alameda. Lassen Sie den Weg und seine Menschen nochmals in Gedanken an sich vorbeiziehen. Zur Hilfe können Sie auch dieses Buch oder Ihr Tagebuch nochmals überfliegen. Die Erfahrung lehrt, dass sich nur Erlebnisse, die bewusst reflektiert werden, auch zu echten persönlichen Erfahrungen kristallisieren können. Lassen Sie also Ihre Erlebnisse in der stillen Rückschau oder im Gespräch mit anderen zu Erfahrungen reifen, die Sie ähnlich einem Souvenir mit nach Hause tragen können.

i In Santiago gibt es drei sehr nützliche und kompetente Pilgerbüros bzw. Touristeninformationen, die sich alle in der gleichen Straße, der Rúa do Vilar, befinden.

- **Pilgerbüro** (Oficina de Peregrinos): Gegen Vorlage des Pilgerpasses bekommen Sie hier kostenlos die Pilgerurkunde Compostela ausgestellt. In den Sommermonaten kann die Warteschlange vor dem Büro sehr lang sein. Erfahrungsgemäß ist die Wartezeit kürzer, wenn man ab 16:00 ansteht. Im Nebenzimmer besteht die Möglichkeit einer günstigen Gepäckaufbewahrung. Um diese zu nutzen ist es ausdrücklich erlaubt, die Warteschlange zu umgehen. In den Läden nebenan können Sie sich Ihre Compostela übrigens einschweißen lassen oder ein Papprohr zur sicheren Verpackung kaufen.
  Rúa do Vilar 1, ☏ 981562419, April bis Dezember tägl. 9:00 bis 21:00 sonst 10:00 bis 14:00 und 16:30 bis 19:00

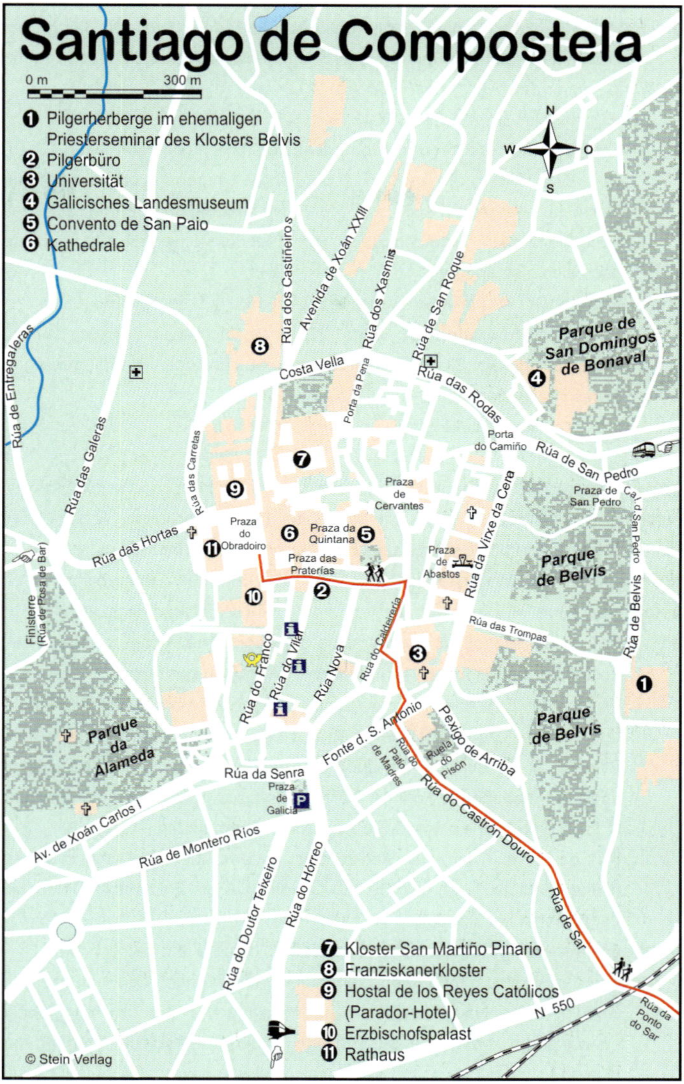
Santiago de Compostela
0 m
300 m
❶ Pilgerherberge im ehemaligen Priesterseminar des Klosters Belvis
❷ Pilgerbüro
❸ Universität
❹ Galicisches Landesmuseum
❺ Convento de San Paio
❻ Kathedrale
❼ Kloster San Martiño Pinario
❽ Franziskanerkloster
❾ Hostal de los Reyes Católicos (Parador-Hotel)
❿ Erzbischofspalast
⓫ Rathaus
N
W
O
S
Rúa dos Castiñeiros
Avenida de Xoán XXIII
Rúa dos Xasmins
Rúa de San Roque
Parque de San Domingos de Bonaval
Rúa de Entregaleras
Costa Vella
Porta da Pena
Rúa das Rodas
Porta do Camiño
Rúa de San Pedro
Rúa das Galeras
Rúa das Carretas
Praza de Cervantes
Praza de San Pedro
Cal. d. San Pedro
Praza do Obradoiro
Praza da Quintana
Praza das Praterías
Rúa das Hortas
Rúa da Virxe da Cera
Praza de Abastos
Parque de Belvís
Finisterre (Rúa de Posa de Bar)
Rúa das Trompas
Rúa de Belvís
Rúa do Franco
Rúa do Vilar
Rúa Nova
Rúa do Caldeirería
Parque da Alameda
Fonte d. S. Antonio
Rúa do Patio de Madres
Ruela do Pisón
Pexigo de Arriba
Rúa da Senra
Praza de Galicia
Rúa do Castrón Douro
Av. de Xoán Carlos I
Rúa de Montero Ríos
Rúa do Doutor Teixeiro
Rúa do Hórreo
Rúa de Sar
N 550
Rúa da Ponte do Sar
© Stein Verlag

- **Pilgerzentrum** (Centro de Information ao Peregrino Xacobeo): Hier gibt es kostenloses Material über die verschiedenen spanischen Jakobswege, so z.B. über den Weg nach Finisterre.
  Rúa do Vilar 30, ☏ 981572004
- **Touristeninformation der Region Galicien** (Oficina de Information Turística Galicia): Wenn Sie Ausflüge in die nähere Umgebung planen, sind Sie hier richtig. Angeblich soll das Büro in der kommenden Zeit mit dem des eben genannten Pilgerzentrums zusammengelegt werden. Die Adresse kann sich also ändern.
  Rúa do Vilar 43 (linke Straßenseite), ☏ 981557859 oder 981584081
- **Touristeninformation der Stadt** (Oficina de Information Turística Municipal): Hier erhalten Sie unter anderem eine ausführliche Liste mit günstigen Pensionen in der Stadt.
  Rúa do Vilar 63 (linke Straßenseite), ☏ 981555129

Wenngleich Sie sich in Santiago sozusagen im Herzen des Jakobsweges befinden, herrscht hier so etwas wie ein kleines Herbergsproblem. Verschiedene Bemühungen eine gute und zentrale Pilgerherberge zu erbauen sind bisher an regionalpolitischen Widerständen und den horrend hohen Immobilienpreisen gescheitert. Zum Glück gibt es aber in Santiago auch günstige Pensionen.

- **Seminario Menor de Belvis:** Das Knabeninternat bringt während des gesamten Jahres in den sehr großen Schlafsälen der oberen Stockwerke Pilger unter. Es stehen mehrere hundert Liegen zur Verfügung. Die Einrichtung ist sehr einfach und es gibt nur wenig Raum zum Wäschetrocknen. Reizvoll ist die Aussicht auf die Stadt. Ausgenommen in der Hochsaison und am Wochenende können Sie hier bis zu zwei Nächte hintereinander übernachten. Ruhe werden Sie hier jedoch kaum finden.
  Rúa de Belvis, 1 km vom Stadtzentrum entfernt über eine schöne Straße (siehe Stadtplan), ☏ 981589200, von Juni bis September 11:00 bis 24:00, sonst bis 23:00, Übernachtung € 5
- **Privatherberge Acuario:** Die private etwas düstere und ziemlich enge Herberge ist in einem modernen Wohnblock untergebracht, den man erreicht, wenn man dem Hauptweg Camino Francés in umgekehrter Richtung stadtauswärts folgt. Man findet sie in einem runden Häuserblock unterhalb der Rúa do Valiño genau gegenüber dem Hostal San Lázaro. Da sie außerhalb

des Zentrums gelegen ist, stellt wohl auch sie im Allgemeinen keine befriedigende Lösung dar. Die Herberge hat 50 Liegen, Aufenthaltsraum, Waschmaschine.
Calle Estocolmo Nr. 2 (Wegbeschreibung oben folgen), 2,5 km vom Stadtzentrum entfernt, ☏ 981575438, ▯ ständig, Übernachtung € 5

♦ Theoretisch dürfen Sie eine Nacht kostenlos in der **Pilgerherberge Monte do Gozo** (Massenbetrieb!) übernachten. Jede weitere Nacht kostet dann aber € 10 wofür Sie sich fast schon ein Bett in einer Pension in der Innenstadt leisten können. Die Anhöhe Monte de Gozo liegt 5 km vom Stadtzentrum entfernt am Hauptweg, der die Stadt von Osten her erreicht.
☏ 981558942, ▯ ab 13:30

Zum Glück gibt es in Santiago auch zu Zeiten der Hochsaison erstaunlich viele zentral gelegene, gute und zudem auch günstige Pensionen. Sie haben dies dem Umstand zu verdanken, dass eine sehr große Zahl an Studentenzimmern während der Semesterferien an Pilger vermietet wird. Man kann deshalb davon ausgehen, dass man für € 15 und gelegentlich auch darunter eine ruhige und zentrale Unterkunft finden kann. Einen recht gut organisierten Zimmerservice bietet die oben genannte **i** Touristeninformation der Stadt an.

♦ Ein Beispiel für eine sehr empfehlenswerte Pension sei hier erwähnt: Nördlich des Stadtzentrums, nicht weit hinter dem Kloster Madres Mercedarias, führte Sie der Weg in die Stadt bereits knapp an der **Pension** (Hospedaje) **Rodriguez** vorbei. Die ruhig gelegene, sehr saubere und liebevoll gepflegte Pension bietet kleine Zimmer ab € 15 an. Man hat hier Zugang zu einer kleinen Küche und einem angenehmen Wintergarten. Die Gastleute, die ein paar Brocken deutsch sprechen, kümmern sich rührend um ihre Gäste. Während der Hochsaison ist eine Reservierung zu empfehlen.
Hospedaje Rodriguez, Ruela do Pisón 4, ☏ 981588408, Einzelzimmer ab € 15

Santiago bietet eine schier überwältigende Vielzahl an Restaurants, die allerdings nur selten in einem günstigen Preis-Leistungs-Verhältnis stehen. Die überall angepriesenen Spezialitäten, die angeblich in Verbindung mit der Tradition des Jakobsweges stehen sollen, sprechen daher preislich eher Touristen als bescheidene Fußpilger an. Wollen Sie dennoch den Besuch einer derartigen Lokalität genießen, in denen einfach gekleidete Fußpilger nicht immer sehr zuvorkommend bedient werden, so ist es zu überlegen, sich evtl. vorher anderweitig halbsatt zu essen und hier dann später an den nicht immer großen Portionen herumzunaschen.

- Ein zweifellos beeindruckendes gastronomisches Erlebnis bieten die **Restaurants in der Rúa do Franco**, durch die Sie der Jakobsweg bei Ihrer Ankunft bereits geführt hat. Aber auch die Preise werden Ihnen hier vielleicht unvergesslich bleiben. Gleiches gilt für das Restaurant im unteren Teil des Hostal los Reyes Católicos.
- Gut, sehr reichlich und zugleich erstaunlich günstig kann man im **Casa Manolo** am Plaza de Cervantes östlich der Kathedrale essen, weswegen hier eine besondere Empfehlung ausgesprochen wird. Es ist ratsam, während der ersten Stunde der jeweiligen Öffnungszeit zu kommen, da es sonst vorkommen kann, dass man einige Zeit auf einen Tisch warten muss.

  Plaza de Cervantes, ☏ 981582950, 13:00 bis 16:00 und 20:30 bis 23:30, sonntagnachts geschlossen, Menü mit drei Gängen € 6,50, reichlich Wein dazu € 1,20
- Im dem Luxushotel **Hostal los Reyes Católicos**, von dem später noch näher die Rede sein wird, können täglich bis zu zehn Pilger kostenlos speisen. Drei Tage lang ab Ausstellungsdatum der Pilgerurkunde (Compostela) darf man hier essen. Bringen Sie jeweils eine Kopie ihrer Urkunde mit und finden Sie sich zu den Essenszeiten also um 9:00, 12:00 und 19:00 an dem Personaleingang, dem grünen Tor, 30 m links unterhalb des Haupteingangs ein. Sie werden dann etwas verschämt auf verschlungenen Nebenwegen fern der regulären, gut betuchten Gäste zum Dienstraum der Belegschaft geführt, wo Ihnen ein einfaches, aber reichliches Mahl serviert werden wird. Da nicht jeder Pilger in den Genuss einer solchen Übung kommen will, haben Sie durchaus Aussicht hier zum Zuge zu kommen.

  Hostal los Reyes Católicos, gleich links neben der Kathedrale, jeweils um 9:00, 12:00 und 19:00, drei Tage kostenlos gegen Vorlage der Compostela.
- Am Praza do Irman Gomez, östlich des Marktes, befindet sich die Armenspeisung der Stadt, **Cocina economica,** die allerdings grundsätzlich für jedermann und so auch Pilgern offen steht.

  Es wird aber gern gesehen, wenn Sie das lobenswerte Projekt über die wenigen Cents hinaus, die das Essen dort kostet auch durch eine kleine

Spende (donación) und ein herzliches Dankeschön (muchas gracias) ideell und materiell unterstützen könnten.
Praza do Irman Gomez, offen täglich außer sonn- und feiertagsabends um 9:00 bis 9:30 (Frühstück) 13:30 bis 14:00 (Mittagessen) und 20:30 bis 21:00 (Abendessen), € 0,50 bis 0,80 plus Spende

☺ **Der richtige Führer für die Stadt**: Der Umfang der Sehenswürdigkeiten in Santiago ist so groß, dass es hier unmöglich ist, diese erschöpfend zu beschreiben. Im folgenden Teil können daher nur die wichtigsten Sehenswürdigkeiten kurz erwähnt werden.

Die Vereinigung der Fremdenführer von Santiago (☏ 981569890) bietet Führungen an. Diese starten täglich meist um 16:00 am Praza das Praterías, dem Platz direkt südlich neben der Kathedrale. Deutsche Führungen werden nur als kostspielige Privatführungen angeboten. Von Juli bis September werden lediglich Führungen in Englisch angeboten, die nur dann zu empfehlen sind, wenn Sie diese Sprache wirklich gut beherrschen. Ansonsten gibt es ausschließlich Führungen auf Spanisch.

Die umfangreichen Führungen, die sich meist mit der Kathedrale beschäftigen, haben den stolzen Preis von € 8 und es ist zu überlegen, ob Sie sich für dieses Geld nicht besser einen einfachen deutschen Führer kaufen, der Ihnen z.B. in Kiosken und verschiedenen Buchläden in der Rúa do Vilar angeboten wird. Es bleibt Ihnen dann zudem noch eine Erinnerung, die Sie mit nach Hause bringen können.

⌘ Die **Kathedrale**: Sie befinden sich nun am offiziellen Ziel der Pilgerreise - der Kathedrale von Santiago. Die Würde und Kraft, die von dieser ausgeht, hat über Jahrhunderte nicht nur religiöse Pilger beeindruckt. Der Vorläufer der Kathedrale geht auf das Jahr 830 zurück, wo nach der vermeintlichen Wiederentdeckung des Jakobusgrabes an dieser Stelle ein schlichtes Gebäude erbaut wurde. Im Jahr 1075 begann schließlich der Bau der heute sichtbaren Kathedrale, der im Laufe der Jahrhunderte mehrfach in den verschiedensten Stilen erweitert und ausgeschmückt wurde. Die Kathedrale gilt heute als eine der schönsten und größten Spaniens und der Welt.

Die **Fassade** (Obradoiro) stammt aus der Barockzeit und dominiert den vor ihr liegenden Praza do Obradoiro. Die Harmonie ihres "Orgelwerks aus Stein", wie sie ein alter Pilgerführer einmal umschrieb, beeindruckt nicht nur am Tage und bei sonnigem Wetter, sondern auch dann, wenn Wolkenfetzen über deren Türme hinwegziehen oder Sie beim Sonnenuntergang erstrahlt und dann manchmal in ein hypnotisches gelbes Licht getaucht wird.

Das **Palaterías-Tor** (Potico de las Platerias) finden Sie im Süden der Kathedrale. Es ist der älteste, authentische Eingang, stammt aus dem Jahre 1103 und ist im romanischen Stil errichtet.

Die **heilige Pforte** (Puerta Santa) befindet sich auf der Rückseite der Kathedrale und wird nur zum Anlass des heiligen Jahres geöffnet. Ihr heutiges Erscheinungsbild geht auf das Jahr 1611 zurück und erscheint somit im Renaissance-Stil.

Das **Glorientor** (Porta de la Gloria) stellt wohl das größte Meisterwerk im Innenraum der Kathedrale dar. Eigentlich handelt es sich hier um das ursprüngliche romanische Portal, das 200 Figuren zeigt und vom berühmten Meister Mateo nach 20 Jahren Arbeit im Jahr 1188 vollendet wurde. Der frommen Tradition folgend legen viele Pilger hier am Ende ihres Weges die rechte Hand in die bereits abgegriffene Säule zu Füßen des Apostels, um sich noch einmal symbolisch auf das Ziel auszurichten. Dann berühren sie mit dem Kopf die darunter befindliche Figur des Baumeisters, damit etwas von dessen Geist auf sie übergeht.

Der Weg durch die Kathedrale führt durch das Querschiff, wo zu bestimmten Anlässen ein 54 kg schwerer Weihrauchkessel, der **Botafumeiro,** in einem Bogen von 65 m Weglänge geschwenkt wird. Die Tradition geht angeblich auf das Mittelalter zurück, wo der markante Geruch hunderter neu angekommener Pilger derart drastische Maßnahmen notwendig machte, um den festlichen Rahmen der Pilgermesse zu ermöglichen. Wann das Weihrauchfass zum Einsatz kommt kann nie mit Sicherheit gesagt werden. Während der Hochsaison geschieht dies aber oft nach der Pilgermesse also ab ca. 12:30.

Die **Krypta**, in der angeblich die Gebeine des Apostels Jakobus liegen, befindet sich unter dem Hauptaltar. Man erreicht Sie über eine Treppe, die hinter diesem hinabführt. Ob der heilige Apostel Jakobus hier tatsächlich begraben liegt und welche Bedeutung dies für das persönliche Lebensglück des einzelnen Pilgers hat, kann letztlich nur eine persönliche Glaubensfrage bleiben. Auch kritische Historiker räumen jedoch ein, dass die Existenz eines solchen Grabes durchaus im Rahmen des Möglichen liegt.

Die Kathedrale im Abendlicht (rj)

Die fromme Pilgertradition führt den Pilger über eine weitere Treppe hinter dem Hauptalter hinauf direkt hinter eine große **Santiago-Figur**. Mancher folgt hier dem Brauch, seine Arme von hinten über die Schultern des Apostels zu legen und angelehnt einen kurzen Moment der Andacht oder des Gebetes zu suchen.

♦ 🚪 täglich von 7:00 bis 21:00, während der Pilgermesse Zugang über das Palaterías-Tor

☺ Die **Pilgermesse:** stellt erfahrungsgemäß nicht nur für Pilger mit religiöser Motivation einen würdigen Abschluss der Pilgerreise dar. Sie ist auch hervorragend geeignet, verloren gegangene Mitpilger wiederzufinden. Die allgemeine Pilgermesse beginnt täglich um 12:00 und dauert, wie die meisten Messen in Spanien, etwa 40 Min. Hier werden die Pilger gesegnet und eine Statistik über die aktuell angekommenen Pilger verlesen. Wer dies beim Pilgerbüro anmeldet, kann sich in der Pilgermesse ins Gebet einschließen lassen. Während der Messe kann die Kathedrale nur über das Palaterías-Tor betreten werden.

⌘ **Kathedralmuseum**: Hier finden Sie eine sehenswerte Bibliothek, eine Sammlung von Weihrauchkesseln und das Teppichmuseum.

♦ Eingang rechts neben dem Haupteingang der Kathedrale, 🚪 10:00 bis 13:30 und 16:00 bis 18:30, sonntagnachmittags geschlossen, € 3

⌘ **Hostal de los Reyes Católicos**: Die ehemalige Pilgerherberge wurde 1492 von dem bekannten Königspaar Reyes Católicos als Dank für die Eroberung Granadas als Pilgerhospiz gegründet. In neuerer Zeit wurde es als Parador zu einem Luxushotel ausgebaut (€ 250 für ein Doppelzimmer pro Nacht). Täglich dürfen hier 10 Pilger kostenlos speisen. Sehenswert ist die Fassade. Die Innenräume können Sie besichtigen, wenn Sie z.B. in der hauseigenen Bar ein Getränk zu sich nehmen, das dort noch relativ erschwinglich ist.

⌘ Einen sehr sehenswerten Einblick in die galicische Geschichte und Kultur gibt das **Galicische Landesmuseum** (Museo do Pobo Galego) in den Räumen des Klosters San Domingos de Bonaval an der westlichen Grenze der Innenstadt. Der Eintritt ist erfreulicherweise frei.

♦ Im Kloster San Domingos de Bonaval, 🚪 Di bis Sa 10:00 bis 12:00 und 16:00 bis 20:00, So 11:00 bis 14:00, Mo geschlossen

⌘ **Die Altstadt Santiagos** besitzt wohl eine der schönsten Innenstädte Spaniens und ist nicht umsonst im Jahr 2000 zu einer europäischen Kulturhauptstadt erklärt worden. Verpassen Sie es nicht, sich durch ihre zahlreichen Gassen, Plätze und Kneipen treiben zu lassen, deren Bild durch die große Pilgerreise und ebenso durch eine ausgeprägte Studentenkultur geprägt wird. Abends treffen Sie hier nicht selten musizierende Studentengruppen und Solisten.

☺ Am 25. Juli ist der Feiertag zu Ehren des heiligen Jakobus, der in Spanien und besonders in Santiago intensiv gefeiert wird. Am Vorabend findet daher am Platz vor der Kathedrale ein gigantisches festliches Spektakel mit Musik und Feuerwerk statt. Um hier einen Platz zu bekommen ist es zu empfehlen, schon um 22:00 zu erscheinen.

↳ Cap Finisterre

In vorchristlicher Zeit wurde das westlichste Kap Galiciens fälschlicherweise als der westlichste Ort des europäischen Festlandes und somit ebenso irrtümlich als das Ende der Welt betrachtet, worauf auch dessen Name hinweist. Verschiedene Quellen vermuten, dass der Ort daher schon zur Zeit der Kelten einen bekannten Pilgerort darstellte, dem auch im Zuge der Pilgerreise nach Santiago später eine mehr oder weniger große Bedeutung zukam.

Während unter Esoterikern, Theologen, Historikern, Lokalpolitikern und Tourismusexperten ein teils ideologisch, teils pragmatisch geprägter Streit darüber entbrannt ist, welche Bedeutung dem Ort zu den verschiedensten Zeiten zukam und heute zukommen sollte, entwickelt sich der Ort in den letzten Jahren zunehmend zu einem beliebten Ziel für Jakobspilger, die in ihrem Bemühen gescheitert sind, in dem vom Pilgertourismus geplagten Santiago Ruhe für den Abschluss ihrer persönlichen Wegerfahrung zu finden. Wenngleich inzwischen auch in Finisterre und auf dem Weg dorthin keine paradiesischen Verhältnisse mehr herrschen und der Wert dieses Ortes wohl kaum einen Ersatz für Santiago de Compostela bieten kann, ist der Weg durchaus als lohnend zu bezeichnen.

Der älteren oder neueren Tradition folgend verbrennen Pilger am Kap nach der stillen Betrachtung des Sonnenuntergangs einen Teil ihrer abgetragenen Pilgerkleidung und damit symbolisch einen Teil des alten Menschen, der sie vor dem Beginn des Wegs waren und den sie hier ablegen wollen. Der Blick auf die goldene Straße, die ähnlich eines letzten gelben Pfeiles zu der im Meer versinkenden

Sonne führt, macht dem Betrachter auf eindrucksvolle Weise deutlich, dass der weitere Weg hier vorerst nicht mehr im Rahmen der diesseitigen Möglichkeiten eines Fußpilgers fortgesetzt werden kann. Was bleibt, ist friedliches Schweigen und der Weg in die Heimat.

Weg nach Finisterre: Sie können den Weg, der in seiner kürzesten Variante 91 km lang ist, in drei bis fünf Tagen zu Fuß zurücklegen. Er ist nicht gerade gut gekennzeichnet, aber für etwas erfahrenere Pilger insgesamt doch ausreichend mit Wegmarkierungen und Herbergen ausgestattet.

Eine kleine kostenlose deutsch- oder zumindest englischsprachige Informationsbroschüre erhalten Sie in dem Pilgerzentrum in Santiago. Eine ausführlichere Beschreibung der kürzesten Wegvariante finden Sie im OutdoorHandbuch zum Jakobsweg Camino Francés.

Leider werden auch auf diesem Weg in der Hochsaison die Betten in den Herbergen knapp und Sie sollten peinlich genau darauf achten, den Pilgerausweis an jeder Station stempeln zu lassen, um in Fisterra später eindeutig von Badetouristen unterschieden werden zu können. In der Herberge von Fisterra wird Ihnen eine eigene farbenfrohe Urkunde für die Bewältigung dieses Weges ausgehändigt.

Sollten Sie sich entschließen, den Weg z.B. aus Zeitnot und/oder als mehr oder weniger bewusst gewähltes Zeichen des Eingeständnisses Ihrer persönlichen Unzulänglichkeit mit Hilfe eines Dritten zurück legen wollen, so bietet sich hier der Bus an. Dieser verkehrt mehrmals täglich ab dem Busbahnhof von Santiago. Die einfache Strecke kostet € 10. Die Fahrtdauer beträgt ca. 2,5 Std. Auch zur Hochsaison finden Sie in Fisterra einfache, relativ bezahlbare Pensionen ab ca. € 17,50 pro Pers. und Nacht.

Rückreise

Bitte beachten Sie auf auch die Tipps zum Thema An- und Abreise im einleitenden Teil dieses Buches unter Reise-Infos von A bis Z.

Es gibt nur einen Zug täglich, der morgens von Santiago de Compostela abfährt und abends in Hendaye an der spanisch-französischen Grenze ankommt. Dort gibt es einen Anschlusszug, der am nächsten Morgen Paris erreicht.

Rückfahrt **nach Madrid**: Täglich alle zwei Stunden Busse der Busgesellschaft Alsa. Die Fahrt dauert 7 bis 9 Stunden und kostet je nach Komfort und Geschwindigkeit € 36,42 oder € 50,98, ☏ siehe unten.

Rückfahrt **nach Deutschland:** Busse der Gesellschaft Alsa bzw. des Verbundes mit verschiedenen anderen Gesellschaften fahren von Santiago nach Deutschland. Die Busfahrt ca. € 160, wobei es Rabatte für Studenten und Senioren gibt.

- Adressen: Santiago de Compostela: Alsa/Intercar, Busbahnhof (Estación de Autobuses), ☏ 981586453 und ☏ 981586133, Reservierungszentrale Spanien ☏ 902422242, Köln: Reservierungszentrale Touring ☏ 01805790303

Von Santiago de Compostela kann man mit Umsteigen in Madrid oder Barcelona nach Deutschland fliegen. Sehr erfreulich ist, dass Ryanair und Air Berlin inzwischen auch von Santiago fliegen.

Die spanische Fluggesellschaft Iberia bietet etwas teurere Flüge z.B. von Frankfurt/Main nach Santiago an.

Es ist sinnvoll, sich bereits in Deutschland nach preiswerten Flügen zu erkundigen.

- Im Pilgerbüro gibt es unten eine Vertretung des Reisebüros Viloria, Mo bis Fr 9:00 bis 14:00 und 16:30 bis 20:00, Sa 10:00 bis 13:00, ☏ 981557192 und ☏ 981587911
- Iberia Flug- und Preisauskunft in Santiago, ☏ 981597550

Im Zug müssen Fahrräder gesondert aufgegeben werden. Dafür wenden Sie sich im Pilgerbüro im ersten Stock links an einen Schalter, der extra zu diesem Zweck eingerichtet wurde, weil der Fahrradversand in der Vergangenheit immer Probleme bereitete.

Die Busgesellschaften Alsa und Touring transportieren keine Räder. Bei Regionalbussen müssen Räder oft vorher zum Teil zerlegt und verpackt werden, der Transport muss auch oft vorher angemeldet werden und kostet zum Teil eine kleine Extragebühr. Erkundigen Sie sich bei der Reservierung.

Der Transport mit den Fluglinien ist meistens nach Voranmeldung möglich. Man muss das Rad meist verpacken, und zum Teil zerlegen sowie die Luft aus den Rädern lassen.

Redewendungen

buenos días	guten Tag (bis mittags)
buenas tardes	guten Tag (ab mittags)
buenas noches	guten Abend, gute Nacht
hola	hallo
adiós	auf Wiedersehen
hasta luego	bis später, auf Wiedersehen
buen camino	(ich wünsche einen) guten (Jakobs-)Weg
gracias	danke
por favor	bitte
perdón	Entschuldigung
dónde está ... ?	Wo ist ... ?
dónde hay ... ?	Wo gibt es ... ?

Diese Wörter können Ihnen nützlich sein

albergue (de peregrinos)	(Pilger-)herberge
alcalde	Bürgermeister
alguacil	Amtsdiener
ampolla	Fußblase
autopista/autovía	Autobahn
base de acampada	Zeltlager
botafumeiro	gal.: (Weih-)Rauchkessel
calle	Straße
calzada romana	Römerstraße
camino	Weg
camino de Santiago	Jakobsweg
camino francés	"Französischer Weg" = Jakobsweg der Franzosen
Camino Mozarabe	Mozarabischer Jakobsweg
Centro de Salud	Gesundheitszentrum
cortijo	Landgut (vor allem im Süden)
Cruz Roja	Rotes Kreuz
don/doña	förmliche Anrede mit Vornamen
estación	Bahnhof
estación de autobuses	Busbahnhof
finca	Bauernhof, Landgut
fuente	Quelle, Brunnen
hospedaría	Herberge
hospitalera/hospitalero	Herbergsmutter/Herbergsvater
iglesia	Kirche
Junta	Regierung einer spanischen Region
manta	Decke
mochila	Rucksack
monasterio	Kloster
peregrino	Pilger
refugio	Schutzhütte
rúa	altspan. und gal.: Straße
saco de dormir	Schlafsack
señor/señora	Herr/Frau; Anrede mit dem Nachnamen

Index

Glockenturm in Cea (rj)

E

F

G

H

I

J

K

L

M

O

P

Q / R

S

T

U / V

W / X

Z

Kontakt: FAX 08421/902735; info@camino-de-santiago.de

FALKE
ERGONOMIC SPORT SYSTEM
FALKE
www.FALKE.com

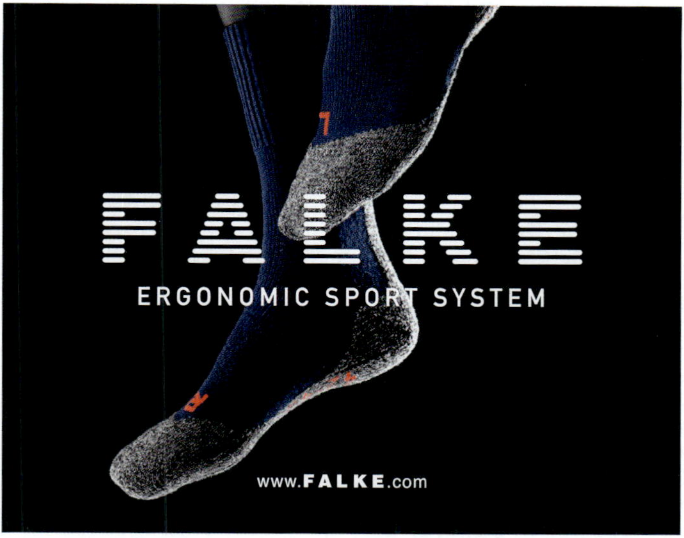
FALKE
ERGONOMIC SPORT SYSTEM
www.FALKE.com

Mufflon
natural freewear
pure wool
pure merino
pure nature
www.mufflon.com

Buchtipps

Stefan Dapprich
Trekking ultraleicht
OutdoorHandbuch
Band 184
Basiswissen für draußen
Conrad Stein Verlag
152 Seiten
49 Abbildungen
6 Illustrationen
3 Diagramme
ISBN 978-3-86686-184-8

Aller Anfang ist schwer
Vorteile ultraleichter
Ausrüstung
Rucksack
Zelt
Schlafsack
Kocher und Brennstoff
Wasser
Proviant
Bekleidung
Sonstige Ausrüstung
Packlisten
Literatur

Hans-Jürgen Fründt
Oh, dieses Spanisch!
Fremdsprech
Band 3
Conrad Stein Verlag
60 Seiten
ISBN 978-3-89392-403-5

Tante Else fährt nach Mallooka
Die Aussprache
Besondere Buchstaben
Spanisch in Hispanoamerika
Die sprachlichen Wurzeln
Akzente setzten
Der Stolz der Spanier
Sein oder Sein - das ist die Frage
El Subjuntivo - Die schwerste Hürde
Vergangenheit oder Schnee von gestern
Die Zukunft - mal nah, mal fern
Personalpronomen? Nein danke
Die doppelte Verneinung
Kleine Hinweise rund ums Substantiv
Der Herr Kommerzienrat
Hier und dort
Der Reiz der Verneinung
Unfältige Wörter
Buchstaben essen
Por favor - So viel Zeit muss sein
Falsos Amigos - Falsche Freunde

Alle Bücher aus dem Conrad Stein Verlag

OutdoorHandbücher - Basiswissen für draußen

Band		€
1	Rafting	7,90
2	Mountainbiking	6,90
3	Knoten	6,90
4	Karte Kompass GPS	7,90
5	Essbare Wildpflanzen	8,90
6	Skiwandern	6,90
7	Wildniswandern	6,90
8	Kochen 1 aus Rucks. u. Packt.	7,90
9	Bergwandern	6,90
10	Solo im Kanu	6,90
11	Kanuwandern	7,90
12	Fotografieren	7,90
13	Wetter	6,90
14	Allein im Wald - Survival für Kinder	6,90
15	Wandern mit Kind	6,90
16	Sex-Vorb. Technik Varianten	6,90
20	Wüsten-Survival	7,90
21	Angeln	7,90
22	Leben in der Wildnis	7,90
24	Ratgeber rund ums Wohnmobil	7,90
25	Wale beobachten	7,90
30	Spuren & Fährten	6,90
31	Canyoning	7,90
34	Radwandern	7,90
35	Mushing - Hundeschlittenfahren	7,90
39	Erste Hilfe	7,90
45	Solotrekking	6,90
48	Für Frauen	6,90
58	Fahrtensegeln	7,90
65	Seekajak	7,90
68	Minimal Impact - Outdoor - naturverträglich	6,90
69	Abenteuer Teeniegruppe	6,90
70	Wintertrekking	6,90
72	Schnorcheln und Tauchen	6,90
73	Trekkingreiten	7,90
77	Wohnmobil in USA und Kanada	9,90

Band		€
86	Regenwaldexpeditionen	7,90
94	Wattwandern	7,90
97	Urlaub auf dem Land	7,90
99	Kochen 2 - für Camper	6,90
100	Ausrüstung 1 - von Kopf bis Fuß	7,90
101	Ausrüstung 2 - für Camp und Küche	7,90
102	Ballonfahren	7,90
103	How to shit in the Woods	7,90
104	Globetrotten	7,90
106	Daumensprung und Jakobsstab	7,90
108	DocHoliday - Taschendoktor für Outdoorer, Traveller und Yachties	6,90
120	Trailfinder - Orientierung ohne Kompass und GPS	6,90
129	Kochen 3 - für Zeltlager & Freizeiten	7,90
131	Zeltlager und Jugendfreizeiten - Planung und Vorbereitung	7,90
138	Zeltlager und Jugendfreizeiten 2 Durchführung	7,90
143	Trekking mit Hund	9,90
148	Wenn Kinder fliegen	7,90
165	Fastenwandern	6,90
170	Höhlen - Praxistipps	7,90
176	Vulkane erleben	7,90
181	Kurzweilfibel	7,90
184	Trekking ultraleicht	9,90
197	Pilgern auf d. Jakobswegen	7,90
199	Basiswissen für Wildnisführer	9,90
203	Geocaching	9,90
207	Mit Pinsel und Palette	7,90
210	Wale erforschen	9,90
214	Kochen 4 - Kulinarisches aus der Kochkiste	8,90
237	Camping - nicht nur für Anfänger	8,90
238	Kreuzfahrttipps - nicht nur für Anfänger	8,90

OutdoorHandbücher - Der Weg ist das Ziel

Band		€	Band		€
17	Schweden: Sarek	14,90	76	Pfälzerwald-Vogesen-Weg	9,90
18	Schweden: Kungsleden	12,90	78	Polen: Pisa-Narew (Kanuroute)	9,90
19	Kanada: Yukon - Kanu- und Floßtour	12,90	79	Bolivien: Choro Trail	10,90
23	Spanien: Jakobsweg	14,90	80	Peru: Inka Trail u. Region Cusco	12,90
26	Schottland: West Highland Way	12,90	81	Chile: Torres del Paine Circuito	12,90
27	John Muir Trail (USA)	10,90	82	Norwegen: Jotunheimen	12,90
28	Island: Trekking Klassiker	14,90	83	Neuseeland: Stewart Island	9,90
29	Kanada: West Coast Trail	9,90	84	USA: Route 66	9,90
32	Polen: Radtouren in Masuren	12,90	85	Finnland: Bärenrunde	9,90
33	Trans-Alatau (GUS)	10,90	87	F/CH/I: Montblanc-Rundweg - TMB	9,90
37	Kanada: Bowron Lakes	9,90	88	Griechenland: Trans-Kreta E4	12,90
38	Polen: Kanutouren in Masuren	12,90	89	Schweden: Skåneleden	9,90
40	Trans-Korsika: GR 20	14,90	90	Mallorca: Serra de Tramuntana	9,90
41	Norwegen: Hardangervidda	14,90	91	Italien: Trans-Apennin	9,90
42	Nepal: Annapurna	9,90	92	England: Themse-Ring	9,90
43	Schottland: Speyside Way	14,90	93	Spanien: Sierra Nevada	12,90
44	Tansania: Kilimanjaro	14,90	95	Norwegen: Nordkap-Route	12,90
49	USA: Grand Canyon Trails	12,90	96	Polen: Czarna Hancza/Biebrza-Kanu	9,90
50	Kanada: Rocky Mount. Tageswand.	12,90	98	Wales: Offa's Dyke Path	12,90
51	Tasmanien: Overland Track	12,90	107	F: GR 5 - Genfer See - Nizza	12,90
52	Neuseeland: Fiordland	10,90	109	Mecklenb. Seenplatte Kanurundtour	9,90
53	Irland: Shannon-Erne	12,90	112	Norwegen: Telemark-Kanal	9,90
54	Südafrika: Drakensberge	10,90	113	Thüringen: Rennsteig	9,90
55	Spanien: Pyrenäenweg GR 11	12,90	114	Alpen: Dreiländerweg (CH/A/I)	9,90
56	Polen: Kanutouren in Pommern	12,90	115	Tschechien: Freundschaftsweg	12,90
57	Kanada: Great Divide Trails	12,90	116	Spanien: Jakobsweg - Vía de la Plata	14,90
59	Kanada: Wood Buffalo NP (Kanu)	9,90	117	Schweiz: Jakobsweg	14,90
60	Kanada: Chilkoot Trail	9,90	118	Rund Australien	14,90
61	Kanada: Rocky Mountains-Radt.	10,90	119	Schwäb. Alb: Hauptwanderweg	12,90
62	Irland: Kerry Way	12,90	121	Italien: Dolomiten-Rundweg	9,90
63	Schweden: Dalsland-Kanal	12,90	122	D/CH: Schwarzwald-Jura-Weg	9,90
64	England: Pennine Way	12,90	127	Uganda: Ruwenzori	14,90
66	Alaska Highway	12,90	128	Frankreich: Jakobsweg GR 65	14,90
67	Kanada: Rocky Mountains Rundtour	16,90	132	Dem Kommissar auf der Spur	12,90
71	Nordsp.: Jakobsweg-Küstenweg	14,90	133	NRW: Natur und KulTour (per Rad)	12,90
74	Nordirland: Coastal Ulster Way	10,90	134	Mecklenburg- Vorpommern per Rad	9,90

Band	€
135 Rund Schleswig - Holstein per Rad	9,90
136 Schweiz: Matterhorn - Tour du Cervin	9,90
137 Grönland: Arctic Circle Trail	12,90
139 Belgien: Jakobsweg - Via Mosana	9,90
140 Italien: Alpiner Wanderweg Friaul	12,90
141 Nordspanien: Jakobsweg Alternativr.	14,90
142 D: Jakobsweg Tillyschanz-Konstanz	9,90
144 Kanada: East Coast Trail	9,90
145 Dänemark: Bornholm z. Fuß u.p. Rad	9,90
146 Tschechien: Isergebirge	12,90
147 NRW: Jakobsweg	12,90
149 Nordsp.: Jakobsweg durch den Tunnel v. San Adrián	9,90
150 England: Cleveland Way	9,90
151 Kirgistan: Trekking im Tienschan	12,90
152 Nepal: Langtang, Gosainkund u. Helambu	12,90
154 Deutschland: Rothaarsteig	9,90
155 D: Jakobweg von Darmstadt und Aschaffenburg nach Freiburg	12,90
156 Südafrika: Wild Coast Trail	12,90
157 Österreich: Jakobsweg	14,90
159 Sächsische Schweiz: Trekkingtour	9,90
160 BB: Wochenendtouren rund um Berlin	9,90
161 Italien: Ligurischer Höhenweg	12,90
162 Frankr.: Jakobsweg - Via Tolosana	12,90
163 Harz: Hexenstieg	9,90
164 Teutoburger Wald: Hermannsweg	9,90
166 Frankreich: Jakobsweg Via Lemovicensis	12,90
167 NL: Nordseeküstenradweg	12,90
168 Bulgarien: Rila- u. Piringebirge	12,90
169 Dänemark: Nordseeküstenradweg	12,90
171 Türkei: Lykischer Weg	9,90
172 Skandinavien: Nordkalottleden	12,90
173 Russland: Flusskreuzfahrt	14,90

Band	€
174 England: Hadrian's Wall Path	9,90
175 Schweiz: Bärentrek	9,90
177 Frankreich: Wandern im Vercors	9,90
178 Mit dem Rad von Hamburg durch d. südliche Schleswig-Holstein	9,90
179 Dänemark: Ostseeküstenradweg	9,90
180 Deutschland: Nordseeküstenradweg	12,90
183 Österreich: Bregenzerwald-Lechquellengebirge Rundweg	9,90
185 Portugal/Spanien: Jakobsweg Caminho Português	14,90
186 Italien: Franziskaner Wanderweg	9,90
187 Jakobsweg: München - Bregenz	12,90
188 Jakobsweg: Augsburg - Bregenz	12,90
189 BB: Pilgerweg Berlin - Wilsnack	9,90
190 Schottland: Central Highlands & Cairngorms National Park	12,90
192 Rund um Island	14,90
194 Deutschland Frankreich: Jakobsweg Trier - Vézelay	14,90
195 I: Sentiero Italia Trans Sardinien	14,90
196 Kenia: Mount Kenya	14,90
200 S-H: Wikinger-Friesen-Weg	9,90
201 Schweiz Italien: Via Francigena	14,90
202 Hessen: Kellerwaldsteig	9,90
208 Deutschland: Benediktweg	9,90
212 Kanarische Inseln: Wanderungen auf La Gomera	16,90
217 Nepal: Mount Everest Trek	9,90
218 NRW: 5 am Tag-Marathonroute	7,90
219 D: Uplandsteig - Diemelsteig	9,90
220 Deutschland: Rheinsteig	9,90
221 Griechenland: E4 Peloponnes	12,90
224 Österreich: Wallfahrten n. Mariazell	14,90
227 Spanien: Mozarabischer Jakobsweg	12,90
235 Mittelmeerkreuzfahrten	14,90

OutdoorHandbücher - Fernweh-Schmöker

Band		€
46	Blockhüttentagebuch	12,90
47	Floßfahrt nach Alaska	10,90
75	Auf nach Down Under	7,90
105	Südsee-Trauminsel	9,90
110	Huskygesang-Hundeschlittenfahrt	7,90
111	Liebe - Schnaps - Tod	7,90
123	Pacific Crest Trail	9,90
124	Zwei Greenhorns in Alaska	6,90
125	Auf dem Weg zu Jakob	12,90
126	Kilimanjaro-Lesebuch	8,90

Band		€
130	1.000 Tage Wohnmobil	14,90
153	Jakobsweg - Lesebuch	7,90
158	Inselfieber	9,90
182	Als Frau allein auf der Via de la Plata	7,90
193	Weites Grünes Land	8,90
205	Als Frau allein durch Afrika	16,90
206	Nach Norden Kinder!	12,90
215	Kleine Familie auf großer Fahrt	9,90
222	Im Rolli zu den schönsten Inseln	9,90

ReiseHandbücher

Antarktis	24,90
Grönland	14,90
Iran	22,90
Kiel	12,90
Kiel von oben - Luftbildband	9,90
Kurs Nord	24,90
Rumänien	14,90
Schweiz	18,90
Sibirien	22,90
Spitzbergen-Handbuch	24,90
Tansania Sansibar	24,90

Fremdsprech

Band		€
1	Oh, dieses Dänisch	4,90
2	Oh, dieses Schwedisch	4,90
3	Oh, dieses Spanisch	4,90
4	Oh, dieses Englisch	4,90
5	Oh, dieses Französisch	4,90

Band		€
6	Oh, dieses Russisch	4,90
7	Oh, dieses Norwegisch	4,90
8	Oh, dieses Niederländisch	4,90
9	Oh, dieses Chinesisch	4,90
12	Oh, dieses Schweizerdeutsch	4,90

Weitere Bücher in Vorbereitung.
Fordern Sie unseren aktuellen Verlagsprospekt an:

Conrad Stein Verlag GmbH
02384/963912 FAX 963913
www.conrad-stein-verlag.de
info@conrad-stein-verlag.de